데이터 지향 정치 언어의 고전 1

논어와 데이터

데이터 총서 I

논어와 데이터: 데이터 지향 정치 언어의 고전 1
정성욱 지음

초판 1쇄 인쇄 2021년 3월 22일
초판 발행 2021년 4월 6일

펴낸이 정성욱
펴낸곳 미디어연구소 봄
신고번호 제2020-000256호
주소 경기도 고양시 일산동구 무궁화로 32-12 라페스타E동 4층 L115호
전화 070-7755-8523
팩스 0504-468-8523

북디자인 제이로드

©정성욱, 2021. Printed in Paju, Korea

ISBN 979-11-973332-1-7 04080
　　　979-11-973332-0-0 (세트)

데이터 지향 정치 언어의 고전 1

논어와 데이터

정성욱

목차

미디어 광고 관련 개별 기업에게 시청률 같은 수용자 데이터의 맞춤
형 분석을 제공할 목적으로 시작한 실용적 연구가, 수용자 데이터가 데
이터로 성립하는 역사적 맥락에 대한 검토를 계기로, 수용자 데이터가
그 속에 위치한, 자유민주주의와 시장으로 요약되는 체제 전체에 대한
실천적 연구로 확대되는 바람에, 필자가 2009년 봄에 세운 '미디어연구
소 봄'의 사업 목적도 변했다. 그리고 이런 변화는 성숙한 정치 언어의
확산과 보급이 존재 이유가 된 '봄'의 웹사이트를 보면 보다 상세히 알
수 있다. 그동안 이 같은 목적으로 공익재단 설립과 강연 사업, 교육 사
업 등을 시도해왔으나 10년 가까이 계속해 온 블로그 작업 외에는 별 성
과가 없다. 사실, 이런저런 시도들을 하나로 묶을 교육기관을 세우면 목
적 달성이 쉽겠다 싶어서 국내의 교육기관 설립 요건에 대해 알아본 적
도 있고 국외로 시선을 돌려 지역의 정치적 변화와 그 유지를 목적으로
하는 국제적 학교 설립을 모색하기도 했다. 구체적으로 이런 모색을 내
걸고 해외의 경영학 석사 과정에 지원한 적도 있다. 그러나 이제는 남의
손에 많은 것이 달린 공익 목적 사업을 벌이기에는 너무 늦었다 싶어서,
내내 미뤘던, 남의 손을 크게 빌리지 않고도 구사할 수 있는 수단을 쓰
기로 했다—책을 쓰기로 한 것이다.

구체적으로는 '데이터와 정치 언어'를, 동서양 고전에 대한 나름의 해석을 통해, 쉽게 설명하는 책을 쓰려 했다. 그런데 하필 고전 해석이라는 길을 택한 것은, 데이터를 지향하는 정치 언어의 살과 뼈를 이룰 어휘와 문형을 벼려내서 오늘의 세계를 형성한 것이 토머스 홉스의 리바이어던이나 아담 스미스의 국부론 같은 고전이라 여기고 있기 때문이다. 하여 이런 취지로 기획된 일련의 고전 해석서 중 첫 번째인 이 책에서 데이터와 정치 언어를 염두에 두고 해석한 고전은 논어다. 그런데 데이터, 민주주의와 시장, 그리고 정치 언어가 어떤 사이길래 수용자 데이터에 대한 실용적 관심이 성숙한 정치 언어에 대한 실천적 관심으로 화했던 것인가?

　그동안의 데이터 문화 비교 연구를 돌아보건대, 수용자 데이터 같은 사회 통계가 활발하게 생산·소비되는 사회의 출현은, 사회적 평온을 요구하는 복수의 인민들로 구성되어 준법이 시민적 충성의 일차적 기준이 됐다고 하는 근대 국가가 성립되면서부터라 해도 과언이 아닌데, 이런 국가 중에서도 시장 경제를 기반으로 이룩해온 성취가 뚜렷한 곳에서 해결해야 할 현안을 포착하고 분석해서 해결책을 도출해내는 데 사회 통계 같은 데이터에 의존하는 정도가 높고 따라서 정확성 제고에 대한 투자가 클 것이라고 가정하게 되었다. 뒤집어 말하면, 데이터를 중시하는 정치 언어가 제 자리를 잡고 세련도를 더할수록, 시장 안팎에서 복잡하게 분절된, 자유로운 시민들의 다양한 이해가 한층 효과적으로 통합되리라는 이론적 기대를 갖게 됐다는 것이다. 그런데 이렇게 객관적 데이터를 매개하는 새로운 정치 언어의 발전이 중요해진 것은 무엇보다도 분업이 고도화되고 시장과 사회 조직 안팎의 상호작용이 복잡해진 데다가 국제적 차원까지 새롭게 얽히는 바람에 음모론 같은 낡은 문제 파악 틀로는 해결은커녕 포착조차 어려운 정치적 문제들이 생겼기 때문이다.

그 효율적 작동이 두드러지는 시장은 그렇지 못한 경우에 비해 한층 다원화된 사회를 전제하는데, 이런 사회는 한층 높은 수준의 정치적 통합을 요구하게 마련이다. 나아가 한 사회 내의 다양한 이해를 거기 수반되는 활력을 살려가며 정돈해줄 정치 역량의 제고는 경제적 효율을 제고하는 결과를 낳을 것이다. 보다 구체적으로, 필자더러 민주화 이후의 남한 사회가 당면한 최대 과제를 들어 보라고 한다면 '가치 다원화와 그에 수반되는 통합 고도화의 필요'를 들 것이거니와, 데이터 지향의 정치 언어가 발달하지 않고는 해결 난망한 과제가 바로 이 과제다. 나아가, 정치와 국가가 냉전적 진영 대립의 구태의연한 틀에 갇혀 있어서는 해결할 수 없을 과제다. 즉, 나라 안팎의 냉전적 틀을 문제 포착·분석의 새 틀로 대체하려면 꼭 충족해야 할 조건이 질적으로 새로운 정치 언어의 확산이라는 것인데, 근본적으로 이는, 서양 정치의 시원이라 할 고대 희랍에서 보는 바와 같이 총칼 대신 말로 하는 것이 정치이기 때문이다.

요컨대 민주화 이후의 남한 사회가 보다 나은 정치 질서를 형성해서 필요한 질적 진전을 나라 안팎에서 성취하자면 꼭 갖추어야 할 인프라가 데이터를 지향하는 정치 언어라는 생각에 이런저런 시도를 해보다가 데이터 지향 정치 언어의 보고라 할 만한 고전을 골라 해석하는 책을 쓰는 데 이른 것이다. 사실, 한 10년 유지해온 '봄' 블로그(https://bommediaresearch.blogspot.com)는 데이터 지향 정치 언어의 본을 제공하자는 생각에 꾸준히 계속해왔는데, 블로그를 통해 제공한 어휘와 문형이 얼마나 널리 차용되고 있는지 모르겠다. 다만 인터넷 상의 작업이니 해외 독자가 생길 수 있다는 점을 의식하여, 특히 한반도가 그 영향 아래에 있는 국제 정세에 미치는 영향이 있을 수 있다는 생각 때문에, 치우쳐서 균형을 잃는 일이 없도록 삼가며 써 왔다. 필자의 육신이 선차적으로 얽힌 민족과 같은 매듭에 얽매이지 않고, 누구에게나 이로울 수 있는 객관적 데이터와 한가지로, 널리 이롭게 하겠다는 마음가짐으로 써 왔다. 같은 마음가짐으로 시작한 이 책 역시, 나라 안팎의 질서를 질적으로 고양하는 정치 실천으로 한반도뿐 아니라 지역과 세계가 한층 편안해지고 한층 아름다워지기를 바라는 희망에서 객관적 자세로 썼다. 이 자리를 빌려 '미디어연구소 봄의 새 정치 언어'를 응원해 주신 모든 분께 심심한 감사의 말씀을 올린다.

끝으로, 필자가 전념해온 데이터 문화 비교 연구를 일단락하는 계기가 될 단행본 집필에 서둘러 착수할 것을 **문명의 텍스로 읽는『국가』**가 출간된 지 반년쯤 지난 2019년 봄에 권고해주신 철학자 김남두 선생님께 특별한 감사의 말씀을 올린다. 필자의 이런저런 탐구를 통일해주는 화두라 할 소은 선생의—대대로 전해질 육성은 민음사 간 "박홍규 전집" 다섯 권을 통해 접할 수 있다—'데이터'는 플라톤의 '이데아'로 보면 이해가 전폭에서 선명해진다는 뜻으로 이해하고 있는 말씀과 **문명의 텍스트로 읽는『국가』**를 포함하여 필자의 대학 시절부터 지금까지 주욱 가르침을 주신 선생님의 권유가 없었다면 '데이터'를 화두로 한 필생의 저서 하나 집필하는 데 매달리다가 별 결실 없이 끝났을지 모른다는 생각에 특히 감사의 정이 깊어진다는 말씀을 올린다.

이상은 2019년 10월, 장구한 논어 해석사에 대한 탐사를 멈추고 책 쓰기를 서두르며 '봄'의 블로그에 올린 책 서문을 거의 그대로 옮긴 것이다. 다만 여기에, 책 말미에 붙은 짧은 '후기'가 책의 전모를 빠르고 간단하게 파악하는 데 도움이 되리라는 제언을 덧붙여 둔다.

한강 철책 변 송포들 우거에서
2021년 1월 2일

정성욱

제 1장

논어의 데이터 지향 정치 언어

이 책은, 서문에서 밝힌 대로, 논어를 데이터 지향 정치 언어의 보고로 해석한 결과다. 구체적으로, 한반도 안팎의 냉전적 질서를 지양하는 새 질서를 형성하려면 잘 다듬어야 할 데이터 지향 정치 언어를 구하는 실천적 관심에 답하는 논어 해석이다. 그때그때 제기되는 실천적 물음에 대답하지 못하는 고전은 산 고전이 아니다. 죽은 고전이다. 논어는 살아있는 고전이다—이 책은 바로 이 점을, 데이터 지향 정치 언어와 관련하여, 보여줄 것이다. 그러자면 우선적으로 밝혀야 할 것이 '데이터 지향 정치 언어'의 뜻인데, 다음은 논어를 통해 밝혀 본 뜻이다.

1 정치와 데이터

우선, '데이터 지향 정치 언어'의 '정치'. 정치와 논어 전체의 환유적 연관이 잘 드러나는 대목을 논어에서[1] 찾는다면, 대표적으로 다음 대목을 들 수 있을 것이다:

자공이 정치를 물었다. 공자 가라사대, "충분한 식량. 충분한 군비. 백성이 정치를 믿는 것이다." 자공 가로되, "어쩔 수 없이 꼭 버려야 한다면, 이 셋 중 무엇이 먼저입니까?" 가라사대, "군비를 버린다." 가로되, "어쩔 수 없이 꼭 버려야 한다면, 이 둘 중 무엇이 먼저입니까?" 가라사대, "먹는 것을 버린다. 자고로 누구나 죽는 것인데, 백성이 믿지 않으면 서

---

[1] 논어를 비롯한 여러 한문 원전의 거의 모든 인용문은, 논어의 경우 무영전십삼경주소(武英殿十三經注疏)를 디지털화의 저본으로 한, 온라인상(https://ctext.org/zh) '중국철학서전자화계획(中國哲學書電子化計劃)'에 수록된 대로인데, 디지털화 저본에 조회하여 끊어 읽기를 그대로 답습하지 않은 대목은 각주에서 그 차이를 밝혔다. 맹자, 순자, 장자, 예기 등의 디지털화 저본은 책 끝에 있는 '인용 문헌'의 각주에 명시돼 있다.

지 않는다."

子貢問政。子曰:「足食。足兵。民信之矣。」子貢曰:「必不得已
而去, 於斯三者何先?」曰:「去兵。」子貢曰:「必不得已而去,
於斯二者何先?」曰:「去食。自古皆有死, 民無信不立。」(안연)

정치는, 각기 나름의 뜻을 가지고 모여 사는 사람들이 저마다 뜻하는 바를 이루고자 할 때 개개인의 다른 뜻이 하나의 질서 속에서 가지런하지 않으면 성공하기 어렵다는 자연적 조건이 제기하는 도전에 대한 인위적 응답이다. 나아가, 자연 상태를 정치적으로 극복한 이런 인공적 질서 속에서도 계속 일어나게 마련인 뜻 충돌이 힘이 아닌 말로 적절히, 따라서 '의롭게' 해결되리라는 공통의 기대를 확립하고 유지하는 것이 정치의 본질적 효능이다. 이런 기대를 논어식으로 바꾸면, 말로 된 의로운 기준을 찾아 구체적 사안에 적용하는 재판으로 해결해야 할 분쟁 자체가 예악 덕분에 드물어지리라는 것이 된다. 정치술은 바로 이런 기대에 바탕을 둔 질서를 힘보다는 말로, 다른 무엇보다도 뜻 충돌을 질서 안에서 소화함으로써, 유지하고 향상시킬 수 있게 해주는 기술이다. 하여 정치가 있어서 저마다 바라는 바를 더 잘 추구할 수 있게 되고 더 큰 만족을 향수하리라는 믿음이 현실이 되어 그 믿음을 더욱 고양시키는 되먹임이 순환적으로 지속되는 것이 정치의 영원한 목표라 하겠다. 물론, 저마다 바라는 바에는 의식주나 안전의 확보가 공통적으로 들어가 있을 터, 백성이 먹는 데 부족함이 없도록 하면서 그들을 잘 지켜 주는 것이, 힘이 아닌 말로 된 저런 믿음을 다루는 정치의 기본적 책무라는 점을 안연 편 저 대목은 명시적으로 부각하고 있다.

힘이 아닌 말로 하는 서양 정치의 이상은 고대 희랍에 연원을 두고

있지만, 논어에서도 등가물을 발견할 수 있다:

자장 가로되, "서경에 이르기를 '고종이 상을 치르며 3년 동안 말을 하지 않았다' 하는데 무엇을 이름입니까?" 공자 가라사대, "어찌 꼭 고종이랴, 옛 사람들은 다 그랬다. 임금이 죽으면, 백관이 그들의 수장인 총재의 말을 따라 맡은 바를 스스로 주관했는데, 3년 간이었다."

子張曰: 「《書》云: 『高宗諒陰, 三年不言。』 何謂也?」 子曰: 「何必高宗, 古之人皆然。君薨, 百官總己以聽於冢宰, 三年。」(헌문)

군주가 복상 기간에 정무에 전혀 관여하지 않았음을 나타내는 표현이 '말을 하지 않았다'인데, 이것을 뒤집으면, 정치는 말로 하는 것이라는 이야기가 된다. 나아가 안연 편에서 인용한 저 대목에서 다스리는 일의 근본을 이룬다고 돼 있는 세 가지 요소인 군사, 먹는 일, 백성이 정치를 믿는 일 가운데 가장 근본적인 것은, 공자의 언명에 따르면, 믿는 일이다. 정치의 근본 중 근본은 말이 매개하지 않을 수 없을, 이를테면 '믿음의 의례'로 불러일으킨 정치적 기대를 지속적으로 지지하고 키우는 일이다. 그리고 안연 편 저 대목에서 강조된 바와 같이, 이 기대에는 그 누구도 회피할 수 없는 죽음을 넘어가는 '종교적 측면'이 있는데, 여기에 대해서는 이 책 뒷부분에서 자세히 논한다.

한편, '데이터 지향 정치 언어'의 '데이터 지향'은 한마디로 제 품 안에 갇히지 않고 밖을 지향한다는 뜻이다.[2] 사람은 제 품 밖으로 나가 뭔가를 이루어 품 안으로 되돌리는 데 성공함으로써 생존을 지속하는데,

---

2 이 책의 데이터 개념은 필자가 소은 선생의 형이상학을 접하고 받은 충격에서 태어난 것인데, 그 윤곽을 연원에서 한층 뚜렷하게 파악하는 데는 민음사 간 "박홍규 전집", 가운데서도 '고별 강연' 녹취가 들어 있는 제2권을 살펴보는 것이 지름길일 수 있음.

'데이터'는 바로 이 '뭔가 이룸'의 근거로 밖에 주어져 있는 것들을 일컫는 말이다. 다음은 이런 데이터를 중시하는 관점에서 이 책이 주목한, 뜻이 잘 잡히지 않는 짤막한 대목이라서, 논어를 애써 읽으면서도 간과하기 쉬운 대목이다:

공자 가라사대, "문이 아니면 누가 밖으로 나갈 수 있겠는가? 이 길을 통하지 않으면 어쩌겠는가?"

子曰: 「誰能出不由戶? 何莫由斯道也? 」(옹야)

중국 고대 성곽의 주민 거주지와 그 안 가가호호(家家戶戶)를 나누던 담장, 그리고 성벽에 난 문들을 통하지 않으면 그것 따라 밖으로 나갈 수 없던 길을 연상케 하는 대목인데, 이 구절에서 필자가 데이터 지향 정치 언어의 관점에서 주목하여 대상화한 것이 '속에서 밖으로 뚫린 문에서 시작하고 끝나는 길'이다. 보다 구체적으로, 이런 대상화의 배경을 이루는 고대 성곽 내 거주지에는 종횡으로 난 큰 길 '가(街)'와 여기에서 갈라져 나간 갈래 길 '구(衢)'에 의해 구획된 집단적 거주 단위 '이(里)'가, 이인 편 첫 구절 "이인위미(里仁爲美)"의 바로 그 이(里)가, 흙담 '장(牆)'에 에워싸여 있었는데, 이(里)의 주민이 성 밖의 경작지로 일을 나가거나 역시 장(牆)이라 부른 담에 둘린 집으로 경작지에서 돌아오려면 반드시 거쳐야 했던 이(里) 출입문이 '여(閭)'다. 여기에서 주민의 집에 이르는 길이 '항(巷)'인데, '누항(陋巷)'은 '일단사일표음으로 허기를 달래며 누항에 사는 처지에서도 안연은 세상 사람들과 달리 그 즐거움을 바꾸지 않는다'는 공자의 제자 인물평에도 등장하는 길 명칭으로, 비가 오면 그대로 노출되는 항의 폭이 좁은 경우를 말한다. 밤에는 여와 성문이 닫혔고, 성벽 넘는 일은 언제나 엄격히 금지됐다.[3] 표준적 가구 규모가 25가구였다고 하는 이(里)를 중심으로 방금 묘사한 고대 성시의 공간을 크고 작은 정치적 단위에서 나누는 벽 내지 칸막이로 논어에 언급된 예를 들면 계씨 편의 "소장(蕭牆)"과 자장 편의 "궁장(宮牆)"이 있다. 그리고 높이와 두께가 서로 달랐을 이런 다양한 담벼락에 뚫린 문에서 시작되고 끝나는 길은, 위 옹야 편 인용 속에서는 "호(戶)"에서[4] 시작되고 끝나는 길은, 벽속에서는 실현하지 못할 뜻을 이루자고 밖으로 나선 사람들이 만나서 뭔가를 이뤄내고 교환하여 만족스럽게 돌아오게 될 것을 기대하는 일터와 장터로 이어진다. 데이터를 지향하는 언어는 이런 '일 이룸(성사 成事)'을 뜻하면서 그 너머의 지양된 만족을 내다보는 말로, 이룰 일들을 사람 사이의 일로 얽는 매개다. 그리고 바로 여기서 등장하는 것이 정치다. 즉, 이룰 일들과 이들 사이의 얽힘이 보다 큰 만족으로 순조롭게 이어지도록 안에서 밖으로 통하는 저 문에서 시작하는 길 전반을 돌보되 물리적 힘보다는 말을 써서 돌보는 것이 정치다. 2장 3절에서 풀게 될 위령공 편 한 대목은 이런 만족을 가져올 효과적인 말을 한정하여 "말이 진실하여 믿음직해야 한다(言忠信)"고 하고 있다.

그런데 정치 언어가 매개로서 역할할 수 있게 해 주는 근본적인 전제가 바로, 앞에서 말한 "종교적 측면"이 있는, 정치에 대한 믿음이다. 말로 이견을 좁히고 이해를 일치시키는 일이 매끄럽게 이뤄지는 것은 특히 이런, 말을 말다운 말로 성립시키는 믿음이 의문의 여지 없는 무조건적 전제로서 정치 언어의 매끄러운 작용을, 보통은 눈에 띄지 않게, 뒷받침하고 있기 때문이다. 바로 이런 믿음이 무조건적으로 설 때 한쪽

---

3 중국 고대 성곽 내 민간 거주지와 주변에 관한 위의 묘사는 주로 미야자키 이치사다(2016, 106~107쪽)에 기댔다. '이인위미(里仁爲美)의 이(里)'는 미야자키 이치사다(2001)의 63쪽을 참조.

4 아프다 하여, 만나고 싶다는 말을 전하지 못하고 집 밖으로 나오자, 공자가 슬(瑟)을 타며 노래 부르는 것을 듣고 아프다는 말이 거짓 구실이음을 깨달았을, 양화 편에 나오는 유비의 사자가 거쳐 나간 공자 거처의 문도 "호(戶)"다.

이 가지면 다른 쪽은 반드시 잃게 돼 있던 폭력적 투쟁이 문명의 정치 게임으로 바뀐다. 하여 이전에는 불가능했던 수준의 경제나 안보, 문화 등을 상대와 더불어 성취할 수 있는 길이 폭력 회피의 길을 겸하여 열렸던 것이다. 거꾸로, 이런 정치 언어 작용의 전제가 되는 정치적 믿음이 무너질 때면 이런, 크고 작은 만족의 성취를 향해 열린 문과 길을 부수고 지우며 돌아오게 마련인 것이 폭력이다. 옹야 편 저 구절로 돌아가건대, 바로 이 같은 길이 문안과 문밖 일터를 잇는다. 그리고 이런 길에 관련하여 주목하게 되는 대목이 다음이다:

> 자하 가로되, "기술 가진 자 모두는 그 기술이 실현되도록 꾸며진 일터에서 평안하게 머물면서 자신이 맡은 일을 이루고, 군자는 자신이 맡은 길을 배움을 통해 최선의 길로 만든다."
>
> 子夏曰: 「百工居肆以成其事，君子學以致其道。」 (자장)

군자는 그가 다스리는 백성이 각기 나름의 뜻을 이루자고 오가는 길을 온전히 하는 자이다. 군자의 일은, 소인들과는 달리, 문밖 일터에 이르러서야 시작하는 것이 아니라 일터로 가자면 거쳐야 할 문에서 시작한다. 즉, 군자의 데이터는, 일터 이전에, 안과 밖을 가르는 벽을 여닫는 문에 이어진 길, 도(道)에 관한 것이다. 이 도의 편안함에 더해 도가 시작되고 끝나는 문에 이어진 벽을 둘러싼 평안을 책임지는 자가 군자다. 이런 책임을 완수하고자 하는 군자는, 다음에서 보는 것처럼, 뽐내지 않을 터이다:

> 공자 가라사대, "맹지반은 뽐내지 않았다. 패퇴하는 군대의 후미에서 대적하다가, 성문 안으로 들어오려는 순간, 말을 채찍질하며, '감히 후

미에 섰던 것이 아니고, 말이 나가지 않았던 것'이라 했다."

子曰：「孟之反不伐。奔而殿，將入門，策其馬，曰：『非敢後也，馬不進也。』」(옹야)

이 대목의 주 배경이 된 성문에 연결된 성벽을 지키는 것 또한 자신의 책무로 삼는 군자의 궁극적인 책임은 그러나 역시 농사 기술을 비롯한 여러 가지 기술을 보유한 백성들이 각자의 기술로 일을 이루어 바라는 바에 가까이 가자면 공통으로 확보돼야 할 전제 조건을 충족해 주는 데 있다. 그래서, 저렇게 뽐내지 않는 것만으로는 어진 군자가 될 수 없다. 그의 기본적 책무는, 자신의 용기를 뽐내고 말고 할 일이 아예 없게끔, 일 이루는 문밖에서 문안에 이르는 공간 전반이 평안하도록, 인공적 정치 언어가 대체한 자연적 폭력이 돌아오지 않도록, 길 내지 도(道)를 살피고 지키는 데 있다. 여기에 대한 무조건적 믿음이 무너지지 않도록 지탱하는 데 있다. 자장 편의 자하는 군자의 이런 책무를 감당하자면 배워야 한다고 했는데, 논어는 바로 이 실천적 배움을 조명함으로써 지역 문명의 초석을 놓은 텍스트다. 동시에 이 배움은 저 길에 생기는 문제를 해결할 덕을 쌓는 배움이다. 이런 덕을 쌓는 데 실패한다면 그 가치가 부인될 배움이다. 기술자가 만족스럽게 해결해야 할 문제는 관련 도구와 인력이 모여 있는 일터에 있고, 군자가 만족스럽게 해결해야 할 문제는 저 길에 있다는 말이기도 한, 방금 인용한 자하의 언명을 뜯어 보건대, 기술자의 일터는 그 자체가 특별히 의식적인 사제간 가르침 · 배움을 요구하지 않도록 조직돼 있는 반면에 이런 방식으로 조직돼 있지 않은 길에서 제기되는 문제를 만족스럽게 해결하는 데는 배움이 요구된다는 이야기다. 공자가 생각한, 배움의 필요와 해결하기 어려운 곤경 사이의 연관은 다음 대목에서 확인할 수 있다:

공자 가라사대, "나면서 알면, 윗길이다; 배워 아는 것, 그 다음이다; 곤란해져서 배우는 것, 이는 또 그 다음이다; 곤경에 처했는데 배우지 않으면, 백성이 아래로 친다."

孔子曰: 「生而知之者, 上也; 學而知之者, 次也; 困而學之, 又其次也; 困而不學, 民斯為下矣。」(계씨)

보다 큰 만족으로 나아가는 이룸의 근거로 주어진 것이 데이터인바, 당면한 곤경을 극복하는 데 필요한 배움 역시 이런 성사의 근거인 데이터에서 출발하는 것일 수밖에 없다.

논어에서, 미리 말해 두건대, 정치에 대한 믿음을 토대로 문명적 질서를 세우고 재생산하는 길에 관한 '배워 익힘'은, 대대로 전해야 할, 의문의 여지 없는 선왕지도(先王之道)에서 비롯한다. 바로 이 근원적 모범에서 저 너머의 궁극적 만족까지 문밖의 데이터를 하나로 묶는 메타(상급) 데이터의 시종과 본말을 대상으로 한 것이 논어의 배워 익힘이다. 즉, 그것 없이는 일이 되지 않는 성사 근거에서 저 너머의 궁극적 만족까지, 일의 관계망을 도(道)로 포괄하여, 주욱 하나로 연속시키는 데 성공함을 겨냥한, 논어식으로 말하면 천하를 편안하게 만드는 일을 겨냥한 배워 익힘인 것이다. 그런데 맞히는 것이 결코 쉽지 않아 보이는 이런 표적을 겨냥한 배워 익힘이 어떻게, 힘들어서 괴롭기는커녕 즐거울 수가 있는 것일까? 논어 첫 머리에 있는 저 유명한 구절 '배우고 때로 익히면 또한 기쁘지 아니한가'는 어떻게 이해하는 것이 좋을까?

___ 2 술이부작의 데이터를 배우고 익혀 즐김

논어의 데이터 역시 이 속 아닌 저 밖에서 주어진 것일 수밖에 없는데, 특히 선왕지도(先王之道)의 옛 길은 공자에게 으뜸가는 데이터이다. 예컨대 위에서 인용한 안연 편 한 구절에서 본 바, 정치에 대한 믿음이 목숨보다 중요하다고 할 때에도 일단 "자고(自古)"로, 즉 옛부터 그렇기 때문에 그런 것이다. 그래서 공자의 데이터를 한마디로 좁혀 표현하면 '옛 길' 내지 '옛 것'이다. 일견 난해해 보이는 다음 발언도 이런 관점에서 보면 논어의 으뜸 데이터를 데이터로서 확인하는 말이다:

> 공자 가라사대, "활쏘기는 가죽 과녁을 위주로 하지 않기, 노력 동원에서는 개별적인 여건을 고려하여 일률적으로 같은 부담을 지우지 않기, 옛 길인 것이다."
>
> 子曰：「射不主皮，為力不同科，古之道也。」(팔일)

그런데 여기는, 옛 길 데이터에는 활쏘기와 관련된 이런 것도 있고 노력 동원에 관련된 저런 것도 있다는 정도의 사소한 이야기를 한 곳이 아니라, 데이터를 데이터로서 다루는 도(道)를 넌지시 밝힌 대목이다. 즉, 옛 활쏘기에서는 상대가 쓴 투구 등의 가죽을 화살로 꿰뚫어 살상하는 것을 목적으로 하는 훈련이 아니었다는 측면을,[5] 옛 노력 동원에서는 그것이 사역을 부담하는 이의 형편을 살피는 것이었다는 측면을 각각 뽑아 함께 옛 길로 놓고 보면 어짊으로 말미암고 어짊을 말미암는 것이 옛 길이었다는 점을 깨닫게 된다. 옛 길은 어짊 한길이었던 것이다. 그런데

---

5 공자가어 변악해, 예기 악기, 사기 악서에 공히 주나라 무왕의 군대 해산 이후 음악에 맞추어 하는 활쏘기를 시작하면서 가죽 꿰뚫는 활쏘기는 그만 두었다는 이야기가 있다.

이 대목이 논어에 실린 것은, 아마도, 여기에서 이야기된 것과 같은 옛 길 데이터와 이들을 데이터로서 취급하는 법을 잘 모르는 이들이 많아져서 공자의 언명을 통해 상기하는 것이 높은 가치를 갖게 된 불행한 사정 때문이었을 것이다. 달리 말해, 이 대목에 있는 옛 길 데이터와 그들을 하나로 잇는 도가 독자에게 낯설기 십상일 것이라는 논어 편자의 판단은 세상이 무도해지면서 일어난, 활쏘기에서는 가죽 과녁 꿰뚫는 살상 능력이 중요해지고 노력 동원에서는 동원 대상의 개별적인 형편을 무시하게 된 변화를 배경으로 하여 나왔던 것인지 모른다. 그런데 여기서 엿보는 바와 같이 무도해진 천하를 어짊으로 되돌리자면 그에 대한 기억을 생생하게 되살려야 할 옛 길 데이터 중의 데이터가, 공자 생각에는, 주공이 낸 옛 길이다:

> 공자 가라사대, "심하구나 내 쇠함이! 오래로다 꿈에서 내가 주공을 다시 뵙지 못한 지."
>
> 子曰: 「甚矣吾衰也! 久矣吾不復夢見周公。」(술이)

주공이 환유하는 선왕들이 낸 옛 길을 이루는 언행의 발자취를 하나로 꿰어 밝힌 것이 곧 공자의 가르침을 이룬다 해도 과언이 아닌데, 실제로 논어 몇 구절이 그에 대한 해설을 겸하고 있다고 할, 주공이 자신의 아들 노공에게 주는 훈계가 미자 편에 실려 있다:

> 주공이 노공을 일러 가로되, "군자는 그 친족을 홀대하지 않으며, 대신으로 하여금 쓰이지 않았다고 원을 하지 않게 한다. 오래 함께한 이는 큰 잘못이 없는 한, 버리지 않는다. 한 사람에게 바라는 것을 다 구하지 않는다."

周公謂魯公曰：「君子不施其親，不使大臣怨乎不以。故舊無大故，則不棄也。無求備於一人。」(미자)

다음은 이 훈계의 뜻을 직접적으로 밝히고 있다고 할 만한 몇 구절들이다. 우선, 친족을 홀대하지 말고 오래 함께한 이를 버리지 말라는 훈계에 관련된 언명이 들어 있는 대목:

공자 가라사대, "경건하되 예가 없으면 과공으로 지치고, 신중하되 예가 없으면 두려움에 떨게 되고, 용감하되 예가 없으면 어지럽히게 되고, 곧되 예가 없으면 빡빡하게 굴게 된다. 군자가 친족과 돈독하게 지내면, 백성 사이에 어짊이 일어나고; 오래 함께한 이를 버리지 않으면, 백성이 야박하지 않다."

子曰：「恭而無禮則勞，慎而無禮則葸，勇而無禮則亂，直而無禮則絞。君子篤於親，則民興於仁；故舊不遺，則民不偷。」

(태백)

공자는 여기에서 예가 없을 때 생기는 혼돈을 막을 방도로서 친족과 돈독하게 지내고 오래 함께한 이는 버리지 말라는 주공의 훈계를 반복하고 있다. 거꾸로 말하면, 공자는 이 대목의 참조항이 되는 주공의 저 훈계를, 경건함을 중용지도에 가깝게 조절할 지혜를 누구나 따라 쓰도록 모범을 통해 객관화해 놓은 바가 없어 과공하게 되고, 신중함을 중용지도에 가깝게 조절할 지혜를 그렇게 객관화해 놓은 바가 없어 두려움에 떨게 되고, 용감함을 중용지도에 가깝게 조절할 지혜를 그렇게 객관화해 놓은 바가 없어 어지럽히게 되고, 곧음을 중용지도에 가깝게 조절할 지혜를 그렇게 객관화해 놓은 바가 없어 빡빡하게 굴게 되는, 도덕적

무지가 초래하는 중용지도 상실의 혼돈에 나라가 빠지는 것을 막을 방
도에 관한 것으로 새겼다는 이야기가 된다. 즉, 주공의 훈계에 따라 지
배자가 친족과 돈독하면 이를 모방하게 마련인 백성들 사이에서 예의
근본을 이루는 어짊이 일어나서 저런 도덕적 혼돈이 근본적으로 치유될
것이며, 오래 함께한 이를 주공의 훈계에 따라 붙들고 버리지 않으면 민
심이 인후해져서, 각박하면 보이지 않고 따를 수 없게 될, 예가 그 객관
화에 다름 아닐, 지나침도 부족함도 없는 상태를 실현하는 중용지도를
백성들이 좇을 수 있게 되리라는 이야기가 된다. 다음으로는, 주공의 훈
계 가운데 '쓰이지 않았다고 해서 원을 하는 대신이 없도록 하라'의 '대
신'을 공자가 어떤 뜻으로 이해했음 직한지를 알려주는 대목이다:

> 계자연이 물었다, "중유와 염구가 '대신' 감이라 할 수 있을까요?" 공자
> 가라사대, "나는 그대가 다른 것을 물어올 것이라 생각했는데, 겨우 유
> 와 구에 관한 물음이군요. 대신이라고 하면 이러합니다: 도(道)로써 임금
> 을 섬기고, 안 되면 그만둡니다. 지금 유와 구는 어느 쪽이냐면, 숫자나
> 채우는 구신이라 할 수 있습니다." 가로되, "그렇다면 임금을 따르는 경
> 우입니까?" 공자 가라사대, "아버지나 임금을 시해한다면, 역시 따르지
> 않습니다."
>
> 季子然問:「仲由、冉求可謂大臣與?」子曰:「吾以子為異之問,
> 曾由與求之問。所謂大臣者:以道事君, 不可則止。今由與求也,
> 可謂具臣矣。」曰:「然則從之者與?」子曰:「弒父與君, 亦不從
> 也。」(선진)

"대신"이 공자가 이야기한 바와 같은 뜻이라면 주공의 훈계는, 도(道)로
써 자신을 섬길 신하가 소외되지 않고 발탁되도록 하라는 말이 된다. 나

아가, 대신이 제 덕을 발휘하지 못하게 되는 일이 없도록, 도에서 벗어난 임금이 되지 말라는 말까지도 된다. 다음으로는 주공의 저 훈계 가운데 '한 사람에게 다 갖추기를 바라는 일이 없도록 하라'의 뜻을 밝혀 주는 대목이다:

> 공자 가라사대, "군자는 섬기기 쉽지만 기쁘게 하는 것은 어렵다: 도(道)로써가 아니면, 기뻐하지 않는다; 남을 부릴 때는, 전문성에 따라 시킨다. 소인은 섬기기는 어렵고 기쁘게 하기는 쉽다: 기쁘게 해주는 것이 도에 맞지 않아도, 기뻐한다; 남을 부릴 때는, 전문성과 상관 없이 다 해줄 것을 바란다."
>
> 子曰: 「君子易事而難說也: 說之不以道, 不說也; 及其使人也, 器之。小人難事而易說也: 說之雖不以道, 說也; 及其使人也, 求備焉。」(자로)

이 대목에 비추면 주공의 저 훈계는 아랫사람이 자기가 바라는 일을 만능으로 다 해결해 주기를 바라는 것은 곤란하다는 말이 된다. 보다 적극적으로 해석하면, 정부를 꾸릴 때는 전문성을 기준으로 인재를 적재적소에 배치하라는 말이 된다. 공자가 제자들에게 준 가르침이, 이렇게 그가 데이터로 삼은, 주공을 위시한 선왕들의 창조적 언행에 대한, 이론적 이해라기보다는, 실천적 풀이였다는 점을 알 수 있게 해주는, 다음과 같은 증언도 있다:

> 자공 가로되, "선생님께서 선왕들의 제도 밝히시는 것, 들을 수 있었다; 성(性)과 천도(天道)를 말씀하시는 것, 듣지 못했다."

子貢曰：「夫子之文章，可得而聞也；夫子之言性與天道，不可得
而聞也。」 (공야장)

공자가 제자에게 준 가르침이 나오는 대목 가운데 선왕들의 언행에
대한 해설임이 분명해 보이는 곳은 또 있다:

자장이 공자에게 어짊을 물었다. 공자 가라사대, "천하에 다섯 가지를
행할 수 있는 자, 어짊을 실천한다." 그 다섯을 말씀해주실 것을 여쭈었
다. 가라사대, "'삼가, 관대하게, 믿음직하게, 재빠르게, 은혜롭게'이다.
경건히 삼가면 후회하지 않고, 관대하면 따르는 이가 많고, 믿음직하면
사람들이 그에게 일을 맡기는데, 재빠르면 공을 세우고, 은혜롭게 베풀
면 타인을 이끌기에 충분한 권위가 생긴다."

子張問仁於孔子。孔子曰：「能行五者於天下，為仁矣。」請問
之。曰：「恭、寬、信、敏、惠。恭則不侮，寬則得衆，信則人任
焉，敏則有功，惠則足以使人。」(양화)

그리고 바로 거기서 '어질게'의 내용이 되는 다섯 가지 부사어를 공자가
도출했을 법한 선왕지도(先王之道) 데이터가, 요임금, 순임금, 탕 임금 등
의 통치 관련 언행을 상서 몇 구절을 짜깁기한 것 같은 형태로 나열하고
그에 대한 설명을 덧붙인 요왈 편 첫 대목에[6] 제시되어 있다. 이 중에서
도 자장에게 준 저 가르침과의 연결이 한눈에도 명백한 부분만 뽑으면
다음과 같다:

---

6 요왈 편 첫 대목은 6장 1절에서 길게 다룬다.

너그러우면 많은 이가 따르고, 믿음직하면 백성이 그에게 일을 맡기는
데, 재빠르면 공을 세우고, 공변되면 (백성이) 기뻐한다.

寬則得衆, 信則民任焉, 敏則有功, 公則說。(요왈)

그런데 요, 순, 주공 등의 선구적 언행을 그 내용으로 하는 선왕지도(先王
之道) 데이터에 대해 공자 자신이 취한 태도라고 선언했던 바가 "술이부
작(述而不作)"이다. 예컨대 미자 편에 수록된 주공의 훈계와 자신의, 방금
예거한 여러 언명에 깃든 그에 대한 해석 사이의 관계를 남들이 어떻게
봐 주기를 바랐는지를 단적으로 알려주는 표현이 "술이부작"이다.

저 바깥에서 주어지는 데이터는 뭔가를 이루는 문밖에 주어지는 것
이기 때문에 문안의 제 속을 어떻게 바꿔도 달라지지 않는다. 제 속을
아무리 열심히 들여다봐도 파악할 수 없다. '술이부작(述而不作)'을 데이
터의 관점에서 보면 바로 이래서 술이부작인 것이다. 한편, 속의 관점에
서 보면, 데이터를 왜곡할 어떤 작용도 가하지 않고, 있는 그대로를 뜻하
는 일로 옮겨도 일 이루는 근거로 삼는 데 부족함이 없으리라는 속 믿음
을 전제하는 표현이 술이부작인데, 그것이 그것인 그대로 성사의 근거
가 되기에 충분하다는 믿음이 가는 대상은 호감도 가는 대상이기 십상
이다. 물론 논어에서 이런 대상은 저 옛 길 혹은 옛 것이다:

공자 가라사대, "데이터 그대로 옮기고 짓지 않으며, 옛 것을 믿고 좋아
하여, 나는 속으로 자신을 옛 현인 노팽에 비긴다."

子曰: 「述而不作, 信而好古, 竊比於我老彭。」(술이)

이렇게 옛 것을 좋아함은 다음 구절에서 보는 것처럼 옛 것을 구함으로
이어지게 마련이다:

공자 가라사대, "나는 태어나면서 뭔가 아는 경우가 아니라, 옛 것을 좋아해서, 기민하게 그것을 구하는 경우다."

子曰: 「我非生而知之者, 好古, 敏以求之者也。」(술이)

공자가 기회 닿을 때마다 그 무엇보다 먼저 구하는 대상이 선왕지도(先王之道)의 옛 길이라 전제하건대, 자신을 일러, 선왕지도가 무엇인지를 나면서 안 경우가 아니라 옛 것을 좋아해서 기민하게 구하는 경우라고 한 이 구절 역시 술이 편에 있다. 그리고 이 대목을 앞의 저, 같은 편 첫 구절과 나란히 읽으면 데이터와 맺는 이상적 관계는 '믿어 아는 것'이 아니라 '믿는 그대로를 좋아하여 구하는 것'이라는 이야기가 된다. 이렇게 좋아하는 것을 구하는 과정에서, 주공이 아들에게 준 훈계는 물론이고 활쏘기와 노력 동원에 관한 옛 길 데이터도 수집하여 해석한 바를 전하게 됐던 것이겠다. 그러나 보다 이상적인 관계는, 다음 구절에서 보는 것처럼, '믿는 그대로를 즐기는 것'이다:

공자 가라사대, "뭔가 아는 것은 그것을 좋아함만 못하고, 좋아하는 것은 즐김만 못하다."

子曰: 「知之者不如好之者, 好之者不如樂之者。」(옹야)

그런데 이 대목을 현 맥락 속으로 보다 깊게 끌어넣어 읽으면, 옛 길 선왕지도(先王之道)를 통해 '어짊으로 편안한 천하'에 가까이 가자면 배움을 통해 옛 것과 관계 맺어야 하는데, 그렇게 맺는 관계 중 가장 좋은 것이 즐기는 관계, 그 다음이 좋아하는 관계, 그 다음이 아는 관계라는 이야기가 된다. 물론, 여기서의 좋음은 저 편안한 천하에 가까이 가는 일에 관련된 좋음이다. 일단사일표음으로 허기를 달래며 누항에 살면서도 세상 사람들과 달리 그 즐거움을 바꾸지 않고 있는 안연은, 그러니까, 세상 사람들과 달리, 편안한 천하로 통하는 선왕지도를 즐기는 최상의 경지에 도달해 있다. 나아가, 옛 것을 배우고 익히는 데서 생기는 즐거움에 대한 동의는 아무에게나 구할 수 있는 것이 아니라, 선왕지도 데이터와 최상의 관계를 맺은 이가 자기보다 못하지 않은, 안연 비슷한 경지에 있는 벗에게 구하는 동의인 것이다—공자 가라사대, "자기만 못한 이를 벗하지 말라 (毋友不如己者)."[7] 또, 다음과 같은 구절도 있다:

> 공자 가라사대, "중간 단계 이상의 인물이면, 높은 단계의 가르침을 말로 나눌 수 있으나; 중간 단계 이하면, 그럴 수 없다."
>
> 子曰: 「中人以上, 可以語上也; 中人以下, 不可以語上也。」
> (옹야)

그리고 이런 맥락에서 저 유명한 학이 편 첫 대목을 번역하면:

> 공자 가라사대, "선왕지도를 배우고 잊지 않도록 때마다 익히면, 나와 말이 통하는 그대 또한 기쁘지 아니한가? 벗이 있어 멀리서 찾아오면, 나와 말이 통하는 그대 또한 즐겁지 아니한가? 남이 알아주지 않아도 열받지 아니하면, 나와 말이 통하는 그대 또한 군자 아니겠는가?"
>
> 子曰: 「學而時習之, 不亦說乎? 有朋自遠方來, 不亦樂乎? 人不知而不慍, 不亦君子乎? 」 (학이)

여기서의 "그대 또한(亦)"은 선왕지도 데이터를 누구나의 문밖에 있는 데

---

7 자한 편에 있는 구절인데, 같은 권고가 학이 편에도 있다: "자기만 못한 이를 벗하지 말라(無友不如己者)."

이터로서 공유하는 이들 사이의 확인을 뜻하는 것일 터, 말로 여기 닿을 수 있음이 군자다움의 결정적 징표임은 정명론 논의에서 확인할 것이다.

___3 데이터 전승과 기억술

　방금 옛 길 데이터와 맺는 관계의 수준을 즐김, 좋아함, 앎의 순서로 매겼는데, 사실, 논어의 분류는 좀 더 복잡하다. 논어에서 옛 길에 대한 견문은 기억으로 심화하고 그에 대한 배움은 익힘으로 심화되는데, 말하자면, 이런 심화의 가능성 수준에 옛 길을 앎, 좋아함, 즐김이 있다. 한편, 여기서의 배움은 가르치는 이를 전제한 것이고, 이를 전제하지 않는, 견문으로 배움은 보고 듣는 이의 취사선택을 요구한다. 스승이 있다면 스스로는 할 필요가 없거나 작을 이런 취사선택에 관한 언급은 아래에서 해설할 녹(祿)에 관한 문답에서도 볼 수 있거니와, 공자는 스승 없이 견문으로 배웠다고 한다:

> 공자 가라사대, "대개, 알지 못하면서 짓는 경우가 있는데, 나는 이런 경우가 아니다. 많이 들어 그중 좋은 것을 택해 따르고, 많이 보아 그것을 기억하니, 아는 것은 그 다음이다."
>
> 子曰：「蓋有不知而作之者，我無是也。多聞擇其善者而從之，多見而識之，知之次也。」(위정)

많이 보고 기억하는 것을 앎 다음이라고 한 이 구절의 "다음(次)"을 대개 '앎보다 못한 것'이라고 해석하는데, 이 "다음"을 '다음 순서'라 보고, 들은 것 중 좋은 것을 따르고 많이 본 것을 기억한 후에야 듣거나 본 것을 알게 된다는 말씀이라고 해석하는 편이 논어 전체로 보아서 낫다. 보다 구체적으로, 이 책에서는 "지지차(知之次)"를 '앎의 다음'이라고 번역하지 않고, "지(之)"를 '선왕지도(先王之道)'나 '선왕지도에 관련된 뭔가'를 가리키는 대(명)사로 보아 '그것을 아는 것(知之)은 다음(次)이다'로 해석했다. 그리고 이렇게 해석하면, 공자의 앎과 기억은 습득 단계가 다른 것이라고 봐야 하는데, 이는 다음을 뜻한다: 들은 것 중에 좋은 것을 행동으로 따르기 시작하자마자 누구나가 알게 되는 것이 아니고; 보고 기억하자마자 누구나가 알게 되는 것이 아니다; 여기에, 사람에 따라 필요한 만큼이 다르겠지만, 시간을 들이고 애를 써서 도달한 실천적 이해를 더할 때 비로소 알게 되는 것이다. 나아가, 옛 길 데이터를 견문을 통해 수집하거나 스승의 가르침을 통해 접한 뒤 옛 길과 아는 관계가 형성되기까지—나름의 이해에 필요한—시간과 노력이 든다는 이런 말을 뒤집으면 깊이 아는 관계에 들지는 못하더라도 그것을 따르는 것이 좋다는 것만 믿으면 옛 길을 말미암는 실천이 가능하다는 이야기가 된다. 그렇다면 깊이 아는 관계에 아직 들지 못한 이로 하여금 옛 길을 실천하게 하는 것도 가능할 것이다:

> 공자 가라사대, "백성은 선왕지도의 옛 길을 말미암게는 할 수 있으나, 그것을 알게 할 수는 없다."
>
> 子曰: 「民可使由之, 不可使知之。」[8] (태백)

한편, 공자가 스승 없이 배웠다는 제자의 증언으로는 다음과 같은 문답

---

8   이 공자 언명에 대한 필자의 또 다른, 논어를 자유주의적으로 읽어내려는 충동 때문에 온라인상(https://ctext.org/zh) '중국철학서전자화계획(中國哲學書電子化計劃)'의 해석을 참조하여 시도한 해석은 다음과 같다: 백성이 가하다고 하는 것은 그것을 말미암게 하고, 불가하다고 하는 것은 그것을 알게 한다.

이 있다:

위나라 공손조가 자공에게 물어 가로되, "중니는 어디서 배웠습니까?"
자공 가로되, "문왕 무왕의 도, 땅에 떨어지기 전에는, 사람들에게 있었
습니다. 현명한 자는 그 큰 것을 기억하고, 현명하지 못한 자는 그 작은
것을 기억했기에, 문왕 무왕 같은 선왕의 도가 전혀 없는 사람은 없었던
것이지요. 선생님께서 누구에겐들 배우지 않으셨겠습니까? 그러니 늘
배운 스승이 어찌 있었겠습니까?"

衛公孫朝問於子貢曰：「仲尼焉學？」子貢曰：「文武之道，未墜
於地，在人。賢者識其大者，不賢者識其小者，莫不有文武之道
焉。夫子焉不學？而亦何常師之有？」(자장)

여기서 엿보는 바와 같이 배움의 궁극적인 목적 하나는 선왕지도(先
王之道)를 잘 기억하고 후세에 전수함으로써 천하가 무도해지는 것을 막
는 데 있다. 가르친 선왕지도가 행해짐으로써 그 혜택이 후세에게 미치
도록 하고 혜택을 입은 세대 그 다음 세대로 선왕지도가 계속 전해지는
데 있다. 그렇게 하자면 스승을 통해 접하고 배워 익힌 것이나 스승 없
이 접해 익힌 것이나 간에 접한 것을 잊지 않아야 하는데, 필자의 해석
으로는, 이렇게 기억하는 길 중 최선이 즐기는 것이고, 그 다음이 좋아
하는 것, 그 다음이 아는 것이기 때문에도 즐김, 좋아함, 앎의 순서가 된
것이다. 예컨대 좋아하는 노래를 즐겨 부를 수 있게 되면 노래를 잊지
않고 기억할 가능성이 한층 높아질 것이 분명하다. 노래를 즐겨 할 수
있음이 함축하는 노래 이해의 폭과 깊이가 더해 감에 따라 노래에 대한
기억이 단편적으로 흩어지게 될 가능성은 점점 작아진다. 오히려, 그에
대한 기억은 단순 암기에서 벗어나 한층 뚜렷하게 경신될 터이다. 나아

가 이런 이해 심화와 기억 경신은 노래를 가르치는 일에도 반영되어 후세의 기억까지 더욱 생생하게 만들 터이다. 반대로, 즐기기는커녕 좋아하지도 않는다면 노래를 배우는 노릇에도 물리고 노래 가르치는 노릇에도 진력날 터이다. 하여 옛 노래가 환유하는 옛 길이 후세에 전해지지 않고 끊어질 가능성이 커질 터인데, 이보다 더한 위기를 논어에서 과연 찾을 수 있을까? 덧붙여, 뒤에서 다룰, 공자의, 사람 만드는 교육 과정에서 사람을 완성하는 가장 고급한 과목이 음악이었다는 점이 또한, 앎·좋아함·즐김의 위계에 대한 이런 해석을 뒷받침한다. 단적으로, 선왕이 창조한 옛 노래 가락을 기억하는 가장 좋은 방법은 그 탁월함을 즐기는 것이다.

다른 한편, 옛 길을 즐기게 될 때까지는 시간이 걸릴 것인데, 그때까지 접한 것을 잊어 버리지 않으려면 어떻게 해야 할까? 무엇보다도 우선, 옛 길 데이터를 좋아하여 밖에 있는 그것을 다른 것과 분별하여 제 속으로 끌어들일 때부터 차분해야 할 것이다. 그래야 오래가는 기억을 선명하게 만들어, 이해를 심화시키는 동안 바탕 삼아도 왜곡되거나 희미해지지 않을 것이다. 하여 다음 대목에서 보는 것처럼, 기억할 만한 것을 분별하고 속으로 잘 새기려면 묵묵해야 할 터이다:

> 공자 가라사대, "묵묵히 선왕지도(先王之道)의 옛 길을 살펴 분별한 것을 기억하고, 배우는 데 물리지 않고, 다른 이를 가르치는 데 진력내지 않는데, 내게 더 바랄 무엇이 있겠는가?"
>
> 子曰: 「默而識之, 學而不厭, 誨人不倦, 何有於我哉?」
>
> (술이)

나아가 논어 전체를 놓고 볼 때, 이 '묵묵하다'는 접하는 데이터가 그것들이 있는 그대로 수용되도록 자신을 극도로 삼가는 극기 상태에 둔다는 말이 된다.

___4 생각의 적정 횟수

스스로 좋아하고 즐기는 것이 아닌, 예컨대, 출세하는 데 중요한 남이 좋아하고 즐길 만한 것을 배우고 익히는 것은 이를테면 '학문을 수단 삼아 성공한 미래'가 아니라면 피하고 싶은 노고가 되기 십상이겠다. 이런 식의 괴로운 공부를, 공자 말씀에 따르면, 저 먼 옛날에는 하지 않았다. 옛 공부는 자기가 좋아서 하는 것이었다. 공부는 자기가 좋아서 하는 것이고 또 즐기는 것이었다. 예컨대 악기는 남을 즐겁게 하기 전에 자기가 즐기자고 배우는 것이었다는 말이다. 이런 맥락에서 위기지학(爲己之學)과 위인지학(爲人之學)의 대조가 등장하는 대목을 번역하면:

> 공자 가라사대, "옛 사람의 배움은 가치 중심이 자기였는데, 지금은 자기 아닌 남이 좋아하고 즐길 만한 것을 배운다."
>
> 子曰:「古之學者爲己, 今之學者爲人。」(한문)

이 구절을 앞에서 해설한 데이터의 관점에서 보면, 옛 사람들의 배움은 바깥으로 나갔다가 속으로 만족스럽게 돌아오는 운동이었는데 공자 당대에는 이런 만족 추구를 보기 어렵게 되었다는 한탄이다. 하여간에 배움은, 공자 당대의 고금을 막론하고, 속에 머물지 않고 밖으로 나가는 것이었다. 다만 자기로 돌아오느냐 마느냐가 배우는 이를 고금으

로 갈랐던 것이다. 다음은 배움이 밖으로 나가는 운동이라는 점을 잘 보여주는 대목이다:

공자 가라사대, "내가 일찌기 하루 내내 먹지 않고, 밤새도록 자지 않는 대신, 생각(思)을 해봤지만, 보태는 바가 없었으니, 배움만 못하다."

子曰：「吾嘗終日不食，終夜不寢，以思，無益，不如學也。」

(위령공)

저 문밖에 성사 근거로 주어진 바로서의 데이터와 관계 맺지 않을 때, 생각은 이 속에 보태는 것이 없다. 거기서 가져와 보태는 것이 없다. 다른 한편, 데이터와 맺는 관계가 문 나서기 전에 속으로 미리 하는 생각에서 맺는 관계가 아닐 때 데이터가 주어지는 바깥은 혼란스럽다. 지향 있는 생각이 빠지면 극단적으로는 어찌 무엇을 '이것'이라 하고 '저것'이라 하며, 그러니까, 어찌 어디를 '저기'라 하고 '여기'라 해서 구별해야 좋을지조차 알 수 없다. 어찌 어디를 '거기'라고 하고 무엇을 '그것'이라 해야 할지 알 수 없는 것은 물론이고, 어디로 눈길 준다는 것조차 불가능해서 무엇을, 마음 속으로조차, 그릴 수 없게 된다; 바깥이 바깥으로 광경이 광경으로 성립되지 않고, 따라서 데이터의, 이를테면, '지도'가 나올 수 없게 된다. 그래서 생각이 없으면, 예컨대 편안한 천하로 향한 길을 어디에서 어떻게 시작해야 할지 가늠조차 할 수 없게 된다. 이는, 논어의 데이터, 즉 선왕지도(先王之道)가 편안한 천하로 이끌려는 군자다운 생각에서 지금 가능한 정치적 실천에 착수하는 데 필수적인 전제로 무조건 믿어야 할 것이기 때문에 그것 없이는 일 시작할 엄두조차 낼 수 없는 것이지만, 동시에, 편안한 천하를 향한 정치적 실천의 시작이 이것과 저것을, 여기서 저기서, 식별하여 문밖의 광경을 이 무엇과 저 무엇의 광경으로 성립시키는 생각에서 비롯하는 것이기 때문이다. 이것은 무엇이고 저것은 무엇이며 그 관계는 또 어떠하냐는 물음이 이 것과 저것을 갈라 대상화하는 생각에서 시작하는 것이기 때문이다. '데 이터 지향 정치 언어'의 '지향'은 바로, 속 생각 내지 속셈의 바깥 대상 지향을 뜻하는데, 바깥에서 이루어 속에 보태는 유익 내지 더 큰 만족을 모색하는 생각이 그것을 행하기 전에 속으로 미리 하는 것이라고 여겨 졌다는 점은 다음 대목에서 단적으로 확인할 수 있다:

> 계문자는 세 번 생각한 후에 행한다. 공자 이 말을 듣고, 가라사대, "두 번이면, 그걸로 된다."
>
> 季文子三思而後行。子聞之，曰：「再，斯可矣。」 (공야장)

데이터를 제대로 지향하지 않는 생각은, 그것이 할 때마다 달라져도 달라졌는지 확인할 길이 없어서, 두 번 해보는 것으로는 행하는 데 도저 히 족할 수가 없다. 서너 번으로는 행동을 지탱할 정도로 족히 굳힐 수 가 없다. 즉, 생각의 동일성을 만족스레 확인할 수가 없다. 그런데 동일 성이 확인되지 않는 생각은 갈팡질팡 어지러운 것일 터, 아무리 여러 번 해도 행하는 데 이르지 못할 것이다. 반면, 데이터와 맞아떨어지는 생각 이라면 그 동일성을 점검하느라 같은 생각을 여러 번 반복할 필요가 없 을 것이다. 데이터와 맞아떨어진다는 데 아무런 의심도 없다면 두 번이 면 족할 것이다. 즉, '그 생각=그 생각'이면 되지 계문자의 경우처럼 '그 생각=그 생각=그 생각'일 필요가 없을 것이다. 그러나 생각이 데이터를 지향하기는 하는데 맞아떨어지는지까지는 확신할 수 없다면, 두 번 만 으로는 부족하고 최소한 서너 번은 해야 동일성이 어느 정도 확인된 생 각을 데이터가 주어진 문밖에서 행하는 데로 옮길 수 있을 것이다. 즉,

생각 두 번이면 족하다는 말은, 생각이 늘 데이터와 맞아떨어져, 혹함이 없어진 경지가 전제된 말이다. 다른 한편, 앞에서 본 것처럼, 생각과 무관한 데이터는 '이것이, 그것이, 저것이 무엇이냐'는 질문조차 불가능할 정도로 혼란스럽게 방치된, 그래서 다가가기는커녕 멀리서 무엇이라고 할 수조차 없는, 무(無)와 다를 바 없는, 대상화 이전의 잡동사니다. 그리고 이 같은, 생각과 데이터의 상호 의존적 관계는 다음 대목이 간결하게 표현해주고 있다:

> 공자 가라사대, "배우는데 생각하지 않으면 배우는 밖의 데이터를 혼동하여 속게 되고, 생각만 하고 배우지 않으면 생각하는 속이 의심으로 어지러워진다."
>
> 子曰: 「學而不思則罔, 思而不學則殆。」 (위정)

한문 원문의 "망(罔)"을 '배우는 밖의 데이터를 혼동하여 속는다'로 "태(殆)"는 '생각하는 속이 의심으로 어지럽다'고 옮겼는데, 그 근거로 들 수 있는 구절이 각각 옹야 편과 위정 편에 있다. 우선 "망(罔)":

> 재아가 물어 가로되, "어진 이인데, 그래도 '우물에 어짊이 들어 있다'고 했습니다. 이 말을 따를까요?" 공자 가라사대, "어찌 그렇겠느냐? 군자가 갈 수는 있겠지만, 빠질 수는 없다; 말로 속일(欺) 수는 있겠지만, '데이터를 혼동하게 해서 속일(罔)' 수는 없는 것이다."
>
> 宰我問曰: 「仁者, 雖告之曰: 『井有仁焉。』其從之也? 」子曰: 「何為其然也? 君子可逝也, 不可陷也; 可欺也, 不可罔也。」
>
> (옹야)

여기서 주목해야 할 것이 속임의 두 종류, '기(欺)'와 '망(罔)'이다. '기'는 말 같은 전달 매개를 뒤틀어 매개 대상인 데이터의 현상을 왜곡하여 속이는 것이고, 이에 대해 '망'은, 말 같은 특정 전달 매개에 의존하지 않고 주어질 수 있는 데이터 자체를 혼동하여 범하게 될 잘못을 유도하는 속임이다. 즉, 우물 속에 어짊이 없음에도 있다고 한 말에 데이터상 그런 줄로 알고 속아 우물에 갈 수는 있으나, 우물에 달하면 데이터를 혼동하여 속게 되지는 않는다는 말이다. 이런 뜻의 '망'은 맹자에게도 전해져서 양혜왕(상) 편의[9] 다음 발언에 쓰였다:

"일정한 산출이 없는데도 평상심을 유지하는 것, 오직 선비만이 할 수 있다. 백성은 보통, 일정한 산출이 없으면, 평상심을 잃는다. 이렇게 되면, 무도한 행동, 방탕한 행동, 하지 않는 일이 없게 된다. 그리하여 마침내 죄에 빠지게 되는데, 이렇게 된 다음 쫓아가 처벌한다면, 이는 백성을 (평상심을 잃기 십상인 상황의 도래를 막지 않음으로써) 혼동시켜 속이는(罔) 것이다. 어찌 어진 이가 다스리는 자리에 앉았는데, 백성을 '혼동시켜 속임(罔)'이 해도 괜찮은 일이겠는가?"

無恒產而有恒心者, 惟士為能。若民, 則無恒產, 因無恒心。苟無恒心, 放辟, 邪侈, 無不為已。及陷於罪, 然後從而刑之, 是罔民也。焉有仁人在位, 罔民而可為也?

백성이 데이터를 혼동하기 쉬운 상태가 조성되는 것을 허용하여 여기서 범한 잘못으로 죄인이 되었는데 이를 처벌하는 것은 백성을 속이는 짓이라는 것이다. 이는 혼동하기 쉬운 상황에서도 과오를 범하지 않

---

9 등문공(상) 편에도 인용한 것과 거의 같은 구절이 있다.

도록 자신을 잘 닦아야 선비라는 말도 된다. 꾸준한 수신으로 어떤 상황에서도, 데이터가 데이터로 나타나는 도(道)에 늘 머물 수 있어야 선비라는 말도 된다. 과연, 진심(상) 편에 맹자의 다음과 같은 언명이 있다:

배고프면 달게 먹고, 목마르면 달게 마신다. 이는 먹고 마심을 온전히 하는 것이 아니니, 온전히 먹고 마시지 못하도록 기갈이 방해한 것이다. 어찌 입과 배만이 기갈의 방해를 받겠는가? 사람의 마음들 또한 방해를 다 받는다. 기갈의 방해로 마음이 방해받는 일이 없도록 할 수 있다면, 다른 사람만 못함은 근심거리가 되지 않는다.

飢者甘食, 渴者甘飮, 是未得飮食之正也, 飢渴害之也。豈惟口腹有飢渴之害? 人心亦皆有害。人能無以飢渴之害爲心害, 則不及人不爲憂矣。

또한, 마음이 해를 입어 혼동했다는 대표적 표식이, 위 맹자 양혜왕(상) 편의 표현으로, '하지 않는 짓이 없는 것'이다. 도에 머물지 못하여 데이터를 혼동하면 하지 못하는 짓이 없게 된다는 것인데, 상황에 들어맞는 데이터에 조회하여 취해야 할 행동이나 해야 할 말을 도출하는 것에 관해서는 주어진 상황을 왜곡하여 속일 수가 있으나, 그것을 굳게 지킴으로써 데이터를 데이터로 취급할 수 있게 되는 도에 머물지 못하게 할 수는 없다는 구절이 맹자에 등장하는 곳이, 만장(상) 편에서 정자산이 선물 받은 산 물고기를 아랫사람이 삶아먹고는 '놓아 주었더니 생기를 찾고 사라졌다'고 하자 정자산은 '기쁘게도 제 자리를 얻었구나'라고 반응했다는 일화의 의미를 음미한 다음 대목이다:

그러므로 데이터 조회의 상황을 왜곡하여 그에 대한 군자의 반응을 오도할 수는 있으나, 그 도(道)가 아닌 것으로 혼동시키기는 어렵다.

故君子可欺以其方，難罔以非其道。

정자산은 거짓말에 속아 오도된 반응을 하긴 했으나 그가 늘 머물러 지키고 있는 도에 따른 진실된 반응을 보였다는 것이다. 논어로 돌아오면, 생각이 도를 벗어나면 데이터를 데이터답게 받아들일 수 없어 '혼동하고 따라서 속게(罔)' 된다는 것이다. 한편, 위에서 인용한, 어진 이(仁者)에 관해 재아가 던진 질문에 대한 공자의 대답에 따르면, 어진 이는, '혼동하는 바람에 속아(罔)' 과오를 범해서 처벌 받는 일은 겪지 않을 것이다. 그의 생각은 맹자식으로 말해 항산이 없어도 유지되는, 배고픔과 목마름에도 방해받지 않는 '늘 그런 마음(恆心)'으로 하는 생각일 터이기 때문이다. 부족하지도 넘치지도 않아, 예컨대, 신중함과 용감함을 겁먹음과 난동 성향으로부터 아무리 복잡미묘한 상황에서도 분명하게 식별하여 조화시킬 중용지도(中庸之道)에 부합하는 '늘 그런(恆)' 구석이 생기고 확충되도록 자신을 닦을 때, 그것을 바탕으로 자신에 관해 뭔가 이룰 수 있게 되고, 또 때를 타게 마련인 주어진 상황에서 데이터를 혼동하여 속는 일이 없게 될 것이다. 하여, 다음 대목에서 인용된 주역 한 구절에 이야기된 바와 같은 수치를 당하는 일을 피할 수 있게 될 것이다:

공자 가라사대, "남쪽 사람들 말에 '늘 그런 데가 없는 사람, 무당 의생을 삼을 수 없다'는 것이 있다. 좋은 말이다." (주역에 이르기를) '제 덕을 늘 유지하지 않으면, 누군가 수치를 안긴다.' 공자 가라사대, "점치지 않으면 그것으로 그만인 것이다."

子曰：「南人有言曰：『人而無恆，不可以作巫醫。』善夫！」「不恆

其德，或承之羞。」子曰：「不占而已矣。」(자로)

다음으로 "태(殆)":

자장이 녹에 대해 배웠다. 공자 가라사대, "많이 듣되, 의문스러운 것을
제외한 나머지를 신중하게 말하면, 허물이 적을 것이고; 많이 보되, 미
덥지 못한 것을 제외한 나머지를 행하면, 후회가 적을 것이다. 말에 허
물이 적으면, 행함에 후회가 적으면, 녹은 그 가운데 있다."

子張學干祿。子曰：「多聞闕疑，慎言其餘，則寡尤；多見闕殆，
慎行其餘，則寡悔。言寡尤，行寡悔，祿在其中矣。」

(위정)

이 구절에서 귀로 접한 것과 눈으로 접한 것에 대한 의심을 뜻하는 한자
가 각각 "의(疑)"와 "태(殆)"이다. '뭔가 이룸'을 지향하는 말과 행동의 근
거로서 데이터를 전제하건대, 의심이 생기는 것은, 이를테면 마음(心)이
판단하기로, 눈과 귀라는 감각 기관을 통해 접한 것이 데이터가 뒷받침
하는 것인지가 불분명하기 때문이다. 즉, '녹(祿)을 누리게 됨'과 같은 처
지 향상을 위한, 보다 큰 만족을 향한 발언과 행동으로 나아가는 데 발
판으로 삼아도 좋을지[10] 알 수 없기 때문이다. 이렇게 볼 때, 녹에 관한
공자의 가르침은, 데이터의 뒷받침을 받는 것이 분명해 보이는 견문만
을 발언과 행동의 근거로 삼으면 책잡힐 만한 발언과 후회할 만한 행동
이 적고 따라서 벼슬할 수 있다는 말이 된다. 그리고 이렇게, 데이터의

---

10 2절과 이 절에서 인용한, 자장이 어짊을 묻는 대목이나 행하기 전에 하는 생각의 적정 횟수를 이야기하는
대목을 해석할 때도 "행(行)"을 이 대목에서처럼 '보다 큰 만족으로 바르게 나아감'으로 놓고 전체를 풀어야
할 것인데, 논어에 나오는 '행'의 기본적인 뜻을 이렇게 보는 이유에 대해서는, 이 장 5절의 각주13과 2장 3
절의 관련 논의 및 각주21.

뒷받침이 없어서 위태롭다는 뜻으로 푼 '태(殆)'를 위정 편 저 구절 후반부에 적용하면, '배우지 않고 생각만 하면 의심으로 속이 어지럽다'는 말이 되어 뜻이 선명해진다. 속이 어지러운 것은, 비유적으로 말해, 생각이 데이터에 맞아떨어지는지를 배움 없이 생각(思)만으로는 확인할 길이 없어서, 개선하고 싶은 처지를 뭔가 이뤄 개선하려면 반드시 개시해야 할 말과 행동의 출발점을 잡아 그로부터 나아가지 못하고 제자리에서 빙빙 돌기 때문이다.

종합하면, 바깥을 대하는 생각이 없어 배우는 바깥이 "오늘 월나라로 가서 어제 도착했다(今日適越而昔至)"처럼[11] 혼란스럽거나 바깥에 대한 배움이 없어 생각하는 속이 갈피를 잡지 못하고 어지러우면 일의 성사 방안을 구체적으로 꾸밀 때 시작 지점으로 삼을 데를 정할 수가 없게 되어 보다 만족스러운 상태로 나아가기 위한 실천이 불가능해진다. 바깥을 대하는 생각이 있는 배움에서 일어나는, 데이터를 지향하여 그에 조회하려는 생각이 더 큰 만족을 위한 실천의 시발을 가능하게 한다는 것인데, 이렇게 해서 개시하는 실천 중에서도 '편안한 천하로 이끄는 실천'에 초점을 둔 책이 논어다. 즉, 선왕지도(先王之道)의 실행에 관한 책이 논어다. 여기서 해명해야 할 문제가 논어의 근원 데이터 선왕지도가 과연 무엇이냐는 것인데, 이에 대해서는 '데이터 지향 정치 언어' 속의 '정치', 데이터', '지향'에 비췄던 조명을 '언어'로 돌린 후에 장을 바꾸어 다룬다.

---

11 장자 제물론에 있는, 누구나에게 자신이 따르는 제 마음이 있다는 전제를 빼 놓고 옳고 그름을 따지면 빠지게 되는 불합리를 묘사한, 혜시에게 빌린 듯한 표현이다.

5 데이터 지향 언어의 선봉과 정명

이 장 1절에서, 문밖의 일에 연결된 데이터를 지향하는 언어를 "'일이룸(성사 成事)'을 뜻하면서 그 너머의 지양된 만족을 내다보는 말로, 이룰 일들을 사람 사이의 일로 얽는 매개"라 하였다. 그런데 언어가, 더 큰 만족을 찾아 문밖으로 나서려는 사람을 일의 관계망 속으로 매개할 수 있으려면 일 이룸의 근거인 데이터에 닿는 말이어야 할 것이다. 한편, 이런 말이, 모두가 공유하는 문밖의, 즉 문안 각각이 공통으로 그에 대하는 문밖의 데이터에 닿는 길도 문, 즉 말문에서 시작되는 길인데, 이는 특히 시가 열어젖히는 길이다. 예컨대, 다음 대목을 보라:

> 백어를 일러 공자 가라사대, "너는 정풍(正風)을 했느냐? 사람이 정풍을 하지 않으면, 그 처지가 담벼락을 바로 마주하고 서 있는 것 같을 것인데?"
>
> 子謂伯魚曰: 「女爲《周南》、《召南》矣乎? 人而不爲《周南》、《召南》, 其猶正牆面而立也與? 」(양화)

이 구절을 뒤집어 말하면, 한국어 사전에서 '정풍'으로 통칭하는, 시경 주남과 소남에 있는 시들은 바깥 지향을 차단하고 서 있는 담벼락을 뚫어 문과 길을 내고 데이터에 닿으려는 말의 선봉이라는 것이다. 그리고 이런 선봉으로서의 시를 대상화하는 말이, 예컨대 논어 위정 편의 "시경을, 한마디로, '사무사'라 한다(詩三百, 一言以蔽之, 曰 '思無邪')"와 같은 말이, 그 뒤에서 길을 닦아 넓힌다. 나아가 이렇게 닦아 넓힌 말길을[12] 반성적으로 체계화한 것이 맹자나 순자의 가르침이다.

---

12 이 책에서 "말길"은 "바로 말이, '말길'이 사전적으로 뜻하는 바인 '말하는 길'이나 '말하는 기회 또는 실마리'를 이룬다"는 뜻으로 썼다.

예컨대, 순자 의병 편에 나오는 다음 구절에서는 앞에서 언급한 논어 몇 대목, 그 가운데서도 특히 공자가 녹에 관해 자장에게 준 가르침을 통해 본, '앎', '실천적 행동', '이루려는 일'이 맺고 있는 순차적 관계와 그 각각에 대응하는 문제들인 '앎에 대한 의심', '행동의 도덕적 과오', '후회할 선택'의 순차적 관계가 체계적으로 축약되어 있다. 나아가 성사 시도에서 바랄 수 있는 최대의 만족은, 의심되는 앎과 도덕적 과오를 시작부터 배제하고 성사를 위해 자신은 최선을 다했다는 재귀적 인식에서 온다는 점이 부각되어 있다. 일 이룸의 성공은, 그러나, 의심할 바 없이 확실한 데이터에서 출발하여 더 큰 만족으로 나아간 인간 행동의 도덕적 과오 회피에 기필코, 그리고 후회 없을 선택의 전면에 있는 성사 시도와 성사 노력에 기필코 뒤따르는 결과가 아니다:

> 손경자(순자) 가라사대, "앎은 의심하지 않게 되는 것이 제일이고, 만족으로 바르게 나아감은 도덕적 과오가 없는 것이 제일이며, 일은 후회가 없는 것이 제일이고, 일에 후회가 없는 데 이르러서는 더 나아가지 않고 멈추는데, 이루어지는 것이 기필코는 될 수 없기 때문이다."

> 孫卿子曰: 知莫大乎棄疑, 行莫大乎無過, 事莫大乎無悔, 事至無悔而止矣, 成不可必也。

이 순자 인용의 초점은 물론 순자 한 대목의 해설에 있는 것이 아니고, 여기서 볼 수 있는 바와 같은 '앎(知)', '의심(疑)', '더 큰 만족으로 바르게 나아가는 실천(行)',[13] '도덕적 과오(過)', '일(事)'과 그 '이룸(成)'의 '기

---

13 "행(行)"에 대한 이런 해석은 이 책에서 논어의 "행"에 있다고 보는, 나아가 순자 같은 후계자들의 그에 대한 분석이 명료하게 만들었다고 본 '행'의 기본적인 뜻에 따른 것이다. 이런 기본적인 뜻은 2장 3절의 관련 논의와 거기 붙인 각주21에 명시해 놓았는데, 여기에 '실천'이라는 단어를 덧붙인 것은 이런 뜻의 '행함'이 '한계 없는 만족 추구'가 아니라 '공통의 윤리를 언행의 전제로서 동반하는 만족 추구'라는 점을 부각해 놓고 싶어서다.

필코는 아님(不可必)', '후회(悔)' 등의 연속적 얽힘을 선구적으로 분절해
낸, 따라서 시적인 울림을 가진, 말과 관련된, 공자의 문명사적 성취에
있다. 즉, 논어에서 볼 수 있는 이런, 시의 담벼락 돌파에 이어지는 말길
개척의 성과는, 방금 순자 의병 편 한 대목에서 확인한 대로, '여닫는 벽
에서 시작하고 끝나는 길'을 주제로 한 다양한 정치적 문답에서 관용적
으로 사용되어 문명사적 전통이 되는 데 이른다. 이렇게 됨에 따라 공자
의 언어를, 마치 공자와 그 제자들이 시경의 시를 말길 개척의 선봉으로
조명하되 그것을 나름으로 검토하면서 조명하였듯이, 반성적으로 조명
하게 되었던 것이다. 하여 그것이 딛고 선 전제들의 전제로서 선왕지도
(先王之道)를 보다 체계적으로, 예컨대 순자는, 드러냈던 것이다.

이처럼 문명사적 전통을 개시한 논어의 언어가, '일 이룸(성사 成事)'을
뜻하면서 그 너머의 지양된 만족을 내다보는, 이룰 일들을 사람 사이의
일로 얽는 매개가 되는 말이라는 사실은, 간단히 말해 데이터 지향 언어
라는 사실은, 다른 어디보다도 다음 구절에 선명하게 드러나 있다:

이름이 바르지 않으면, 말이 순조롭지 않고; 말이 순조롭지 않으면, 일
이 이루어지지 않는다; 일이 이루어지지 않으면, 예악이 일어나지 않게
되고; 이렇게 되면, 형벌이 균형을 잃고 예측할 수 없게 된다; 행동 기준
이 되는 형벌이 균형을 잃어 예측할 수 없게 되면, 백성의 손발 둘 곳이
없다. 그래서 군자는 무엇을 이름하면 반드시 말할 수 있어야 하고, 말
을 하면 반드시 행할 수 있어야 한다. 군자가 말을 하면, 구차하게 막히
는 데가 없을 따름인 것이다."

名不正, 則言不順; 言不順, 則事不成; 事不成, 則禮樂不興; 禮
樂不興, 則刑罰不中; 刑罰不中, 則民無所措手足。故君子名之必

可言也，言之必可行也。君子於其言，無所苟而已矣。

(자로)

다음은 이 구절을 데이터의 관점에서 해석한 결과다: 여기서 '이름의 바름'을, 문밖에서 일 이룸의 근거가 되는 데이터를 잘 식별하고 적절한 이름에 나눠 담아 집단적으로 잘 기억하는 것이라고 보면, 바라건대, 이런 이름들을 상하좌우로 순조롭게 연결한 말은 곧 데이터의 순조로운 연관들을 한층 분명하게 보여주는 길이 될 것이다; 그래서 데이터의 연관을 따라 순조롭게 흐르는 말길을 내고 이에 따라 한 말을 행하면, 바라건대, 데이터를 근거로 성사될 일들이 상하좌우로 보조를 맞춰 순조롭게 이루어질 것이다; 이를 바탕으로 일들과 그들 성사의 연계망을 한층 선명한 절도에 맞춰 조화롭게 통일해 줄 예악이 일어나는 데 필요한 각종 여건이, 바라건대, 갖추어질 것이다; 이런 예악의 분명한 절도를, 성사의 관계망 속으로 서로 얽힌 백성들이 거기에 맞춰 자신의 언행을 분명하게 매듭지을 수 있도록 늘 염두에 둔다면, 바라건대, 무엇이 얼마나 바르고 그른지가 모두에게 분명하여, 가령, 서로 다른 공과에 얼마나 크고 얼마나 작은 보상과 책임이 따를지가 분명할 것이다; 하여, 바라건대, 백성은 그른 선택을 할 때에도 분명하게 그른 선택을 할 수 있게 될 것이다; 정명에서 시작하여 말로 하는 정치에 이르는 연관 전체를 돌보는 것이 군자이겠는데, 그러므로, 이런 일을 하는 군자가 데이터를 식별하고 그들 연관을 분석하여 서로 구분되는 개별 데이터를 그것 자신이 아닌 것과 갈라 따로 담은 이름들을 적절히 구사하여 현실을 분절한다면 그들 연관이 정확하게 반영된, 말이 되는 말을 반드시 할 수 있다; 이런 말은 일을 이루려는 개별적 시도들이 실천적으로 따를 수 있을 말이고, 또 그럴 때 공동체 전체의 한층 큰 만족으로 이어질 말이다; 이렇게 공동체 전반의 평화와 번영을 실현시키는 실천적 권능을 가진, 군자의 말은 데이터와 끊어져서 구차해지는 구석이 없어야 하는 것이다. 그리고 바로 이것이 논어의 '데이터 지향 정치 언어'의 요체다.

방금 간략히 풀어본 논어 정명론에서 이야기하는 '말'은 이루고자 하는 일을 꾸미는, 이를테면, 매개이고, 이런 말의 기본 단위가 이름이다. 즉, 데이터에 충실한 이름을 순조롭게 연관시키면 말이 되는 말이 되고, 이렇게 말이 되는 말을 따라 행하면 꾸민 일이 기필코 이루어지지는 않는다 하더라도 후회는 없을 것이다. 그래서 말하는 동물, 인간이 인간과 더불어 하는 일은 특히 말로 된 일 꾸미기에서 시작한다. 특히, 정치는 말로 더불어 하는 일 중의 일인 것이다. 정명의 데이터 지향 정치는, 사람들이 뿔뿔이가 아니라 함께 사는 데서 꼴을 갖추고 상호 연관되게 되는 일들이 잘 이루어지도록 하는 근거로서 문밖에 주어진 데이터를 반듯하게 분절하여 적절한 이름에 담아 기억시키고 그 상호 연관을 충실하게 반영하는 말을 염두에 두고 준수하며 일을 성사시킨 결과를 더 큰 만족으로 수확할 수 있게 함으로써 공동체의 삶이 활기차고 아름다운 절도를 갖도록 하는 정치다. 명백히, 이렇게 이루어지는 일에는 두 가지 수준이 있는데 그것은 첫째, 데이터에 근거하여 일이 이루어지는 수준과 둘째, 상호 연관 속에 자리한 일들이 조화롭게 이루어지도록 안배되는 수준이다. 구체적으로, 위에서 인용한 자로 편의 정명론에서 두 수준이 나뉘는 경계를 찾자면 '성사(成事)'와 '예악(禮樂)' 사이가 된다. 데이터로 말하면 데이터와 메타(상급) 데이터의 두 수준 사이다. 물론, 정치가 대상으로 삼는 메타(상급) 데이터는 정치 자신에게는 메타(상급) 데이터가 아니라 데이터일 터, 정치 영역에서는 성사와 예악 사이의 경계나 그에 상당하는 무엇을 찾는 것이 무의미해진다.

정치는 메타(상급) 데이터를 언어로 순조롭게 포섭하여 데이터로 다루는 기술이다. 이를 논어 속으로 번역하면, '군자불기(君子不器)'의 '그릇' 아닌 군자가 그릇들을 선별하고 배치하여 조화로운 전체를 보장하는 말의 기술이 정치라는 이야기가 된다. 그래서 말로 일을 꾸며 이루는 능력이 정치적 덕의 요체가 된다. 나아가, 위에서 인용한 정명론은, 데이터에 충실한 이름을 순조롭게 이어 이루는 말로 일을 꾸미면 일이 꼭 이루어질 것이라고는 하지 않았다. 대신, 순조로운 말 없이는 일이 성사될 수 없다는 식으로 이야기했다. 바른 이름으로 이루어진 순조로운 말이 성사의 필요조건은 되지만 충분조건은 아니라는 말이다. 그래서 대군을 다스리는 정치적 과업을 성공으로 이끌고 싶을 때 옆에 두고 싶은 그릇은 다음과 같은 그릇이다:

> 자로 가로되, "대군을 지휘하신다면, 누구와 함께하시겠습니까?" 공자 가라사대, "호랑이를 맨손으로 가격하고, 큰 강을 맨발로 건너며, 죽어도 후회 없다는 식이면, 내 함께하지 않는다. 꼭 함께할 이는 일에 임하면 어려워하는, 일 꾸미기를 좋아하여 이루는 이다."
>
> 子路曰：「子行三軍，則誰與？」子曰：「暴虎馮河，死而無悔者，吾不與也。必也臨事而懼，好謀而成者也。」(술이)

정명의 데이터 지향 정치 언어는 잘 다스려져야 할 일들의 성사와 예악의 흥성에 필수적이지만 그것으로 충분하지 않기 때문에 일과 예 행함에 임하는 자세가 또한 중요해진다. 특히 '경(敬)'이 논어에서 갖는 실천적 비중은 일부 여기에서 유래한다. 이런 맥락의 경은, 그 실천이 순조롭도록, 바른 이름을 이치에 맞게 꿴 말로 미리 그린 것처럼 풀리지 않을까 두려워하며 치밀하게 꾸민 일이 이루어져 보다 큰 만족을 수확하는 데 실제 이르자면 취하지 않을 수 없을, 일에 임하는 자세 내지 태도다. 편안한 천하를 실현하는 대사에도 데이터 지향 정치 언어가 필수적이기는 하지만 충분하지는 않다. 삼가 바라는, 정성을 다하는 종교적인 자세로 임해야 할, 천하 편안케 하는 길이 선왕지도(先王之道)인 것이다.

제 2장

논어의 데이터, 선왕지도(先王之道)

요즘 나오는, 예컨대, 교과서들의 체계와는 매우 다른 방식으로 편집된 책이 논어다. 목차만 보고 전체 윤곽을 파악하는 것이 불가능하고 같은 편의 바로 이웃한 구절들마저 그 사이의 거리가 들쭉날쭉이다. 그럼에도 어떤 흐름을 감지할 수 있는 것이 논어의 편집이다. 필자가 논어와 친해지면서 하게 된 추측으로는, 공자 사후에 그와 그 제자들의 언행 자료와 이들이 후학을 가르치면서 쓴 선왕지도(先王之道) 관련 옛 문헌 자료를 선택적으로 뽑아 만든, 공자의 가르침을 둘러싼 의논과 강의에 쓴 문건이었을 가능성이 없지 않다. 구체적인 내용은 실제 강의나 의논에서 채울 것이었기 때문에 강의나 의논의 화두가 되는 자료만 '일정한 순서'에 따라 늘어놓은 문건이었을 가능성이 없지 않다. 여기서 일정한 순서라고 한 것은 단적으로, 강의나 의논의 주제에 따라 해당 대목을 찾는 장면을 상정하고 비슷한 것은 서로 가깝게 다른 것은 서로 멀리 배열했을 것이라는 추정을 뒷받침하는 논어 내 배열을 말하는 것이다. 대표적으로, 공자의 행동거지를 알고 싶다면 논어 가운데서도 향당 편을 찾아서 보는 것이 빠른 길이다.

　　공안국이 쓴 공자가어후서(孔子家語後序)에 보면, 여러 제자들이 공자에 관해, 들어 기록한 것 가운데 사실에 맞고 중요한 것을 추려서 논어라 하였고, 나머지는 한데 집록하여 공자가어라 했다 한다. 아마도 이런 편집 과정을 거쳐 논어 속에 들어왔을 선왕지도(先王之道) 관련 옛 문헌 자료는 1장 2절에서 부분적으로 논했거니와 나중에 더 논할 기회가[14] 있을 것이다. 하여튼, 논어와 요즘 책들 사이에 있는 형식상 간극을 염두에 두고 쓴 이 책에서는 논어 편집의 이질성에 접할 때 경험하게 되는 혼란도 정돈하려고 노력했다. 이런 노력은 곧, 서문에서 밝힌 대로 한반도 안팎에서 쓰고 있는 정치 언어에 대한 불만에서 촉발되어, 논어를 재

---

14 6장 1절에서 다시 거론.

배열함으로써 보다 큰 만족을 바라보는 일이 되는데, 바로 이 재배열의 원리가 되는 것이 '데이터 지향 정치 언어'다. 그리고 여기까지 읽은 독자는 바로 이 원리에 따라 재배열된 논어가 어떤 모습일지를 1장에서 본 셈이다. 각설하고, 논어의 데이터 지향 정치 언어는 선왕지도로 시작해서 선왕지도로 끝난다. 즉, 논어가 지향하는 데이터는 다른 무엇보다도 선왕지도라는 것인데, 바로 이 가설을 검토한 것이 본 장이다.

예컨대, 논어에 나타난, 군자가 백성을 부리는 취지는, 근본적으로, 양자가 함께 믿고 선 무조건적으로 믿어야 할 선왕지도(先王之道)를 잘 지키자는 데 있다. 하여 천하를 편안케 하여 더 큰 만족을 거두자는 데 있다. 다만, '선왕지도'가 '편안한 천하' 실현의 무조건적 전제이기 때문에, 역설적이게도, 논어 전면에 부각되지는 않았을 뿐이다. 단 한 번, 공자와 외모가 닮아 스승 사후에 스승 후계자로 고려된 적이 있었다고 전해지는 제자 유자의 예 관련 발언에 명시적으로 등장하는데, 공자 당대에서는 무조건적이던 선왕지도 데이터에 대한 믿음이 그 다음 세대에서는 본격적인 반성 대상이 되기 시작했음을 알리는 신호라고 보아도 좋을 것이다:

유자 가로되, "예를 적용할 때, 중요한 것은 어울림이다. 선왕지도에서는 이 말을 아름답다고 여겨, 크고 작은 일 모두 어울림이 기준이었다. 이 기준이 통하지 않는 경우도 있는데, 어울릴 줄 알아서 어울려도, 예로 절도 있게 매듭짓지 않으면, 또한 행할 수 없게 된다."

有子曰: 「禮之用，和為貴。先王之道斯為美，小大由之。有所不行，知和而和，不以禮節之，亦不可行也。」 (학이)

1 숨은 데이터, 드러난 데이터

선왕지도(先王之道)가 논어의 근원적 시발점이라는 이 책의 가설을 뒷
받침하는 것이, 무엇을 일컫는지 분명치 않기 때문에 어기조사로 간주
해도 좋거나 그렇게 해도 좋은 경우에 가까운 대(명)사 '지(之)'에 '선왕지
도'를 대입해서 뜻이 잘 통하는 대목들이 논어 여기저기에 여럿 있다는
사실이다. 가설을 본격적으로 검토하기 전에 미리 지적해 둘 것은, 논어
에서도 그렇지만 항용, 대화 참여자가 전제로 수용하고 있음이 분명하
면 대화에서 굳이 들추거나 조명할 필요가 없다는 점이다. 이는 논어 다
음 대목에서도 분명하다:

> 맹의자가 효를 물었다. 공자 가라사대, "어긋남이 없어야 합니다." 번지
> 가 수레를 모는데, 그를 일러 공자 가라사대, "맹의자가 효를 묻길래, 어
> 긋남이 없어야 한다고 답했다." 번지 가로되, "무슨 말입니까?" 공자 가
> 라사대, "살아 계실 때 그 섬김을 예로써 하고, 돌아가셨을 때 그 장사
> 지냄을 예로써 하고, 그 제사 모심을 예로써 하느니라."

> 孟懿子問孝。子曰：「無違。」樊遲御，子告之曰：「孟孫問孝於
> 我，我對曰『無違』。」樊遲曰：「何謂也？」子曰：「生事之以
> 禮；死葬之以禮，祭之以禮。」(위정)

주제가 효이니 섬김, 장사 지냄, 제사 모심의 효행을 뜻하는 동사 각각
의 공통된 목적어, 방금 "그"로 느슨하게 옮긴 "지(之)"는 당연히 '부모'
를 대신하는 것이겠다. 이 점에 대한 이해는 번지뿐 아니라 후대의 논어
독자도 다 공유하는 바일 터이다. 그래서 세 가지 행위의 수혜 대상을
들춰 밝히지 않고 대(명)사로 덮어 두었어도 해석상 별 문제가 생기지

않는다. 여기에 더해, 맹의자의 질문에 '예에 어긋남이 없다'는 답 대신 '어긋남이 없다'는 답을 한 것은 맹의자나 공자나 모두 예를, 들추거나 조명해야 할 필요가 없는 무조건적 전제로, 즉 데이터로 받아들이고 있었음을 의미한다. 그래서 둘 사이의 대화에서는 들춰낼 필요가 없었지만, 번지와의 대화에서는 드러내야 할 전제가 됐던 것이다. 즉, 이 가르침의 대화에 등장하는 번지는 아직 예를 늘 염두에 두어야 할, 모든 행위와 말의 무조건적 전제로 받아들인 단계에는 진입하지 못한 상태다. 흥미롭게도, 같은 논리로 보면 이해가 선명해지는 예화가 순자 자도 편에도 보인다.

자로가 공자에게 "노나라 대부가 '소상에 지내는 제사(練)'를 모시고는 침상에 누운 것이 예냐(魯大夫練而床 , 禮邪)"고 여쭈어 '모른다'는 대답을 얻고 스승에게 모르는 것이 없는 줄 알았는데 있다며 자공에게 자신의 질문을 들려주자 직접 여쭈어 보겠다며 "소상에 지내는 제사를 모시고는 침상에 눕는 것이 예입니까(練而床 , 禮邪)"라고 다시 묻자 "예 아니다(非禮也)"라고 대답했다는 이야기가 자도 편에 있다. 같은 이야기가 공자가어의 곡례자하문 편에는 소상에 지내는 제사를 모시는데 '지팡이 짚는 것'이 예인지 물었다는 것으로 되어 있는데, 하여간 여기에 대한 자공의 설명은, 대부가 다스리는 읍에서 편히 지내는 처지에서는 그를 꼬집어 비난하지 않는 것이 예이기 때문에 노나라 대부를 명시적으로 언급한 질문에 대해서는, 모르는 것 없는 스승도 '모른다'고 답할 수밖에 없다는 것이다. 즉, 자로의 물음과 자공의 물음이 서로 달라지는 분기점은, 소상에 지내는 제사를 모시고는 침상에 눕거나 제사 모시면서 지팡이 짚는 주체를, 데이터인 예를 전제하지 않고 까발리느냐, 아니면 데이터인 예를 전제하여 빈칸으로 두느냐에 있다. 공자뿐 아니라 누구라도 늘 염두에 두고 있는 바를 살펴 함께 전제하지 하지 않을 때 그와의 대화는 겉돌게 마련일 것이지만, 특히 논어에서는 언행의 전제가 중요하다. 한편, 논어에 있는, 공자와 번지 사이의 저 대화에 대조적인 사제간 대화가 다음 대목에 있다:

> 자하가 물어 가로되, "시구 '공교한 미소에 예쁜 볼우물, 아름다운 눈의 분명한 흑백, 흰 바탕에 꾸미네'는 무슨 뜻입니까?" 공자 가라사대, "그려 꾸미는 것은 흰 바탕이 있고 난 다음이다." 가로되, "예는 다음입니까?" 공자 가라사대, "나를 일으키는 이가 상이로다! 이제 더불어 시를 말할 수 있게 되었구나."
>
> 子夏問曰:「『巧笑倩兮,美目盼兮,素以為絢兮。』何謂也?」子曰:「繪事後素。」曰:「禮後乎?」子曰:「起予者商也! 始可與言詩已矣。」(팔일)

시구의 뜻을 질문하여 "회사후소(繪事後素)"라는 답을 들은 자하가 예는 다음이냐고 묻자 공자가 감탄하며 '상, 너는 나와 더불어 시를 말할 수 있는 단계에 진입해 있다'고 평가하고 있는데, 여기서도 스승과 제자가 공유하고 있는 전제를 가정하지 않으면 그 뜻을 파악하기 어렵다. 예컨대, 같은 팔일 편의 공자가 수사학적 물음으로 강조한 '어짊이 예악의 바탕임'을[15] 대화의 데이터로 공유하고 있음을 가정하면 자하의 물음에 스승이 감탄하게 된 이유도 분명해진다. 즉, 예가 어짊 다음임을 시구의 뜻에 대한 저 암시적 언급에서 즉각 간취해 낼 정도의 진전을 보인 제자에게 감탄하는 스승 공자의 모습을 그려 볼 수 있게 된다. 논어의 데이

---

15 팔일 편의 수사학적 물음:
사람이 어질지 않으면, 예가 어떻든 무슨 상관이겠는가? 사람이 어질지 않으면, 악이 어떻든 무슨 상관이겠는가?
人而不仁, 如禮何? 人而不仁, 如樂何?

터를 염두에 두면서 논어를 읽는다는 것은 바로 이렇게, 그 안의 말들이 공통적으로 거기서 출발하는 전제를 찾아 그들의 정확한 의미를 그 밑에 놓고 드러내는 것이다. 결론적으로, 논어를 이런 시야 속에 넣어 읽으면, 선왕지도(先王之道)가 다른 모든 말이 바로 거기서 출발하는, 암묵적 전제 중의 전제, 의심할 바 없는 데이터 중의 데이터로 놓여 있다는 점을, 바로 이를 전제하고 읽을 때 생기는 독해의 수월성을 통해, 확인하게 되리라는 것인데, 우선, 다음 대목을 이렇게 읽어 좋은 예로 들 수 있겠다:

> 공자 가라사대, "성인이나 어진 이라면, 내가 어찌 감히 되려 하겠느냐? 그렇지만 그것 하는 것에 물리지 않고, 다른 이를 가르치는 데 진력내지 않는 것이라면, 이 정도는 나도 된다고 할 수 있다." 공서화 가로되, "바로 그것이야말로 제자들이 배우지 못하는 바입니다."
>
> 子曰：「若聖與仁, 則吾豈敢? 抑爲之不厭, 誨人不倦, 則可謂云爾已矣。」公西華曰：「正唯弟子不能學也。」(술이)

방금 '그것 한다'로 옮긴 한문 본문의 "위지(爲之)"를, 1장 3절에서 "묵묵히 선왕지도(先王之道)의 옛 길을 살펴 분별한 것을 기억하고, 배우는 데 물리지 않고, 다른 이를 가르치는 데 진력내지 않는데, 내게 더 바랄 무엇이 있겠는가?"라 해석한 술이 편 딴 대목("默而識之, 學而不厭, 誨人不倦, 何有於我哉?") 가운데 "다른 이를 가르치는 데 진력내지 않다(誨人不倦)" 앞의 행위를 가리키는 말로 보면, 발언의 뜻이 선명해진다. 아마 제자에게 누누이 했던 이야기라서 "위지(爲之)"로 간단히 축약할 수 있었을 것이다. 나아가 "묵이식지(默而識之)"의 "지(之)"를 선왕지도나 그에 관련된 무엇을 가리키는 것으로 보고 이를 묵묵히 주의깊게 식별하여 기억하고 배워 가르치는 일에 물리거나 진력내지 않는 것에는 자신 있다는 말씀이라고 저 발언을 읽으면 두 대목 자체의 뜻이 선명해지는 것은 물론이고 이들이 논어 전체와 맺는 환유적 관련도 한층 분명해진다. 예컨대, 축약되지 않고 되풀이된 부분은 축약된 부분에 비해 그가 지향하는 궁극에 더 가깝기 때문에 강조하느라 축약하지 않고 되풀이한 것이라고 보면, 공자가 시작한 교육 운동의 핵심에는, 데이터로서의 선왕지도를 집단적 기억 속으로 잘 보존하여 세세로 대대로 이어지도록 하는 것이 중차대한 목표로서 자리하고 있다는 점을 여기서도 확인할 수 있게 된다. 특히, 가르치는 데 진력내지 않는 모범을 보임으로써, 앞으로 제자들이 가르치는 데 진력내지 않도록 가르치는 데 공자가 한 교육의 중점이 있다는 것을 짚을 수 있게 된다. 이는 다시, 교육을 통한 선왕지도의 확산이 천하를 어짊으로 편안케하는 평천하를 실현하자면, 공자 당대의 환경을 감안할 때, 가지 않을 수 없는 먼 길이라는 점이 그 속에서 분명해지는, 앞으로 살필 시대 상황 속으로 공자의 말과 행적이 펼쳐 놓은 보다 큰 그림의 일부이다.

또 다른 예로 들 수 있는 것이 1장에서 짚어 본 다음 대목이다:

공자 가라사대, "나는 태어나면서 뭔가 아는 경우가 아니라, 옛 것을 좋아해서, 기민하게 그것을 구하는 경우다."

子曰: 「我非生而知之者，好古，敏以求之者也。」 (술이)

이 대목의 "뭔가"와 "그것" 자리에 '선왕지도(先王之道)'를 넣어 읽으면, 1장 2절에서 해설한 대로 '공자 자신을 일러, 선왕지도를 나면서 안 경우가 아니라 옛 것을 좋아해서 기민하게 구하는 경우라고 한 대목'으로 읽게 된다. 여기서 특기할 것은 공자에게 앎은 그것만 따로 떼서 반성할 수 있는 것이 아니라 항상 그것이 지향하는 대상이 무엇이냐에 의해 규정되는 앎이라는 사실인데, 공자의 앎이 앎 자체의 성격보다는 그것이 관계하는 대상에 의해 밝혀지는 것이라는 이 측면에 관해서는 다음 절에서 거론한다. 하여튼 그가 구한 앎 중의 앎은 선왕지도에 대한 앎이다. 나아가 여기서 제기되는, 선왕지도라는 것은 역사적으로 경험되는 것인데 어떻게 나면서 알 수 있다는 식으로 이야기했다는 것이냐는 의문에 대해서는 결론 장 둘째 단락과 끝 단락에 이 책 나름의 답이 시사되어 있다—그것은 그 자체로는, 그것이 놓인 상황과 유리된 채로는, 알 수 없는 무엇인가의 모범이다. 한편, 이렇게, 선왕지도를 암묵적 전제로서 넣어 읽는 논어 독해의 타당성은 유사한 대목들을 같은 식으로 읽을 때 문제 구절들뿐 아니라 논어 전반에 대한 이해가 한층 깊어진다는 것을 보임으로써 뒷받침할 수 있을 것이다.

2 선왕지도(先王之道) 가설 검토

가리키는 것이 무엇인지 분명하지 않은 대(명)사 지(之) 자리에 선왕지도(先王之道)를 넣어 읽어서 해당 구절 이해가 좋아지는 경우로 우선 다음 대목을 들 수 있다:

공자 가라사대, "뭔가 알게 되었더라도, 어짊으로 그것을 지킬 수 없다면, 얻었다 해도, 반드시 잃게 된다. 뭔가 알게 되었고, 어짊으로 그것을 지킬 수 있어도, 그것에 의젓하게 임하지 않으면, 백성들이 새겨 삼가지 않는다. 뭔가 알게 되었고, 어짊으로 그것을 지킬 수 있으며, 그것에 의젓하게 임했다고 해도, 그것을 움직일 때 예로써 하지 않으면, 아직 부족한 것이다."

子曰：「知及之，仁不能守之，雖得之，必失之。知及之，仁能守

之，不莊以涖之，則民不敬。知及之，仁能守之，莊以涖之，動之
不以禮，未善也。」¹⁶ (위령공)

방금 "뭔가"와 "그것"으로 옮긴 "지(之)" 자리에 '선왕지도(先王之道)'를 대
입해 읽으면:

> "선왕지도를 알아보게 되었더라도, 선왕지도를 어짊으로 지킬 수 없다
> 면, 선왕지도를 얻었다 해도, 반드시 잃게 된다. 선왕지도를 알아보고,
> 선왕지도를 어짊으로 지킬 수 있어도, 선왕지도에 의젓하게 임하지 않
> 으면, 백성들이 새겨 삼가지 않는다. 선왕지도를 알아보고, 선왕지도를
> 어짊으로 지킬 수 있으며, 선왕지도에 의젓하게 임해도, 선왕지도를 발
> 동할 때 예로써 하지 않으면, 아직 부족한 것이다."

대체로 기존 해석은 "그것(之)"을 '권력', '지위', '이(理)'를 가리키는 것으
로 보고 이렇게 볼 때 뜻이 잘 통하지 않는 자리에는 '백성', '자기 자신'
등을 대입하는 것인데, 필자처럼 '선왕지도'를 대입하면 "그것"을 모두,
군말할 필요 없이 명쾌하게, 하나로 갈음할 수 있다는 장점이 있다. 여
기서 파생되는 강점으로는 "그것(之)"이 가리키는 바를 선왕지도 하나
로 통일해 읽음으로써 구절에 내재한 리듬감을 한층 뚜렷하게 살릴 수
가 있다는 점을 우선 들 수 있겠다. 다음으로는 인지, 어짊으로 지킴, 의
젓하게 임함, 그리고 예로 절도 있게 행함이 공통의 대상과 맺는 관계를
단계적 순서 속에서 한층 체계적으로 파악할 수 있게 된다는 점을 들 수

---

16 끊어 읽기를, 이 책이 그대로 답습한 온라인상(https://ctext.org/zh)의 '중국철학서전자화계획((中國哲
學書電子化計劃)'의 것(「知及之，仁不能守之；雖得之，必失之。知及之，仁能守之。不莊以涖之，則民
不敬。知及之，仁能守之，莊以涖之。動之不以禮，未善也。」)과 다르게 했다.

있겠는데, 이들 강점 둘은 서로를 강화한다. 나아가 이렇게 읽은 결과는 유사한 구절이 나오는 한 대목에 적용하여 그 온당함을 저울질할 수 있겠다:

> 계강자가 물었다, "백성이 삼가 충실하게 맡은 일에 애쓰도록 하려면, 어찌하여야 하겠습니까?" 공자 가라사대, "그것에 의젓하게 임하면 삼갈 것이고, 효성스럽고 자애로우면 충실할 것이며, 일 잘하는 이를 등용해서 일 못하는 이들을 가르치면, 애쓸 것입니다."
>
> 季康子問: 「使民敬、忠以勸, 如之何?」子曰: 「臨之以莊則敬, 孝慈則忠, 舉善而教不能, 則勸。」 (위정)

방금 선왕지도(先王之道)를 대입하여 얻은 독해 결과를 계강자의 질문에 대한 공자의 대답 가운데 저 위령공 편 대목 일부(不莊以涖之, 則民不敬)를 긍정형으로 바꿔 반복하고 있는 부분((臨之以莊, 則敬))에 적용하면, 즉 "그것(之)"을 '선왕지도'로 읽으면, '지배자가 선왕지도에 의젓하게 임하면 백성이 새겨 삼간다'는 말이 되는데, "지(之)"가 가리키는 것이 계강자의 질문에 있는 '백성(民)'이라고 보고 '지배자가 백성에 대해 의젓하게 임하면 백성이 삼간다'로 푸는 쪽보다 해석이 매끄럽고 풍성하다. 즉, 선왕지도라는, 궁극적으로 백성이 군주와 더불어 그 혜택을 누리게 될 객관적 원리를 군주가 무겁게 여기는 모습에 접하면, 백성 역시 그를 마음에 새겨 자신의 책무에 삼가 성심성의껏 임할 것이라는 말이 된다. 다음은 '선왕지도'를 "그것(之)"에 대입하여 해석한 결과다: 계강자가 "백성이 삼가 충실하게 맡은 일에 애쓰도록 하려면, 어떻게 해야 하겠습니까?"라고 묻자 공자 가라사대, "선왕지도에 의젓하게 임하면 새겨 삼갈 것이고, 선왕들처럼 효성스럽고 자애로우면 충실할 것이며, 선왕들처럼 일 잘하는 이를 등용해서 일 못하는 이들을 가르치면, 애쓸 것입니다."[17]

한편, 앞 장에서 인용한 바 있는 다음 구절 역시 이렇게 읽어 좋을 법한 경우다:

> 공자 가라사대, "뭔가 아는 것은 그것을 좋아함만 못하고, 뭔가 좋아하
> 는 것은 그것을 즐김만 못하다."
>
> 子曰: 「知之者不如好之者, 好之者不如樂之者。」(옹야)

그런데 방금 이 구절을 우리말로 옮기면서 "뭔가"나 그 뭔가를 가리키는 "그것"으로 옮긴 "지(之)" 자리에 '선왕지도(先王之道)'를 대입해서 읽으면 그렇게 하지 않는 경우에 비해 잃는 것이 적지 않아 보인다—단적으로, 구절의 의미 폭이 좁아진다. 그래서 선왕지도를 이 구절에 연관시키려면 그것을 앎, 좋아함, 즐김이 공통으로 갖는 대상들 가운데 하나라고 놓고 나가는 길을 택하는 것이 온당해 보인다—말하자면, '앎은 좋아함만 못하고 좋아함은 즐김만 못한 것은 선왕지도의 경우에도 그렇다.' 그런데 흥미롭게도 같은 형태의 추론이 팔일 편에 보인다. 즉, 예컨대 목적어 역할을 하는 명사 들어갈 자리를 아예 비우거나 해서 일종의 빈칸을 가진 문장으로 추상적 진술을 한 다음, 거기에 구체적인 명사를 채워 구체적인 명제를 도출해내는 형식의 추론을 발견할 수 있다. 앞에서 우리는 순자 자도 편과 공자가어 곡례자하문 편에서 상황에 들어맞는 예(禮)를 전제한다면 거론할 수 없을 "노나라 대부"라는 명사구가 소거됨으로써 빈칸이 만들어지는 예를 본 바가 있다. 즉, '노나라 대부가 소상에 지내는 제사를 모시고는 침상에 누운 것 혹은 제사를 모시면서 지팡

---

17 위정 편에 있는 문제의 부분(臨之以莊)을 이 책과 비슷하게 옮긴 예로 "군주가 자신 있게 정치에 임하면"으로 옮긴 동양사학자 미야자키 이치사다의 것이 있다: 미야자키 이치사다(2001)의 책 43쪽.

이 짚은 것이 예냐'는 질문이 '소상에 지내는 제사를 모시고는 침상에 눕는 것 혹은 소상에 지내는 제사를 모시는데 지팡이 짚는 것이 예냐'는 추상적인 질문으로 바뀌는 예를 본 바 있다. 다음은 반대로 추상적인 진술에서 구체적인 진술로 나아간 경우다:

> **"제사 모시는 것**은 **재하는 것**과 같고, (그래서) 천지와 산천의 신을 **제사 모시는 것**은 모시는 신이 **재하는 것**과 같다.
>
> 祭如在，祭神如神在。 (팔일)

그렇다면, 이 문장이 가진 일종의 빈칸 속에 자기 조상신을 넣어 다음과 같은 추론을 하는 것도 허용될 터이다: 제사 모시는 것은 재하는 것과 같고, 제 조상신을 제사 모시는 것은 모시는 그 조상신이 재하는 것과 같다(祭如在, 祭其鬼如其鬼在). 물론, 이런 추론이 가능하다면 그것은 제사 모심과 제시 모시는 대상의 재함 사이의 추상적 관계 때문일 터인데, 그러나 여기에는 이 추상적 관계가 자기 조상신과의 구체적 관계에 적용되느냐는 문제가 아직 남아 있다. 즉, 저 추상적 관계에 들어오는 구체적 관계항이 추상적 관계를 정의하다시피 한정하는 경우에는 이런 추론이 불가능해진다.

실제 공자가 어떤 개념을 그것이 관계하는 대상으로써 정의하다시피 한정한 경우로, 앎(知)을 묻는 제자 번지에게 이렇게 답하는 장면이 있다: "타인을 아는 것이다(知人)." 요즘 상식으로는 선뜻 이해하기 어려운 대답인데, 그래서 묻게 되는 것이 '타인을 아는 것'이 곧 '아는 것'이 되는 맥락이 어디인가 하는 것이다:

번지가 인을 여쭈었다. 공자 가라사대, "타인을 사랑하는 것이다." 앎을 여쭈었다. 공자 가라사대, "타인을 아는 것이다." 번지가 알아듣지 못했다. 공자 가라사대, "곧은 것을 들어올려 굽은 것에 놓으면, 굽은 경우를 바로잡을 수 있다." 번지가 물러나, 자하를 보았다. 가로되, "방금 내가 선생님을 뵙고 앎을 여쭙자, 선생님께서 '곧은 것을 들어올려 굽은 것에 놓으면 굽은 경우를 바로잡을 수 있다'고 하셨는데, 무슨 말씀인가?" 자하 가로되, "풍부하구나 그 말씀! 순이 천하를 차지하고, 무리에서 가려, 고요를 들어올리자, 어질지 못한 자들이 멀리 피했네. 탕이 천하를 차지하고, 무리에서 가려, 이윤을 들어올리자, 어질지 못한 자들이 멀리 피했네."

樊遲問仁。子曰：「愛人。」問知。子曰：「知人。」樊遲未達。
子曰：「舉直錯諸枉，能使枉者直。」樊遲退，見子夏。曰：「鄉
也吾見於夫子而問知，子曰，『舉直錯諸枉，能使枉者直』，何謂
也？」子夏曰：「富哉言乎！舜有天下，選於眾，舉皋陶，不仁者
遠矣。湯有天下，選於眾，舉伊尹，不仁者遠矣。」

(안연)

방금 본 대로, 앎에 대한 문답 이전에 번지가 질문했던 것은 어짊이 무엇이냐는 것이었고, 여기에 대한 공자의 대답은 '타인을 사랑함'이었다. 그리고 자신의 대답 둘을 번지가 알아듣지 못하자 스승 공자가 준 단서가 "곧은 것을 들어올려 굽은 것에 놓으면 굽은 경우를 바로잡을 수 있다"는 것이었는데, 이 말씀 역시 이해 못하고 물러난 번지가 그 뜻을 동학 자하에게 묻자 감탄하며 선왕지도(先王之道)의 예로 풀어 해설한 것이 '선왕 순임금이 무리 가운데서 고요의 곧음을 알아보고 등용하자, 또 선왕 탕 임금이 무리 가운데서 이윤의 곧음을 알아보고 등용하자, 어질지 못한 자들이 견디지 못하고 멀리 도망가서, 굽었던 경우가 바로잡혔다'는 이야기다. 즉, 자하의 해설을 통해 스승 공자의, '타인을 사랑하는 것이 어짊'이고 '타인을 아는 것이 앎'이라는 언명이 선왕지도를 데이터 삼아 나왔다는 것이 드러난다. 풀어 말하면, 사람을 알아보는 앎을 가졌던 선왕들의 인재 등용은 천하를 편안케 한 실천인 바, 이는 선왕들의 어짊에서 나와 그 어짊을 말미암은 것이다; 또한 선왕들의 이런 실천이 요구하는, 인재를 알아보는 앎도 그 어짊으로 말미암아 얻고 그 어짊을 말미암아 발휘한 앎이다. 즉, 대화 속 스승과 제자가 공유한 전제를 선왕지도라는 논어의 근원 데이터로 거슬러 올라가 드러낼 때, '타인을 사랑함'과 '타인을 앎'이라는, 어짊과 앎의 실천적 규정이 매개되는 공간의 테두리가 드러난다는 것이다. 이렇게 선왕지도가 조명하는 범위 안에서, 앎과 어짊이 관계하는 대상이 타인이며, 앎은 어질기에 사랑하는 타인을 이롭게 할 길을 밝혀 사랑으로서의 어짊을 발휘할 수 있게 하는 앎이라는, 구체적으로는 삐뚤어진 상황을 그 덕분에 바로잡게 될 곧은 이를 알아보고 등용할 줄 아는 앎이라는 점이 분명하게 드러난다.

선왕지도(先王之道)가 의심의 여지 없이 전제된 공간을 벗어난 추상적 앎과 추상적 어짊이 무엇이냐가 아니라 그것이 암묵적으로 전제된 공간 안에서의 앎과 어짊이 어떤 것이냐를 말하고 있다는 것인데, 이처럼, 논어의 추상 수준은 선왕지도를 넘지 않는다. 이는 물론, 논어의 근원적 데이터가 선왕지도이기 때문이고, 공자 다음 세대에서 그를 회고하며 나온 이야기에, '성(性) 같은 추상적 대상에 대해서는 별 말씀이 없었다'는 증언이 있는 것도[18] 이를 반영한다. 따라서, 인간 본성과 습속에 관한 다음 언명도 선왕지도가 매개하는 범위 내로 좁게 이해해야 할 것이다:

공자 가라사대, "사람은 본성에서는 서로 가깝지만, 습속에서는 서로

---

18 1장 2절의 다른 맥락에서 인용한, 자공의 관련 증언:
   선생님께서 선왕들의 제도 밝히시는 것, 들을 수 있었다; 성(性)과 천도(天道)를 말씀하시는 것, 듣지 못했다.
   夫子之文章, 可得而聞也 ; 夫子之言性與天道, 不可得而聞也.

멀다."

子曰: 「性相近也, 習相遠也。」(양화)

즉, 선왕지도를 따르느냐의 여부는 타고난 본성에서 결정되는 것이 아니라 가르치고 배워서 생기는 습속에서 결정된다는 말씀으로 이해돼야 할 것이다. 또, 위에서 이야기한, 신을 제사 모시는 것과 그 재함 사이의 일반적인 관계도 선왕지도가 매개하는 공간을 벗어나 추상화되면 무의미해진다고 봐야 할 것이다. 결론적으로, '선왕지도'가 논어의 근원 데이터라는 가설에 동의할 때, 그래서 선왕지도의 플랫폼을[19] 떠나 독자적으로 존재하는 본성 자체, 습속 자체, 제사 모심과 재함 사이의 관계 그 자체와 같은 추상적 자체들을 시야에서 배제할 때, 논어 관련 구절의 이해가 한층 선명해진다는 것이다. 그리고 이런 선왕지도 가설에 동의할 때, 저 옹야 편 한 대목(知之者不如好之者 , 好之者不如樂之者)에 대한 한층 선명한 해석이 나온다. 예컨대 '앎, 좋아함, 즐김과 두루 관계를 맺되, 맺는 관계의 순위를 가리면 첫째가 뭔가를 즐김, 둘째가 뭔가를 좋아함, 셋째가 뭔가를 앎이 되는 대상 중의 대상이 선왕지도'라는 정도들 넘어, 아예, '선왕지도는 아는 것보다는 좋아하는 것이 낫고 좋아하는 것보다는 즐기는 것이 낫다'가 가장 온당한 해석으로 떠오른다는 것이다. 얼핏 보기에는 '선왕지도'를 '그 뭔가(之)'에 대입하면 저 구절의 의미가 빈약해지는 것처럼 보여도 논어 전체를 함께 놓고 보면 그렇지 않다는 것이다.

---

19 이 책에서 '플랫폼'은 한국어 사전에 등재된 뜻으로 쓰지 않고 영어의 'platform'의 두 가지 뜻을 종합하여 썼다: 첫째, 그것은 잘 보이도록 솟아 있거나 조명되거나 하는 무대나 연단으로 공적인 언행이 이루어지는 장소인데, 예컨대 정치적 공약이나 선언이 추상화된 그 위에 모여 한 묶음으로 공표된다; 둘째, 어떤 종류의 언행이 그것을 전제로 하여 이루어지는 바를 뜻하는데, 이는 이 책 1장 1절에서 푼 '데이터'의 뜻과 매우 가깝다. 이 책에서 이런 두 가지 뜻을 종합하여 쓴 '플랫폼'을 1장에서 푼 데이터로 정의하면, 플랫폼은 이루어지기를 바라는 일들 내지 더 큰 만족을 위한 언행들의 전제로서 공인받거나 공인받으려는 데이터, 또는 이런 데이터가 공적으로 우뚝해지는 장소인데, 여기에는 추상적인 장소도 포함된다.

오히려 그 의미가 선명하게 드러난다는 것이다. 물론, 한층 선명한 해석을 끌어내자면 선왕지도 자체에 조명을 가해야 한다. 공자 자신은 명시적으로 이야기하지 않았던 것으로 논어에 나타나는 선왕지도에 공자 후대가 조명을 가했던 것도 그의 언행을 후대의 입장에서 깊이 이해하려면, 지금 이 책에서도 하지 않을 수 없는 것처럼, 하지 않을 수 없는 일이었기 때문일 터이다. 불가피했을 이런 과정에서 추상적인 성(性)과 천도(天道)에 관한 언명을 스승에게 듣지 못했다는, 제자 자공의 반성적 회고도 나왔을 것이다.

3 선왕지도(先王之道)의 어짊 체제

논어의 근원 데이터가 선왕지도(先王之道)라는 가설에 동의할 때 다음과 같은 수수께끼도 풀린다: 대체 어떻게 '앎'을 '타인을 앎'이라고 정의할 수 있단 말인가? 즉, 앎에 대한 이 수수께끼 같은 규정도, 방금 해설한 바와 같이, 선왕지도에 관련된 어짊, 앎, 반듯한 인격, 공적 척도, 통치술 등의 구체적 얽힘 속에서 그 의미가 드러난다. 또 다른 예로, 앞에서 언급한 구절 중, 옹야 편의 '일단사일표음으로 허기를 달래며 누항에 살면서도 안연은 그 즐거움을 바꾸지 않는다'도, '아는 것보다는 즐기는 것이 더 나은 선왕지도'의 문맥 속에서 해석하면 그 뜻이 분명해지는데, 그 분명해진 뜻인즉, 이 문맥의 최고 경지에 든 안연이, 누항에 사는 궁한 처지를 세상 사람들이 재는 방식으로는 재지 않고 있다는 것이겠다. 즉, 선왕지도를 포기하더라도 누항에서 벗어나는 것과 거기서 벗어나지 못하더라도 선왕지도를 즐김으로써 그것을 후세에 온전히 전할 수 있게 되는 것, 이 둘을 안연이 택한 척도에서 재면 후자가 한층 귀하다는 뜻이겠다. 궁한 처지에 있다면 여기서 벗어나게 해 줄 앎을 추구하게 되는 것이 보통이겠는데, 선왕지도의 척도 위에서는 일단사일표음으로 요약되는 가난도 선왕지도의 도(道)에서 어긋난 방법을 써서라도 기필코 벗어나야 할 처지로는 판단되지 않는다는 뜻이겠다:

> 공자 가라사대, "부귀는 누구나 바라는 것이지만, 합당한 도(道)로 취할 수 없으면, 누리지 않는 것이다; 빈천은 누구나 싫어하는 것이지만, 합당한 도로 벗어날 수 없으면, 벗어나지 않는 것이다."
>
> 子曰: 「富與貴是人之所欲也, 不以其道得之, 不處也; 貧與賤是人之所惡也, 不以其道得之, 不去也。…」(이인)

그런데 공자가 여기에 바로 이어 이야기했다고 전해지는 것이 군자와 어짊의 관계다:

> "군자가 어짊을 벗어났는데, 어찌 이름을 내겠는가? 군자는 한시라도 어짊에서 어긋나지 않아야 하니, 아무리 급해도 기필코 어짊에 머물고, 넘어지면서도 기필코 어짊에 머물러야 한다."
>
> [子曰: 「富與貴…不去也。」] 君子去仁, 惡乎成名? 君子無終食之間違仁, 造次必於是, 顚沛必於是。」(이인)

빈천도 합당한 도가 아니면 벗어나지 말 것을 이야기한 바로 다음 이야기된 것이 군자라면 무슨 일이 있더라도 어짊에서 잠시라도 벗어나지 말고, 예컨대 안연처럼, 주욱 머물라는 것이다. 그리고 여기에서도 확인하게 되는 것이, '어짊'이 선왕지도(先王之道)에 대해 갖는 위치다. 앞에서도, '앎'이 '타인을 아는 것'으로 규정되어 구체적으로는 '상황에 맞는 인재 등용 능력'으로 나타나는 이유가 선왕들의 어짊에 있다는 것을 보았 거니와, 선왕지도가 매개하는 공간은, 도(道)로 천하를 편안케 하겠다는 문제 의식이 바로 그로 말미암아 생긴 어짊이 아니었다면 출현할 수 없 었을 공간이다. 선왕들의 어짊이 없었다면 생겨나지 않았을 선왕지도는 이렇게 어짊이 밑바닥에서 그 원인 중의 원인으로서 받쳐 주는 동시에 늘 어짊 한길을 말미암는, 일종의 구조물이고, 이 구조물의 이런 구조적 특성 때문에 '선왕지도를 망각하거나 버리지 않는다'는 '어짊을 떠나지 않는다'를 함축하는 말이 된다. 그래서 논어의 선왕지도에서 통치 수단 중의 수단으로 부각돼 있는 예악도 어짊 없이는, 다음 구절에서 단적으 로 보는 바와 같이, 무의미해진다:

공자 가라사대, "사람이 어질지 않으면, 예(禮)가 어떻든 무슨 상관이겠
는가? 사람이 어질지 않으면, 악(樂)이 어떻든 무슨 상관이겠는가?"

子曰:「人而不仁, 如禮何? 人而不仁, 如樂何?」 (팔일)

사실, 지금까지 공자의 으뜸 데이터 '선왕지도(先王之道)'라고 한 것을 뜯어 보면, 이것이 '어짊의 체제'라는 점이 드러난다. 나아가 이 어짊 체 제는 다급한 순간에도 넘어지는 순간에도 식사 중에도 무슨 일을 하는 도중에도 작동해야 할 체제, 즉 부사어 체제다. 다급해도 어질게, 넘어 지는 순간에도 어질게, 식사를 하는 것도 어질게, 무슨 일을 해도 어질 게 하라는 것이 이 체제의 요구인 것이다. 그리고 바로 이 으뜸 부사어 '어질게'를, 구사되는 장면을 기준으로 나눈 곳이 다음 대목이다:

번지가 어짊을 여쭈었다. 공자 가라사대, "안에서는 경건하게, 바깥 일
에 착수하면 삼가, 사람과 더불어는 진실하게. 오랑캐에게 가더라도, 잊

을 수 없는 것이다.”

樊遲問仁。子曰:「居處恭, 執事敬, 與人忠。雖之夷狄, 不可棄
也。」 (자로)

즉, 안에서 거할 때, 밖에서 일할 때, 그리고 사람들과 함께할 때 어떻게
해야 하는지를 기준으로 '어질게'를 보면 각각 '경건하게', '삼가', '진실
하게'가 되는데, 이들은 어짊 체제를 잘 모를 오랑캐들 사이에 있더라도
적용을 고수해야 할 부사어들이다. 어떤 상황에서도 늘 명심하고 있어
야 할 부사어들이다. 그런데 이런 부사어들을 잊지 말고 꼭 붙들어야 한
다는 이런 말을 뒤집으면, 다음 구절에서 보는 바와 같이, 어짊 체제에
는 무엇은 꼭 하고 무엇은 꼭 하지 말라는 것과 같은 요구가 없다는 말
이 된다:

공자 가라사대, "군자가 천하를 대함은, 가면 좋은 데 없다는 것이고, 가
서 안 될 데 없다는 것이나, 의(義)와는 함께 어울린다.”

子曰: 「君子之於天下也, 無適也, 無莫也, 義之與比。」
(이인)

비슷한 구절이 일민(逸民)의 부류에 속하는 이들을 논평하고 자신과 대
조한 다음 대목에 있다:

일민으로는 백이·숙제·우중·이일·주장·유하혜·소련이 있다. 공자
가라사대, "제 뜻을 굽히지 않고, 제 몸을 욕되게 하지 않은 이, 백이숙
제로다.” 유하혜와 소련에 대해서는, "이들로 말하면, 뜻을 굽히고 몸을
욕되게 하였다. 말은 사리에 맞게 했고, 행함은 사려한 바와 맞았으니,

그것으로 그만인 것이다." 우중·이일에 대해서는, "이들로 말하면, 숨어 살며 말을 마음껏 했다. 깨끗하게 처신했고, 세속과 끊는 것도 상황에 맞게 했다." (자신에 관해서는) "나는 이들과 다르니, 해도 되는 것도 없고 하면 안 되는 것도 없다."

逸民: 伯夷、叔齊、虞仲、夷逸、朱張、柳下惠、少連。子曰:「不降其志, 不辱其身, 伯夷、叔齊與!」謂:「柳下惠、少連, 降志辱身矣。言中倫, 行中慮, 其斯而已矣。」謂:「虞仲、夷逸, 隱居放言。身中清, 廢中權。」「我則異於是, 無可無不可。」

(미자)

공자가 술이부작의 태도를 견지하며, 여기저기서 수집한 선왕지도 파편들을 뜻이 통하여 가르치고 배울 수 있도록 재구성한 어짊 체제에는 '해도 되는 것'도 '하면 아니 되는 것'도 없다. 그러나 이것이 무엇을 어떻게 하더라도 다 허용된다는 말은 아니다. 합당한 도(道)로 얻은 부귀가 아니면 누릴 수가 없는 것이고 합당한 도를 통해서가 아니면 빈천에서 벗어나는 것도 안 된다. 보다 추상적으로 말해, '무엇을 할 것인가'나 '무엇은 하지 말아야 할 것인가' 대신 어짊 체제가 문제 삼는 것은 '어찌하여야 할 것이냐'나 '어찌하여서는 안 될 것이냐'다. 문제 삼는 것은 예컨대 부귀를 '어찌하여' 얻는 것, 빈천에서 '어찌하여' 벗어나는 것은 되고, 부귀를 '어찌하여' 얻어서는, 빈천을 '어찌하여' 벗어나서는 안 되느냐다. 사실, 맹자 이루(하) 편에 나오는 다음 발언도 이런 관점에서 읽으면 확 트이는 해석을 얻는 동시에 맹자가 공자의 언행에 대한 나름의 치밀한 분석을 토대로 그의 유산을 전유하려 했었다는 점을 감지하게 된다:

맹자 가로되, "사람이 금수와 다른 근거가 극히 희박한데, 서민은 있는 그나마를 없애고, 군자는 보존한다. 순임금이 여러 가지 세상사에 밝아, 인륜에 비추어 살폈으니, 인의로 말미암고 인의를 말미암아 행한 것이지, 인의를 행한 것이 아니다."

孟子曰: 「人之所以異於禽於獸者幾希, 庶民去之, 君子存之。舜明於庶物, 察於人倫, 由仁義行, 非行仁義也。」

즉, 자신이 밝힌 여러 가지 이치로 널리 이로운 일을 한 순임금이 그런 일을 할 때 사람과 금수를 식별하는 근거가 되는 인륜에 비추어 사람답도록 했다는 것이다. 그래서 순임금의 더 큰 만족을 사람답게 얻으려는 행함은,[20] 인의로 말미암고 인의를 말미암도록 하여 정당성을 확보하면서 한 것이지 인의를 직접적 대상으로 한 것이 아니다. 즉, 세상 이치를 밝혀 여러 일을 현명하게 처리하되 그 처리를 인의의 부사어로 한정하여 함으로써 사람과 금수의 희미한 구별을 선명하게 만든, 군자 중의 군자, 순임금 이야기로 읽으면 일견 난해한 이 대목의 의미 파악이 수월해진다. 특히 이 대목의 "비행인의(非行仁義)"에 대한 독해의 열쇠는, 행위의 대상임을 표시하는 목적어 자리에 어짊 체제의 '인의'가 갈 수 없다는 점을 깨닫는 데 있다. 선왕지도(先王之道)에서 인의는, 그 바로 앞의 "유인의행(由仁義行)"의 경우처럼, 동사가 표현하는 행위를 '어찌하여'로 한정하는 부사어 자리에만 갈 수 있다는 점을 깨닫는 데 있다. 무슨 행위를 하고 하지 않느냐를 문제 삼는 것이 아니라 뭔가 할 때는 '어찌하여' 하며 하지 않을 때는 또 '어찌하여' 하지 않느냐를 문제 삼는 것이 선왕지도의 부사어 체제다. 그래서 맹자의 이 언명은 공자의 어짊 체제에 대한 치밀한 분석 없이는 하기 어려웠을 언명인 것이다. 특히 공자의,

---

20 '행함'의 '더 큰 만족'과 관련한 해석에 관해서는 1장 5절의 각주13, 그리고 이 다음 각주21과 본문의 관련 논의.

선왕지도라는 데이터 덩어리를 보다 분명한 테두리를 가진 요소 요소로 식별하여 각기 제 자리를 주고 선후와 본말을 밝히지 않았다면 하지 못했을 구별이 "유인의행(由仁義行)"과 "행인의(行仁義)"의 구별이다. 선왕지도를 공자의 어짊 체제를 좇아 인의의 부사어 체제로 분명하게 규정짓지 않았다면 저 구절에서 보는 것처럼 둘을 구분하면서 후자를 단적으로 부정하기는 불가능했을 것이다. 덧붙여, 여기에서 발견하게 되는 맹자 나름의 기여는 의로움을 부각하여 어짊 체제를 인의의 체제로 재분절했다는 데 있다.

선왕지도(先王之道)라는 어짊의 부사어 체제가 일종의 길인 만큼 누구에게나 가면 좋겠다 싶은 곳이나 가면 안 되겠다 싶은 곳이 없을 수는 없겠다. 그러나, 되풀이하건대, 갈 곳과 가지 못할 곳을 가르기보다는, 각자가 바라는 보다 큰 만족을 향해 나아가되 어떤 길을 택하거나 피하는 것이 마땅한지를 묻는 것이 어짊 체제다. 그리고 바로 이 문제에 대한 답이 방금 인용한 이인 편 저 구절에 있다―가면 좋을 곳이나 가면 안 될 곳이 딱히 없는 군자지만 그가 택하는 문에서 시작하는 길은 언제나 의로움과 한 편이 되는 길이다. 나아가, 이 길로 나아갈 때는 밖으로 통한 문으로 나갈 것을 요구하는 것이 어짊 체제다―1장 1절에서 인용한 옹야 편 한 대목을 상기하건대, '이 문이 아니면 누가 밖으로 나갈 수 있겠으며, 이 길을 통하지 않으면 어쩌겠는가?' 어짊 체제에서 속의 어짊을 밖으로 뻗쳐 길을 낸 것이 의(義)라면, 이 길을 따라 어짊이 뻗친 데가 더 큰 만족을 거두자고 하는 일이 이루어지는 근거, 곧 데이터이니, 의는 메타(상급) 데이터에 속할 수밖에 없다. 어짊 체제에서 데이터에 근거하여 꾸미는 일은 무슨 일이건, 이 메타(상급) 데이터를 따라 이루어지도록, 즉 어짊으로 말미암고 또 어짊을 말미암아 의롭게 이루어지도록 꾸며질 것이다. 군자가 그것을 밟아 평천하로 나아가는 의로운 길로 통하는 문 난 데가 어짊(仁)이요, 의롭게 나아가는 군자가 문밖에서 바라는 바를 이뤄 만족스럽게 돌아올 속이 또한 어짊이다. 진심(상) 편을 보면 "무엇을 일러 뜻을 높임이라고 하느냐(何謂尚志)"는 물음에 다음과 같이 대답하는 맹자를 발견하는데, 이 대답도 공자의 어짊 체제에 대한 이해가 있어 나온 것일 터이다:

> 인의일 따름입니다. 하나를 죽였는데 죄가 없다면, 어짊이 아니고; 제 것이 아닌데 취하면, 의가 아닙니다. 편안히 머물 데가 어딥니까? 어짊입니다. 길이 어딥니까? 의입니다. 어짊에 편안히 머물고 의를 길 삼게 되면, 대인의 일은 다 된 것입니다.
>
> 仁義而已矣. 殺一無罪, 非仁也; 非其有而取之, 非義也. 居惡在? 仁是也; 路惡在? 義是也. 居仁由義, 大人之事備矣.

여기 등장한 "어짊에 편안히 머물고 의(義)로 길 삼는다(居仁由義)"가 하늘에서 떨어진 표현이 아니라는 점은 군자가 제 속으로 삼아 머물 만한 마을 중의 마을은 어진 마을이라고 한 논어 이인 편 첫 대목에서 쉽게 짚을 수 있다:

> 공자 가라사대, "동네는 어진 곳이 동네 중의 동네다. 살 곳을 택하는데 어진 곳에 자리를 잡지 않는 자, 안다면 대체 무엇을 알겠는가?"
>
> 子曰:「里仁為美。擇不處仁, 焉得知?」(이인)

의로 길 삼고 나갔다가 그리로 돌아와 편히 머무는 속이 어짊이므로 멀

리서 찾을 것 없는 것이 어짊이다. 닿으려고 마음만 먹으면 바로 닿는 것이 어짊이다:

> 공자 가라사대, "어짊이 멀리 있겠는가? 내가 원하면, 바로 닿는 것이 어짊이다."
>
> 子曰：「仁遠乎哉？我欲仁，斯仁至矣。」(술이)

군자를 안에서 밖으로 뻗치게 하는 것이 어짊이다. 군자로 하여금 의로운 길로 나가 이루도록 떠미는 것이 어짊이다. 일 이룸의 근거인 데이터를 식별하여 다른 것과는 다르고 자신과는 같은 데이터 하나하나의 이름을 분별케 하는 것도 어짊이다. 바깥을 향해 생각하게 하는 것도 어짊이요, 바깥으로 뻗쳐 배워 익히게 하는 것도 어짊이다. 좋아하여 알게 하고 또 즐기게 하는 것도 다 어짊이다. 나아가, 자기가 이루고자 하는 것은 남부터 먼저 이루게 하는 것이, 공자의 다음 언명에 따르면, 어진 이의 됨됨이다:

> 무릇 어진 이라면, 자기가 서기를 바라면 남이 서도록 하고, 자기가 달하기를 바라면 남이 달하도록 한다.
>
> 夫仁者，己欲立而立人，己欲達而達人。(옹야)

선왕지도(先王之道)라는 논어의 근원 데이터에 대해 술이부작의 기치 아래 공자가 부여한, 내구성 있는 구조를 부사어 체제로 규정하고 속의 어짊과 이를 바깥으로 뻗치는 의로움으로 풀었는데, 이 선왕의 길은 결국 어진 사람의 의로운 언행이 만들어 넓히고 나타낼 수밖에 없다. 나아가, 어진 사람이 선왕의 길을 갈 때 꾸밈으로써 그 의롭게 행함을 절도 있게 끊어 한정하는 것이 예(禮)다:

> 공자 가라사대, "군자가 의를 바탕 삼아, 예로써 자기를 행하며…"
>
> 子曰: 「君子義以為質，禮以行之…」 (위령공)

나아가, 꾸미는 예는, 무엇보다도 군자다운 다스림을 꾸미는 예는, 어짊으로 말미암는 의로움을 마디와 매듭으로 절도 있게 끊고 아름답게 엮어 데이터가 있는 문밖에 세운다—모든 언행을 어짊으로 판별하는 객관적 기준이 예다. 그렇기 때문에 한시도 잊을 수 없는 것이 예다. 이를테면 부적처럼 몸에 지녀 기억해야 할 바가 예다:

> 자장이 어떻게 하면 언행으로 바라는 바에 바르게 다가갈 수 있겠는지를 물었다. 공자 가라사대, "말은 진실하여 믿음직하고, 행동은 두텁게 삼가며 하는 것이어야 하니, 비록 오랑캐 나라라도 어련 언행이면 괜찮을 것이다; 말이 진실하여 믿음직한 것이 아니고, 두텁게 삼가며 바라는 바로 나아가지 않는다면, 제 고장 마을이라도 괜찮겠느냐? 서 있을 때, 이 말이 눈 앞에 있는 듯이 하고; 수레에 올랐다면, 이 말이 끌채 가로목에 붙어 있는 것처럼 하라. 무릇 이런 다음에야 바라는 바에 바르게 다가갈 수 있을 것이다." 자장이 이 말을 띠에 적었다.
>
> 子張問行。子曰: 「言忠信，行篤敬，雖蠻貊之邦行矣; 言不忠信，行不篤敬，雖州里行乎哉? 立，則見其參於前也; 在輿，則見其倚於衡也。夫然後行。」子張書諸紳。 (위령공)

즉, 언행이 사람들 사이에서 통하려면, 오랑캐들 사이에서도 통하려면, 자장처럼 허리띠에 적어 두거나 해서 잊지 않고 늘 참조해야 할 기준을 요약한 것이 "언충신(言忠信) 행독경(行篤敬)"이다. 이 기준을 어기면 제 고장에서도 바라는 바와 멀어지게 마련이라는 것이다. 그래서 자장이 공자의 대답을 통해 한층 깊이 이해했을 자신의 물음은 당연히 무엇을 행할 것인지가 아니라 사람들 사이에서 바라는 바에 다가갈 때 '어찌하여야' 할 것인지다. 달리 말해, 데이터 지향 언어와 정명론에 관한 1장 논의를 상기하건대, '행이 무엇이냐는 물음(問行)'은 인간이 사람들 사이에서 바라는 바를 이루려고 하는 언행을 분절하는 용언을 어떤 부사어를 써서 한정해야 하는지에 관한 물음으로 풀어야 한다는 것이다.[21] 이에 대해 공자는 사람들 사이에서 비로소 인간답게 만족하게 되는 사람이 바라는 바에 다가가는 통로를 말과 행위의 두 측면으로 끊어 나누고 이 각각을 한정해 마땅한 부사어가 '진실하여 믿음직하게'와 '두텁게 삼가며'라고 답한 것이다. 이는 어짊 체제의 으뜸 부사어 '어질게'를 첫째, 다른 사람과 더불어 하는 말과, 둘째, 사람들 사이의 행위라는 두 측면으로 끊어 나눈 결과이기도 할 것이다. 한편, 이렇게, 바라는 바를 바르게 성취하자면 늘 기억해야 할 부사어를 염두에 두고 하는 언행이 다른 이들의 언행과 어우러질 때 1장 1절에서 언급한 자연 상태를 극복하는 조화로운 언행이 될 것인데, 이런 조화를, 바라는 바나 품은 뜻이 저마다 다른 개개인을 정연하게 묶는, 이를테면, '집단적 율동'으로 객관화시켜 촉진하고 고양하는 바가 악(樂)이다. 그러나, 되풀이하건대, 어짊이 없으면 예와 악이 어떻든 무슨 상관이겠는가? 뒤집어 말해 예악은 어짊

---

21 이 책의, 논어에 있는 "행(行)"에 대한 해석은 기본적으로 '사람들 사이에서 더 큰 만족으로 나아가되 바른 길, 도(道)로 나아감', 즉 '사람들 사이에서가 아니면 누리기가 어려울 더 큰 만족을 향해 나아가되, 사람들과 함께하는 적절한 부사어로 한정하여 그렇게 함'이다.

으로 말미암고 어짊을 말미암는 의로움을 더 큰 어짊에, 천하를 편안케 하는 성인의 어짊에 가깝도록 돌리는 수단이다.

방금 논어의 선왕지도(先王之道)를 어짊 체제로 분석할 때 그에 대한 조명 없이는 온전한 분석이 불가능할 예와 악의 체제 내 위상을 간략하게 그렸는데, 어짊 체제에 대한 이상의 소략한 해설을 넘어가는, 논어의 선왕지도에 대한 한층 분석적이고 종합적인 이해를 꾀하려면 선왕지도를 데이터 삼아 어짊 체제를 구축한 문제 의식, 앞에서 언급한, 도(道)로 천하를 편안케 하겠다는 문제 의식에 조명을 가하는 것이 한 가지 좋은 접근이다. 즉, 술이부작의 기치에도 불구하고 어짊 체제가 그에 대한 응답으로 구성된 측면이 있을 질문을 부각할 때 어짊과 예악, 그리고 사무사의 말길을 기축으로 하는, 선왕지도의 어짊 체제 전체를 한층 뚜렷하게 파악하게 되리라는 것인데, 당대가 공자에게 제기한 물음과 그에 대한 공자의 응답은 장을 바꾸어 살펴본다.

제 3장

당대의 질문, 공자의 응답

논어에 제시된 시대적 과제와 그 해결책은 다음 구절에 단적으로 제시되어 있다고 해도 과언이 아니다:

> 의(儀) 땅 출입을 맡은 관리가 뵙기를 청했다. 가로되, "여기 군자가 왔는데, 제가 뵙지 못한 경우가 없습니다." 수행원들이 공자를 뵙도록 하였다. 공자를 뵙고 나와 가로되, "여러분, 어찌 벼슬자리 잃었다고 근심합니까? 천하에 도가 사라진 지가 오래됐는데, 하늘이 선생을 목탁 삼으시려는 것입니다."
>
> 儀封人請見。曰：「君子之至於斯也，吾未嘗不得見也。」從者見之。出曰：「二三子，何患於喪乎？天下之無道也久矣，天將以夫子為木鐸。」(팔일)

여기에 따르면, 천하가 당면한 문제는 도(道) 없는 세상이 오래됐다는 것이고, 해결책은 공자가 "목탁"의 소임을 맡는 것이다. 세상이 지켜야 할 법도를 다시 세우는 것이 해결책인데, 이는 그가 벼슬자리를 잃었기 때문에 전념할 수 있게 된 바라는 것이다. 그런데 앞에서 본 바와 같이, 공자는 새 법도를 나름으로 지어서 세우려 했던 것이 아니다. 그는 자신을 일러 옛 법도를 믿어 있는 그대로의 선왕지도(先王之道)를 구해서 전하려고 애쓴 것이라 했다. 사실, 흩어진 선왕지도 데이터를 모아, 후속 세대가 잊는 일이 없도록, 모은 데이터를, 술이부작의 기치에도 불구하고, 배우면 잊기 어려울 형태로 새롭게 꿰서 가르친 것이 그가 이룬 일의 전부라고 해도 과언이 아닐 것인데, 이 장과 다음 장은 이 간단치 않은, 그 좌절의 사연까지 포함하는 전부를 무도한 세상이 오래됐다는 공자 당대의 공연한 자기 이해를 조건으로 하여 푼 결과다.

1 흩어진 선왕지도(先王之道)를 꿰는 하나

우선, 1장 3절에서 인용한 대목이지만, 또 한번 보자:

위나라 공손조가 자공에게 물어 가로되, "중니는 어디서 배웠습니까?"
자공 가로되, "문왕 무왕의 도, 땅에 떨어지기 전에는, 사람들에게 있었
습니다. 현명한 자는 그 큰 것을 기억하고, 현명하지 못한 자는 그 작은
것을 기억했기에, 문왕 무왕 같은 선왕의 도가 전혀 없는 사람은 없었던
것이지요. 선생님께서 누구에겐들 배우지 않았겠습니까? 그러니 늘 배
운 스승이 어찌 있었겠습니까?"

衛公孫朝問於子貢曰:「仲尼焉學?」子貢曰:「文武之道, 未墜
於地, 在人。賢者識其大者, 不賢者識其小者, 莫不有文武之道
焉。夫子焉不學? 而亦何常師之有?」(자장)

깨져 조각난 도가 땅에 떨어져 흔적마저 사라지기 전에 공자가 그에 대
한 크고 작은 기억을 여기저기서 수집했다는 것이다. 여기에 더해, 1장
3절과 2장 1절에서 인용했던 구절들에 따르면, 이렇게 수집한 기억이
끊어지지 않도록 "다른 이를 가르치는 데 진력 내지 않았다(誨人不倦)"는
것이다. 1장 3절에서는 또, 그가 그 보존을 위해 교육에 힘쓴 선왕지도
(先王之道)가 후세에 잘 전해지도록 할 방법이라는 측면에서 다음 셋의 순
위를 이해한 바 있다: 도를 앎, 도를 좋아함, 도를 즐김. 예컨대 노래를
즐겨 부르는 단계는 그것을 좋아하여 이해하는 단계를 거쳐야 도달하는
경지인 동시에 노래의 기억을 보존하여 후세에 전하는 방법으로서도 최
상이다. 공자는 여기에 더해 이런 기억들을 하나로 엮는다:

공자 가라사대, "사야, 너는 내가 많이 배워 그것들을 기억하는 사람이라 생각하느냐?" 대답하여 가로되, "그렇습니다만, 아닙니까?" "아니다, 나는 그것들을 하나로 꿰고 있다."

子曰: 「賜也, 女以予爲多學而識之者與?」對曰: 「然, 非與?」
曰: 「非也, 予一以貫之。」(위령공)

사라진 지 오래된 선왕지도(先王之道)에 대한 기억들이 사방으로 흩어졌다는 점에 대한 문제 의식을 염두에 두면서 이 대목을 읽으면, 이 흩어진 기억들을 공자가 여기저기서 수집하여 하나의 원리로 조직했다는 이야기다. 이것을 기억술로 풀면, 선왕지도처럼 집단적 기억과 전수의 대상인데 흩어졌던 것은 하나의 원리로 재조직하는 편이 가르쳐서 온전하게 전하는 좋은 방법이라는 이야기도 된다. 비슷한 이야기가 나오는 다음 대목에서 증자는 이 하나의 원리가 '진실하게 서(恕)함'이라고 단언한다:

공자 가라사대, "삼! 내 도는 선왕지도를 하나로 꿴 것이다." 증자 가로되, "아무렴요!" 공자가 나갔다. 문인이 물어 가로되, "무슨 말씀인가?" 증자 가로되, "선생님의 도, '진실하게 서(恕)함'일 뿐이오."

子曰: 「參乎! 吾道一以貫之。」曾子曰: 「唯。」子出。門人問
曰: 「何謂也?」曾子曰: 「夫子之道, 忠恕而已矣。」
(이인)

그렇다면 서(恕)는 무엇인가? 다음은 그에 대한 공자 자신의 풀이가 나오는 대목이다:

자공이 물어 가로되, "그 한마디만 명심하면 죽을 때까지 보다 큰 만족으로 바르게 나아갈 수 있는 말이 있습니까? 공자 가라사대, "그것은 서(恕)함일 터! 스스로 원치 않는 바, 타인에게 입히지 말라."

子貢問曰:「有一言而可以終身行之者乎?」子曰:「其恕乎! 己所不欲, 勿施於人。」(위령공)

여기서도 주의할 것이 '스스로 원치 않는 바를 타인에게 입히지 않는다'로 '서(恕)함' 자체를 정의했다고 읽으면 서 이해가 꼬이게 된다는 점이다. 즉, 이런 정의가 순조롭게 통하는 것은 어디까지나 선왕지도(先王之道)가 매개하는 공간에 국한된다고 봐야겠다는 점이다. 공자가 꿈꾼 것이 바로 이 공간으로 세상의 오래된 무도함을 대체하는 것이었다 하겠는데, 서가 주욱 하나로 잇는 이 공간의 궁극에 평천하가 있다. 따라서 논어의 서는 천하를 '어질게'로 되돌리는 평천하의 궁극에서 역산했을 때 맞아떨어지도록 이해되어야 할 것이다. 예컨대, 이 장 3절에서 보다 자세히 살필 안연 편 첫 대목에서 천하가 되돌아가야 할 곳으로 제시한 어짊을 지금 여기에서 어떻게 시작해야 할지를 설명한 안연 편 둘째 대목의 중심에서 매개 역할을 하고 있는 것이 바로 '서함'이다:

중궁이 어짊을 물었다. 공자 가라사대, "문을 나서면 큰손을 뵙듯이 하고, 백성을 부리는 것은 큰 제례를 거행하듯이 한다. 자기가 원하지 않는 것이면, 다른 사람에게 입히지 않는다. 제후를 섬기건, 경대부를 섬기건, 그들이 다스리는 영역에 원이 없게 한다." 중궁 가로되, "비록 제가 불민하오나 그 말씀 받들겠습니다."

仲弓問仁。子曰:「出門如見大賓, 使民如承大祭。己所不欲, 勿

施於人。在邦無怨，在家無怨。」仲弓曰：「雍雖不敏，請事斯語

矣。」(안연)

그런데 여기에서 '원이 없음(無怨)'은 '원한을 사지 않음'으로 읽기보다
는, 바로 전 안연 편 첫 대목의 '천하를 어짊으로 되돌리는 극기복례'가
형성한 맥락과 바라던 어짊을 얻은 백이숙제에게는 원(怨)이 없었다는
공자의 믿음을 함께 고려할 때,[22] '경대부가 다스리는 영역(家)'에서나 '제
후가 다스리는 영역(邦)'에서나 어짊에 달하여 원의 소지를 없앰이라고
읽는 것이 좋겠다. 그리고 궁극의 경지인 어짊으로, 제후의 나라이건 경
대부의 식읍이건, 어떤 공동체를 되돌리려면, 먼저 문밖에서는 매사 큰
손 치르듯이 상대를 대하고 다스림은 중요한 제례를 치르듯이 다스리라
는 것이다. 한마디로 먼저 경(敬)하라는 말이다. 이렇게 삼갈 수 있게 되
는 것은, 물론, 자기를 닦아서일 터인데,[23] 이런 경의 삼가라는 요구에
따르는 문밖 실천과 원 없는 어짊이라는 궁극, 그 사이를 서의 준칙이
매개하고 있다—큰손 치르듯이 삼가고 대제 치르듯이 삼가면 자기가 원
치 않는 바를 남에게 입히지 않게 될 것인 고로, 이런 모범이 확립됨에
따라 원의 소지가 없어질 것이다. 그런데, 공자의 어짊 체제가 이렇게
하필 서 하나로 연속돼 있는 이유를 기억술 밖에서 더 캐려면 논어에 나
타난 시대적 과제를 더 자세히 뜯어볼 필요가 있다.
　　아래에서 보다 자세히 살필, 공자가 이해한, 당대의 시대적 과제는
물론, 선왕지도(先王之道)의 기억이 여기저기로 뿔뿔이 흩어지게 된 사정

22　술이 편에 제자인 자공이 백이숙제에게 원(怨)이 없었느냐고 묻자 "바라던 어짊에 달했는데, 또 무슨 원
을 했겠느냐(求仁而得仁，又何怨)"는 대답을 공자가 했다는 이야기가 있고, 여기에 더해 다음과 같은 그의
발언이 공야장 편에 있다: "백이숙제는 옛 원한을 마음에 두지 않아, 그래서 원이 드물었다(伯夷、叔齊不念
舊惡，怨是用希)."
23　"자기를 닦아 삼간다(修己以敬)"는 헌문 편의, 자로가 군자를 묻는 대목에 나온다.

을 바로잡아 온전하게 되돌리는 것이다. 그리고 이런 관점에서 보면, 선왕지도의 파편화된 기억을 하나의 원리로 조직하는 지적 작업이, 크고 작은 선왕지도 조각을 각자의 역할에 따라 담지하고 있을 인재들을 다시 하나의 정부 아래 조직함으로써 무도한 세상을 예악이 천자에게서 나오던 선왕 시절로 되돌리는 일의 시작을 겸한다는 사실이 드러난다. 예악이 천자에게 나오던 시절과 도(道)에 대해서는 이런 언명이 있다:

> 공자 가라사대, "천하에 도가 있으면, 예악과 정벌이 천자에게서 나오지만; 천하가 무도하면, 예악과 정벌이 제후에게서 나온다. 제후에게서 나오면, 대개 십 세 되도록 망하지 않는 경우가 드물다; 대부에게서 나오면, 오 세 되도록 망하지 않는 경우가 드물다; 대부를 보좌하는 신하(배신)가 나라를 좌우하면, 삼 세 되도록 망하지 않는 경우가 드물다. 천하에 도가 있으면, 대부가 다스리는 소임을 맡지 않는다. 천하에 도가 있으면, 서인들이 정치에 대해 이러쿵저러쿵하지 않는다."
>
> 孔子曰: 「天下有道, 則禮樂征伐自天子出; 天下無道, 則禮樂征伐自諸侯出。自諸侯出, 蓋十世希不失矣; 自大夫出, 五世希不失矣; 陪臣執國命, 三世希不失矣。天下有道, 則政不在大夫。天下有道, 則庶人不議。」(계씨)

선왕지도(先王之道)가 희미해져서 질서를 유지하지 못할 때 초래되는 무정부 상태를 묘사한 이 구절에서 공자는, 대부 이하의 피지배자들이 선왕지도에 의해 재조직된 천하에서 각자의 능력에 걸맞는 자리에 배치될 그릇이라는 점을 은연중에 부각하고 있다. 즉, 예악의 질서가 규정하는 자리에 배치될 그릇과 예악의 질서를 낳는 '그릇 아닌 군자(君子不器)' 사이를 선명하게 가르고 있다. 데이터로 말하자면, 데이터와 메타(상급)

데이터의 계급적 경계를 분명히 하고 있다. 공자 생각에는, 이 장 4절에서 다시 논할 이런 경계가 사라질 때 천하의 질서는 무너지고 그 근거가 되는 선왕지도의 기억도 뿔뿔이 흩어질 것이었다. 즉, 그에게 이 같은 계급적 경계는 무정부 상태에 빠진 천하를 그에 따라 하나로 조직해야 할 원리와 둘이 아니다. 한편, 선왕지도에 관한 앎을 제 역할에 따라 나눠 가진 이들 가운데서도 악사들이, 이런 계급적 경계 또한 돋보이게 꾸미던 예악의 붕괴로 흩어지는 광경은 다음 대목에서 볼 수 있다:

> 대사의 직에 있던 집은 제나라로 가고, 아반의 직에 있던 간은 초나라로 가고, 삼반의 직에 있던 료는 채나라로 가고, 사반의 직에 있던 결은 진나라로 갔다. 고수 방숙은 황하 강변으로 갔고, 작은 북 고수 무는 한수 강변으로 갔으며, 소사의 직에 있던 양과 경 치던 양, 바다 섬으로 갔다.
>
> 大師摯適齊, 亞飯干適楚, 三飯繚適蔡, 四飯缺適秦。鼓方叔入於河, 播鼗武入於漢, 少師陽、擊磬襄, 入於海。(미자)

논어주소와 사서장구집주에 따르면, '대사', '아반', '삼반', '사반', '소사'는 궁정 음악 담당자들의 직명으로, 이 가운데 대사는 악관들의 장, 소사는 악관의 보좌관이며, '아반', '삼반', '사반'은 천자와 제후가 식사할 때 끼니마다 연주되는 음악과 책임자를 달리했던 데서 유래했다고 한다. 또한, 이 구절은 노나라 예악 제도의 붕괴로 악관들이 흩어지는 광경을 묘사한 것이라고 하는데, 아래에서는 선왕지도의 기억을 흩어지게 만든 정치적 위기의 구조적 성격을 살피고 그에 대한 공자의 응답을 논어에서 듣는다.

___2 덕의 구조적 위기에 답하다

세상이 무도해졌다는 시대 진단을 좀 더 들여다보면 그 핵심에 덕이 쇠했다는 판단이 있음을 보게 된다. 미자 편에 나오는 초나라 광인 접여의, 공자에게 주는 충고는 장자 인간세 편에서도 비슷하게 되풀이된 것인데, 두 경우 모두 문제의 핵심은 덕의 쇠함에 있는 것으로 돼 있다. 공자에서 장자에 이르기까지 덕이 쇠했다는 진단이 일종의 상식으로 확립되고 통용되었던 것 같은데, 이런 진단에 따른 대책을 두고, '백가쟁명'에서 보는 것처럼, 다양한 견해가 나와 서로 경쟁했지만, 논어에 오른 접여의 충고는 일단, 난세에 다스리는 데 참여했다가 위태로운 지경에 빠지지 말고 그만 두라는 것으로 끝난다. 그런데 이를 듣고 이야기를 더해 보려고 했던 공자는 접여가 피하는 바람에 말 붙일 기회도 잡지 못했다:

> 초나라 광인 접여가 노래를 부르면서 공자 있는 곳을 지나며 가로되, "봉황이여! 봉황이여! 어찌 덕이 쇠하였나? 과거는 어쩌자고 할 수 없으나, 미래라면 만족을 좇을 수 있다. 그만 됐다, 그만 됐어! 지금 다스림에 종사하는 것은 위태롭나니!" 공자가 내려, 말 붙이기를 원했다. 빠른 걸음으로 피하니, 말 붙일 수가 없었다.
>
> 楚狂接輿歌而過孔子曰:「鳳兮! 鳳兮! 何德之衰? 往者不可諫, 來者猶可追。已而, 已而! 今之從政者殆而!」孔子下, 欲與之言。趨而辟之, 不得與之言。(미자)

그런데 다음 대목에 비추면 저런 권고를 하는 접여는 공자가 놓치지 말아야 할 사람이다:

공자 가라사대, "말을 나눌 사람인데 나누지 않으면, 사람을 잃고; 말을 섞지 못할 사람인데 말을 나누면, 말을 잃는다. 알아야 사람을 잃지 않고, 말 또한 잃지 않는다."

子曰: 「可與言而不與之言, 失人; 不可與言而與之言, 失言。知者不失人, 亦不失言。」 (위령공)

달리 말해, 접여의 지나치며 흘린 권고에 대한 공자의 반응은 공자가 느낀, 그 속에 담긴 통찰의 무게를 알려주는 저울이라 하겠다—덕이 쇠하여 다스리는 자리에 임함이 위태롭다고 나 역시 생각해 왔다! 한편, 장자 인간세 편에 나오는 접여의 보다 긴 충고는 덕으로 다스리는 것을 그만두라는 권고를 포함하고 있다: "그만 그만, 덕을 내세워 군림하는 것(已乎已乎, 臨人以德)! " 그렇다면 여기서 말하는 것으로 공자가 알아들었을 것이라 이해되는 덕이란 무엇인가? 그것은 한 마디로 '뭔가 이루어 베풀 기량이 거기서 생기는, 자신을 닦아 이룬 됨됨이'다:

공자 가라사대, "'천리마'는 그 힘이 아니라 그 덕을 일컫는 것이다."

子曰: 「驥不稱其力, 稱其德也。」 (헌문)

말이 가진 놀라운 힘이 아니라 뭔가를 이뤄 베풀 수 있게 된 말 됨됨이를 일컫는 이름이라고 푼 '천리마'를 정치 쪽으로 옮기면, 수신으로 닦아 이룬 훌륭한 됨됨이에서 솟는 기량이 어짊으로 말미암아 어질게 발휘될 때 평천하가 탁월하게 실현되리라는 말이 된다. 신비로운 활솜씨와 괴력에도 불구하고 제 명에 죽지 못한 이들과 몸소 농사일을 하다가 천하를 가졌던 이들을 대조한 남궁괄이 공자의, 덕을 숭상한다는 칭찬

을 받는 다음 대목에서도 놀라운 완력과 구분되는 놀라운 '천리마 덕'의 정치적 은유를 확인할 수 있다:

남궁괄이 공자에게 여쭈어 가로되, "활 잘 쏘던 예, 배를 땅에서 끌 만큼 힘이 셌던 오, 모두 제 명에 죽지 못했으나; 몸소 농사일 하던 우와 직, 천하를 가졌습니다." 선생께서 답하지 않으시고, 남궁괄은 나갔다. 공자 가라사대, "군자로다 이 사람! 덕을 숭상하는구나 이 사람!"

南宮适問於孔子曰: 「羿善射, 奡盪舟, 俱不得其死然; 禹稷躬稼, 而有天下。」夫子不答, 南宮适出。子曰: 「君子哉若人! 尚德哉若人! 」(헌문)

덕을 중심으로 이 구절을 풀면, 군자가 평천하를 이루는 것은 한 개인의 무술이 뛰어나다거나 완력이 세다거나 하기 때문이 아니라 덕을 쌓았기 때문이라는 것이다. 우와 직은 몸소 농사를 지으며 덕을 쌓아 천하를 가졌다는 이야기인데, 탁월한 다스림의 도(道)는 백성과 친해지는 데서 배우는 것이라고 한 예기 대학 편 서두를 상기하게 되거니와, 이 대목에서 발견하게 되는 것이 장자에서 두드러지는, 천역에 종사하여 득도하는 현인의 상을 낳은 지적 원류다. 그래서 이 대목을 변주한, 일신의 싸워 이기는 힘을 믿는 바람에 주변을 소외시키고 백성과 멀어져서 천하를 얻는 데 실패한 것은 물론이고 제 명에 죽지도 못했다는 식의 이야기가, 초광 접여가 공자를 지나치며 부른 노래를 논어와 공유하고 있는 장자에 나온다고 해도 크게 어색하지는 않을 터이다. 사실, 제 명에 죽는 것도 덕이 있어야 된다는 것은 장자에서 두드러지는 생각 중 하나인데, 이에 대응하는 유명한 표현이 논어 다음 대목에 있다:

공자 가라사대, 아는 이는 물을 좋아하고, 어진 이는 산을 좋아한다; 아는 이는 동적이고, 어진 이는 정적이다; 아는 이는 즐겁고, 어진 이는 수를 누린다."

子曰：「知者樂水, 仁者樂山; 知者動, 仁者靜; 知者樂, 仁者壽。」(옹야)

수신으로 덕을 쌓아 천하를 얻은 어진 이가 별 하는 일 없이 남면하는 모습, 그가 제 자리를 산처럼 조용히 지키면서 천수를 누리는 모습을 연상시키는 대목이다. 동시에, 흐르는 물처럼 쉼 없이 자신을 닦아 체득한 도를 즐길 때까지, 아마도 평천하를 향해, 끊임없이 나아가는 지자의 모습도 연상시키는 대목이다. 덧붙여, 이 대목 이해의 열쇠 역시 앎과 어짊을 그 자체로서가 아니라 어짊 체제 속의 앎과 어짊으로 이해하는 데 있다.

어짊 체제의 관점에서 볼 때, 천하를 어짊으로 또 어짊을 말미암아 조형하는 평천하 같은 성취를 가능하게 할 대덕의 획득은 어짊이 떠미는 대로 수신할 때 가능할 것인데, 초나라 광인 접여의 '덕이 쇠했다'는 말은 바로 이런 수신의 노력이 무의미한 세상이 되었다는 말이겠다. 바랄 것이라고는 제 명에 죽는 것밖에 남지 않는 세상이라는 뜻이겠다. 공자 다음 세대의 어법으로 하자면 '선왕지도(先王之道)가 땅에 떨어졌다'는 뜻이겠다. 그런데 이런 시대 진단은, 기량을 발휘해서 더 큰 만족을 얻을 것이라는 기대를 할 수 없게 됐다는 진단과 자연스레 겹친다. 수신으로 됨됨이를 재구성하여 주어진 상황을 개선하는 데 쌓인 덕을 발휘할 수 있게 배우고 익히려는 노력은, 다음 구절에서 보는 것처럼, 더 큰 만족에 대한 기대와 연결돼 있기 십상이기 때문에, 이런 기대를 할 수 없게 된 상황에서는 자연 덕도 쇠하게 마련일 것이다:

공자 가라사대, "배우는 데 3년을 보냈는데, 녹을 받는 자리에 미치지 않는 것, 쉽지 않다."

子曰: 「三年學, 不至於穀, 不易得也。」(태백)

나아가, 품은 기량을 드러냈다가는 보상은커녕 위태로운 지경에 빠지겠다는 걱정을 하게 된 세상에서 과연 누가 덕을 애써 쌓으려 하겠는가? 그래서 제 기량을 발휘해서 오히려 자신이 위태로워지는 세계는 덕이 구조적인 위기에 빠진 세계다. 이런 세계가 공자의 눈에 이렇게 비친다:

유![24] 덕을 아는 이가 드물다.

由! 知德者鮮矣。(위령공)

또 이렇게도 비친다:

이제 다 글렀도다! 덕 좋아하기를 색 좋아하는 것처럼 하는 경우를 내 본 적이 없으니.[25]

已矣乎! 吾未見好德如好色者也。(위령공)

이 두 구절에서 보듯이, 이런 세계에서는 덕 자체의 가치가 떨어져서, 덕 있는 세상을 의욕하는 이는 물론이고 덕 찾는 이도 찾기 어렵지만, 설령 덕을 의욕한다고 해도 덕을 쌓기 위해 함께 따라 수신할 데를 찾기가 어려울 터이다. 이렇게 되면 덕을 기억하거나 알아보는 사람도 드물

---

24 "유(由)"는 자로라는 자(字)를 가졌던 공자 제자의 이름.
25 '색 좋아하듯이 덕 좋아하는 자를 보지 못했다'는 자한 편에도 있다.

수밖에 없다. 나아가 이런 세계는, 덕을 쌓아 기량을 발휘하면 더 만족스러운 처지가 되리라는 당연한 기대를 회복시키는 데 기여할 만한 덕이 있는 자도 제 몸을 생각해서 세상사에서 물러서 있기 쉬운 세계다. 하여 무도한 세상을 만나면 심지어 멍청해지는, 보신의 탁월한 경지에 달한 인물도 나타나게 된다:

> 공자 가라사대, "영무자는 나라에 도가 있으면 똑똑하고, 나라에 도가 없으면 멍청했다. 그 똑똑함은 미칠 수 있으나, 그 멍청함은 미칠 수 없는 것이다."
>
> 子曰: 「甯武子邦有道則知, 邦無道則愚。其知可及也, 其愚不可及也。」 (공야장)

말인즉, 영무자의 멍청함은 탁월한 멍청함이라는 것이다. 혹은, 이런 멍청함은―다스릴 줄 알면서도, 무도한 세상을 그대로 내버려둠은―불가하다는 것이다. 그런데 이 측면에서 파악하게 되는 공자 당대의 문제는 어떻게 하면 덕 쇠함의 이런 악순환을 돌려 세울 수 있겠느냐는 것이 된다. 이 문제는 장저와 걸익이 인물임을 알아보고 자로를 보내 말을 붙여 보려다가 냉담한 반응을 전해 들은 공자의 다음과 같은 반응에서도 그가 의식적으로 대결하고 있었음을 엿볼 수 있는 문제다:

> 선생께서 무연한 모습으로 가라사대, "조수와는 한 무리가 될 수 없는 것, 이 세상 사람 무리와 함께하지 않는다면 내가 누구와 함께하겠느냐? 천하에 도가 있다면, 그렇다면 내가 바꾸자는 쪽과 함께하지 않는다."
>
> 夫子憮然曰: 「鳥獸不可與同群, 吾非斯人之徒與而誰與? 天下有道, 丘不與易也。」 (미자)

논어 여기저기에서 나라에 도(道)가 분명하면 다스리는 자리로 나아가고 도가 사라지면 다스리는 자리에서 물러나는 법이라고 하고 있지만, 공자의 언행을 관통하는, 천하를 살펴 편안케 하려는 어짊의 관점에서 볼 때 해결되어야 할 문제는, 무도해진 지 오래되어 바보 행세가 덕 있는 자의 현명한 처신이 된 세상을 덕 있는 자 다스리는 데로 나서는 것이 현명한 처신이 되는 세상으로 어떻게 바꿀 것인지다. 그리고 여기에 대한 그의 궁극적 대답이라 할 만한 대답은, 배우는 데 물리지 않고 끊임없이 배워 익히고, 진력내지 않고 쉼 없이 가르치는 것이다. 또한, 가르치는 대상에 제한을 두지 않고 널리 가르치는 것이다:

공자 가라사대, "속수의 예만 행하면, 내 가르치지 않은 적이 없다."

子曰: 「自行束脩以上, 吾未嘗無誨焉。」(술이)

이렇게 쉼 없이 차별 없이 널리, 배운 바를 가르치려고 애쓰는 것은, 한 사람의 덕, 나아가 한 정치 공동체의 덕은, 천리마의 경우에 얼핏 그렇게 생각되는 것처럼, 타고난 됨됨이에 좌우되는 것이 아니라, 천리마가 사실은 덕을 일컫는 이름이라고 한 데서 보는 것처럼, 어떤 가르침을 받았느냐에 달린 것이라고 여겼기 때문이다:

공자 가라사대, "유가 있어 갈리는 것이 아니라 가르침으로 갈리는 것이다."

子曰: 「有教無類。」(위령공)

이 구절에서도 확인하게 되는 것이 배워 익힌 것을 가리지 않고 부지런히 가르치면 세상이 달라지리라는, 무도한 세상을 바꿀 수 있으리라는 희망이다. 사실 공자는 결국, 초나라 광인 접여가 권고한 대로 '덕으로 다스리는 길'을 포기하는 대신, 후세의 덕을 기르는 '목탁의 길'을 갔다고 하겠다. 하여 그가 개척한, 된 사람 키우는 길이 동아시아 지역 문명의 기초가 되었다. 한편, 덕 쇠퇴의 악순환에서 제기되는 실천적 질문에 대한 공자의 또 다른 대답은 누구나 선왕지도(先王之道)를 잘 기억하도록 하는 것인데, 사실 이 대답 또한 흩어졌던 선왕지도를 기억이 잘 되는 형태로 꿰는 것이, 단적으로 말해 즐김의 대상이 되도록 꿰는 것이 그에 대한 배움이 끊어지지 않도록 하려는 노력에 바로 이어진다는 점에서, 가리지 않고 부지런히 가르쳐서 후세에 전하는 일에 또한 밀접하게 연결되어 있는, 시대적 과제에 대한 공자식 응답이라 하겠다. 땅에 떨어져 흩어진 선왕지도를 하나로 꿰는 것이나 즐김을 최고로 치는 것에 기억술 측면이 있다는 점에 대해서는 앞에서도 지적한 바가 있거니와, 가르침·배움 위주의 선왕지도 기억 사업은 씨를 보존하는 것과 비슷한 점이 있어서, 이를테면 '보존된 씨'가 맞춤한 터를 때맞춰 잘 만나면, 꼭 그렇게 된다는 보장은 없지만, 선왕지도가 만개하게 될 것이다. 그리하여 선왕지도의 씨를 후세로 더 널리 퍼뜨릴 수 있을 것이다. 하여 결국은 덕의 구조적 위기를 직시하고 해결에 목숨을 내놓는 선비들이 다수 나타나 덕이 흥하고 예악이 흥하는 선왕지도의 선순환이 시작될지 모른다. 그런데 이런 희망이 공자의 희망이었다는 것을, 자고로 그랬던, 선왕지도 속의 '된 사람'의 모습을 그린 데 곧이어 제시한 '당대가 요구하는 된 사람'의 상에서 읽을 수 있다:

> 자로가 '된 사람'을 물었다. 공자 가라사대, "장무중의 앎, 공작의 욕심
> 내지 않음, 변장자의 용기, 염구의 재주, 이들을 예악으로 엮어 꾸몄다

면, 역시 '된 사람'이라 해도 괜찮다." 가라사대, "지금은 '된 사람'이 어찌 꼭 그래야 하겠느냐? 이로움을 보면 의로움을 생각하고, 위기를 보면 목숨을 내놓고, 어려움에 처한 지 오래라도 늘 간직해 온 말을 잊지 않는다면, 이 또한 '된 사람'인 것이다."

子路問成人。子曰：「若臧武仲之知，公綽之不欲，卞莊子之勇，冉求之藝，文之以禮樂，亦可以爲成人矣。」曰：「今之成人者何必然？見利思義，見危授命，久要不忘平生之言，亦可以爲成人矣。」(헌문)

즉, 이익에 한눈 팔지 않고 의로운 길을 가며, 작금의 상황을 바로잡는 데 목숨을 걸고, 거기 비추어 목숨 걸 과제를 파악했을 평생 신조를 난관 속에서도 굳게 지키는 사람이 덕 쇠퇴의 악순환을 덕 흥함의 선순환으로 이끌 '당대의 된 사람'이다. 그리고 이런 이들의 헌신 덕분에 덕이 흥하는 선순환이 시작되면, 탁월한 다스림에 필요한 덕인 동시에 탁월한 모범을 통하여 생생히 파악하게 되는 덕인 앎, 무욕, 용기, 재주를 예악으로 엮어 각자의 내면에 통합적으로 구현한 '된 사람들'에게 다스림을 의지할 수 있는 세계가 도래할 것이다. 그런데 이런 된 사람들을 이 무도한 세상에서 어떻게 길러 출현시킬 것인가? 그 교육 과정은 일단 이렇게 요약할 수 있다:

공자 가라사대, "시로 일어나, 예로 서고, 악으로 된다."

子曰：「興於詩，立於禮。成於樂。」(태백)

3　어짊 체제 속의 예악

　　방금 인용한 구절은, 덕의 육성 과정을 셋으로 나눠 순서대로 '시, 예, 악으로 일어나 서서 된다'고 했는데, 이 가운데 우선 예악을 어짊 체제의 관점에서 살핀다. 세상이 무도한 지 오래라는 문제를 정치 측면에서 풀면, 1장의 정치 이야기를 상기하건대, 정치에 대한 믿음이, 사라지지 않았다면 질적으로 희미해졌다는 말이다. 성사의 관계망 속에서 이루어지는 일들이 정치적으로 평온한 가운데 순조롭게 상호 연관됨으로써 보다 큰 만족을 얻게 되리라는 기대가 질적으로 희미해졌다는 말이다. 그런데, 성사의 관계망을 믿음직하게 돌보는 정치에 대한 이런 기대의 회복이 평천하 과제를 이루는 데 성공할 법한 군자다운 군자의 완성된 덕이 세상에 모습을 드러내는 과정에서 거둘 성과라는 점을 2장 3절에서 일부를 인용했던 다음 대목에서 엿볼 수 있다:

> 공자 가라사대, "군자가 의를 바탕 삼아, 예로써 자기를 행하며, 겸손으로써 자기를 나타내고, 믿음직함으로써 자기를 이룬다. 군자답도다!
>
> 子曰：「君子義以爲質，禮以行之，孫以出之，信以成之。君子哉！」(위령공)

이를 풀면: 군자는 의를 자신의 바탕 삼는 자이고; 이를 예로 행함으로써, 각기 나름의 뜻이 있어 그에 따라 더 큰 만족을 좇는 만인이 함께할 길을 먼저 모범적으로 가는 자가[26] 또한 군자인데; 이런 공적 행보는 수

---

26 '예로써 행함'을 '나름의 더 큰 만족을 꾀하는 만인이 함께 갈 길을 솔선수범해서 간다'고 푼 것은 위령공 편에 있는, 자장의 '행이 무엇이냐는 물음(問行)'에 대한 2장 3절의 해석과 군자를 규정한 위정 편 한 대목(先行其言，而後從之)에 대한 6장 5절의 해석과 맞물려 있다.

신으로 닦아 온 인격을 연장한 것이지만 예양의 정신 아래에서 그렇게 하는 것이 또한 군자다운 모습이다; 나아가 이런 군자다움은 백성의 믿음을 얻는 데서 완성된다. 달리 말하면: 속에 있는 어짊을 밖으로 뻗치는 것에 다름 아닌 의로움은 어떤 상황에서도 잊지 말아야 할 바탕이지만; 그것을 일 이룸 자체의 근거로 주어진 데이터와 나란히 실천의 출발선으로 만드는 것은 예이다; 하여 자기를 예에 따라 표현한 바가 곧 공적 모범이 되자면 군림하는 자세가 아니라 예의 정신을 살리는 겸손한 자세를 취해야 할 것이다; 이럴 때 백성들은 군자의 의로운 뻗침을 세상을 이롭게 하려는, 어짊으로 말미암은 헌신임을 믿고, 그 뻗친 바를 따를 때 성사의 관계망이 잘 돌아가게 될 것임을 또한 믿고, 모범으로서 따르려 할 것이다. 그리고 이렇게 백성의 믿음을 얻는 경지에 달한다면 그는 제 어짊을 말미암아 백성을 의롭게 할 줄 아는 군자다:

> 번지가 앎을 물었다. 공자 가라사대, "백성을 의롭게 하는 데 힘쓰고, 조상신과 천지의 신령을 공경하되 멀리한다면, 안다 할 수 있다." 어짊을 물었다. 가라사대, "어진 이는 어려움을 먼저 해결하고 제 몫 확보는 나중으로 미루나니, 이렇게 한다면 어질다 할 수 있다."
>
> 樊遲問知。子曰：「務民之義，敬鬼神而遠之，可謂知矣。」問仁。曰：「仁者先難而後獲，可謂仁矣。」(옹야)

조상신과 천지신명에게 해 줄 것을 빌기보다는 자신의 실천적 노력으로 백성을 의롭게 할 줄 알아야 '안다' 할 수 있다는 것이다. 예악이 그들을 공경하는 수단으로서 도출됐다고 할 귀신들의 권능이 아니라, 어짊으로 말미암고 어짊을 말미암는 지배의 의로움을 절도 있게 공적으로 제시하는 데 쓰이는 예악의 정치적 권능을 구사하여 백성을 의롭게 하려고 애쓴다면 안다 할 수 있다는 것이다. 그리고 군자의 예컨대 의로움의 모범 제시가 그 내면의 어짊이 밖으로 뻗친 것이라는 징표가 난제 해결 뒤로 제 몫 챙기기를 미루는 모습이다. 이런 모습을 통해 군자의 인격 표현이 이기심의 표출이 아니라, 특히 그 궁극적 후과와 관련하여 믿고 따라 할 만한 공적 모범을 세우는, 어짊으로 말미암은 시범임을 십분 이해하게 된다면 백성들은 자연히 따라 의롭게 될 터이다. 또 이처럼 백성을 의로 이끄는 군자다운 군자는 정치에 대한 믿음을 무엇보다 우선해서 돌보는 치자일 터, 그 덕분에 덕은 덕으로 돌려주는 것이, 또 돌아오리라는 것이, 유효한 법도로서 누구나가 믿는 바가 돼 있을 터이다:

> 누군가 가로되, "원을 덕으로 갚는다면, 어떨까?" 공자 가라사대, "덕은 어찌 갚겠는가? 원은 올바름으로 갚고, 덕은 덕으로 갚는 것이다."
>
> 或曰: 「以德報怨, 何如?」子曰: 「何以報德? 以直報怨, 以德報德。」(헌문)

일견 차가워 보이는 공자의 이 응수에는 일견 탁월하게 어질어 보이는 '원을 덕으로 갚는 플랫폼'이 그 위에 성사의 관계망을 얹었을 때 관계망이 제대로 작동하지 못할, 겉으로만 어진 플랫폼이라는[27] 통찰이 들어 있다. 맹자 이루(상) 편에도 겉으로 보기에만 착해서는 다스리는 데 부족하다는 이야기가 있는데, 선왕지도(先王之道)와 같은 객관적 기준에 한정되지 않는 '무작정 착함'은 곤란하다는 말이다.[28] 어짊 체제에서의 어짊 역시 무한정적 어짊이 아니다. 이덕보원 같은 무작정 어짊이 아니

---

27 이 책에 나오는 '플랫폼'의 뜻에 관한 설명은 2장 2절의 각주19.
28 이루(상) 편에 있는 해당 구절(徒善不足以爲政: 무작정 착해서는 다스리는 데 부족하다)의 문맥상 의미는 선왕지도가 객관적으로 제시하는 바와 같은 기준을 갖추지 못한 착함은 다스림에 부족하다는 것이다.

다. 대신 그것은 자신을 희생해서라도 천하를 편안하게 하겠다는 군자의 어진 희원에 꽉, 따라서 이런 희원을 실제 실현한 모범으로서의 선왕지도에 꽉 연결되어 엄격하게 한정되는 어짊이다. 그렇기 때문에, 다음 언명에서 보는 바와 같이, 어짊 체제의 어짊은 '그로 인해 천하가 편안해질 통치'를 선왕지도를 모범 삼아 꾸며 꾀하고 유지·발전시켜야 할 책무를 진 군자 계급이 독점하는 어짊이다:

> 공자 가라사대, "군자가 어질지 않은 경우는 있었으나, 소인인데 어진 경우는 없었다."
>
> 子曰:「君子而不仁者有矣夫, 未有小人而仁者也。」(헌문)

그리고 평천하를 계급적 사명으로 하는 군자의 관점에서 볼 때 원을 덕으로 갚으라는 말은 편안한 천하의 실현 여부가 거기 달려 있는 '후과에 대한 기대'를 흔들어 천하의 어지러움을 더할, 겉멋뿐인 말이다. 대조적으로, 원은 올바름으로 갚고 덕은 덕으로 갚아 마땅하다는 것이, 백성이 그런 신조를 내면화할 때 천하가 편안해질 신조다—먹고사는 것이 거기 달린 경제력이나 안위가 거기 달린 군사력의 확보보다 우선적으로 지향해야 할 정치적 목표가, 이 책에서 논어의 하고많은 대목들 가운데 맨처음 인용한 안연 편 한 대목을 참조하건대, 바로 이런, 온 천하가 함께 그것을 마땅하고 당연한 것으로서 믿어 편안해질, '어짊 체제 플랫폼' 구실을 할 신조의 확립이다.

　그런데, 방금, 2장 3절에서 첫머리를 인용한 위령공 편 예 관련 대목에 대한 해석을 보충하면서 연상되는 대로 뽑아본 몇몇 구절에 대한 해석을 통해 다시 한번 그 구조를 짚어본 '선왕지도(先王之道)의 어짊 체제'에서, 군사나 경제에 우선하는 믿음의 플랫폼을 어짊 체제의 그것답게 돋보이도록 꾸며 효과적으로 작동하도록 하는 기능을 맡는 것이 예악이다. 어짊 체제 플랫폼을 백성 눈에 믿음직스럽게 만들어 집단적으로 따르기가 좋게 하는 것이 예악이다. 그리고 이런 맥락에서 그 의미가 한층 선명해지는 곳으로 다음 대목이 있다:

> 공자 가라사대, "지배자가 예를 좋아하면, 백성들이 그 말을 잘 듣는
> 다."
>
> 子曰: 「上好禮, 則民易使也。」(헌문)

그리고 이런 예악의 꾸밈에는 반드시 물질적 측면이 있지만, 그 궁극의 목적은 그것이 꾸미는 어짊 체제 플랫폼을 돋보이게 해서 나라나 천하를 효과적으로 돌보는 것이다. 관련하여 이런 구절이 있다:

> 공자 가라사대, "예(禮)다 예다 하는데, 옥이네 비단이네 하는 것이겠느
> 냐? 악(樂)이다 악이다 하는데, 종이네 북이네 하는 것이겠느냐?"
>
> 子曰: 「禮云禮云, 玉帛云乎哉? 樂云樂云, 鐘鼓云乎哉? 」
> (양화)

이 구절을 어짊 체제 속에서 뒤집어 보면, 천하를 편안케 하는 데로 이어져 있지 않는 예는 옥이네 비단이네 하는 데서 그치게 된다는 말이 된다. 물론, 옥, 비단, 종, 북 같이 물질적인 것을 통하지 않고는 구체적으로 현전할 수 없을 예악에 허례허식이라 여겨질 만한 구석이 생길 소지를 완전히 없앨 수는 없는 노릇이겠다. 다음 대목도 예를 행하는 데 쓰이는 비용 등에 대한 허례허식 시비를 전제할 때 쉬워진다:

자공이 달 바뀜을 계기로 하는 '고삭 또는 곡삭(告朔)'의 예에서 양 제물 없애기를 원했다. 공자 가라사대, "사야, 너는 그 양을 아끼는데, 나는 그 예를 아낀다."

子貢欲去告朔之餼羊。子曰：「賜也，爾愛其羊，我愛其禮。」
(팔일)

그러나, 다음 구절에서도 확인하는 것이지만, 예의 본질은 예를 행하는 데 쓰이는, 예컨대, 재물의 양과 규모에 있지 않다:

임방이 예의 근본을 물었다. 공자 가라사대, "크구나 질문이! 예, 사치한 것보다는, 검소함이 낫고; 상, 매끄럽게 치르는 것보다는, 슬퍼하는 것이 낫다."

林放問禮之本。子曰：「大哉問! 禮，與其奢也，寧儉；喪，與其易也，寧戚。」(팔일)

예는 진실로 슬퍼함 같은 근본의 외적 표현 양식이라는 것이다. 예에 쓰이는 재물이나 절차가 풍성하고 매끄러울수록 이들이 상징하는 근본을 더욱 확실하게 믿을 수 있도록 하는 측면이 있겠으나, 어디까지나 예는 근본의 꾸밈인 만큼, 재물이 모자라거나 절차가 거칠까 걱정하느라 근본을 잊는 일이 없도록 해야 한다는 것이다. 그리고 이런 근본에 충실할 때 예는 원점에서 갱신된다. 무도한 천하에 대하여 편안한 천하를 그리는 군자의 어짊에 닿아 갱신된다. 그리고 여기에서 제기되는 질문이, 상을 당한 슬픔 같은 것들을 구체적으로 꾸미는 예를 행하는 것이 어디에 근거하는지에 관한 것이다—특정한 예를 행하는 이유가 어짊 체제의 어짊에 닿는지다.

예는 다수가 그것을 따르고 있기 때문에 나도 따르는 것이 아니다. 이를테면 '된 사람'이 어떤 예를 따르는 것은 그렇게 하는 이유를 납득하고서다. 예컨대 다음과 같은 구절이 있다:

공자 가라사대, "머리에 쓰는 관은 삼베, 그것이 예였다; 지금은 명주실로 짜는데, 검소하다. 그래서 다수가 택하는 쪽을 나도 택한다. 당하에서 절하는 것, 그것이 예였다; 지금은 당상에서 하는데, 건방지다. 비록다수가 하는 대로가 아니지만, 나는 당하 쪽을 택한다."

子曰:「麻冕, 禮也; 今也純, 儉。吾從眾。拜下, 禮也今拜乎上,
泰也。雖違眾, 吾從下。」(자한)

어떤 예를 행하는 이유를 납득할 수 없는데도 다수가 행한다고 해서 따라 행하는 것은 선왕지도를 하나로 꿴 어짊 체제의 예가 아니다. 즉 어짊 체제에서 예에 부여한 존재 이유에 비추어 납득할 수 있을 때 비로소 예로서 행하는 것이 마땅한데, 이런 예 정당화는 메마른 추상적 정당화가 아니다. 논어에 등장하는 많은 추상적일 수 있는 개념들이 보기와 달리 추상적이지 않은 것과 마찬가지로, 선왕지도 역시 그 영향을 입어 구체적인 사례로서 확립되었던, 시대적 변화 같은 상황적 요인이 구체적으로 매개하는 정당화다. 이런 매개들 덕분에 개별적인 예 하나하나를 지금 여기에서 행하는 이유가, '어질게'라는 부사어의 지배로 편안해진 천하를 지금 여기에서 실현할 덕의 구체적 발휘에 닿는 길이 된다. 거꾸로 말해 이런 식으로 '어질게'에 닿지 않는 예는 예가 아니다. 겉치레일 뿐이다. 그리고 이런 맥락에서 안연 편의 첫 구절을 보자:

안연이 어짊을 물었다. 공자 가라사대, "자기를 다스려 예를 갱신하는 것은 '어질게'를 위해서다. 하루 자기를 다스려 예를 회복하면, 천하가 '어질게'로 돌아갈 것이다. '어질게'로 천하가 나아가는 것이 나를 통해야지, 나 아닌 남을 통해서야 되겠는가?" 안연 가로되, "그 세목을 듣고 싶습니다." 공자 가라사대, "예 아니면 보지 말고, 예 아니면 듣지 말고, 예 아니면 말하지 말고, 예 아니면 움직이지 말라." 안연 가로되, "제가 비록 불민하오나, 그 말씀 받들겠습니다."

顏淵問仁。子曰:「克己復禮為仁。一日克己復禮, 天下歸仁焉。為仁由己, 而由人乎哉?」顏淵曰:「請問其目。」子曰:「非禮勿視, 非禮勿聽, 非禮勿言, 非禮勿動。」顏淵曰:「回雖不敏, 請事斯語矣。」(안연)

이 대목 앞부분을 풀건대: 천하가 무도해지고 선왕지도(先王之道)가 파편화되어 제 근원인 어짊과 단절되는 바람에 겉모습만 상투적으로 반복되기 십상이게 된 예가 언행의 객관적 전제로서 문밖 천하에 다시 생생하게 자기를 통해 투사되도록 군자가 수신하는 것은, 무엇보다도, 어짊 체제의 으뜸 부사어인 '어질게'를 위해서다; 자기보다 남을 앞세우는 애인의 어짊에 의거한 예를 모범적으로 행한 하루가 있다면, 이날 보인 바로 그 모범을 따라 천하가 '어질게'로 돌아갈 것이다. 여기에 곧이어, 천하를 '어질게'로 되돌릴 모범 보이는 일을 스스로가 할 것이냐 남에게 맡길 것이냐의 선택을 제시한 공자는, 뭘 해도 어짊으로 어질게 하는 천하가 그를 통해 실현될 모범으로 화할 구체적 방도를 묻는 안연에게 '예가 아니면 보지도 듣지도 말하지도 움직이지도 말라'고 대답한다. '어질게'로 말미암고 '어질게'를 말미암는 어짊 한길은 어짊에 닿아 근본을 회복한 예 아닌 것과는, 그 어떤 접촉도 간섭도 없게끔, 아예 끊어진 길이라는 것이다. 공자의 이런 어짊 부연에 안연은 즉각, 어짊 한길을 고수하겠다고 응답하고 예와 예 아닌 것은 또 어떻게 구별해야 하는지 더이상 묻지 않는다. 달리 말해, 공자에게 어짊을 배우는 안연에게도, 천하를 '어질게'로 돌릴 구체적 방도에 관한 공자 말씀을 접하자마자 바로 따르겠다고 하는 말이 나올 만큼, 예 아닌 것이 예컨대 눈이나 귀에 들어오려는 순간 즉각 외면하거나 귀를 닫을 수 있겠다고 여길 만큼, 어짊에 이어진 예와 어짊에 끊어진 비례의 경계는 더 캘 필요가 없을 정도로 명백해진 것이다. 예와 비례의 경계는, 아마도 바로 이 대화의 결과로, 이들 사제가 공유하는 언행의 전제가 된 것이다.

이야기가 2장 1절에서 논한 '숨은 데이터'로 잠시 흘렀는데, 평천하 지향의 어짊에 닿는 예를 자기의 주관적 편향을 이겨 내서 온전히 수용하지 않고는, 비례에 닿는 통에 평천하 지향의 어짊과 멀어지는 일이 없도록 자기를 철저히 다스리지 않고는—극기하지 않고는—천하를 어짊으로 되돌리는 모범 역할을 해낼 수 없다는 것이 이 대목의 핵심적 전언이라 하겠다. 같은 맥락에서, 천하나 나라 같은, 어짊으로 이끌어야 할 대상을 실제 잘 다스려 어짊에 보다 가깝도록 하는 데 도움이 되지 않는 예는, 어짊의 지배로 다시 편안해진 천하를 궁극으로 하는 어짊 체제의 관점에서 볼 때 있으나 마나 한 것이다:

> 공자 가라사대, "예양으로 나라를 돌볼 수 있다면? 무슨 문제가 있겠나? 예양으로 나라를 돌보지 못하는데, 예는 무슨 예?"
>
> 子曰：「能以禮讓爲國乎？何有？不能以禮讓爲國，如禮何？」
>
> (이인)

이처럼 어짊 체제에서는 예가 나라다운 나라를 운영하는 중추로서 나

라의 평안에 꼭 닿도록 놓인 길이기 때문에 그 계통을 더듬어 보는 것은
이 길을 말미암아 평안하게 오래 지속되는 나라의 전모를 이해하는 좋
은 방법이다:

> 자장이 물었다: "열 세대가 지나도 알 수 있습니까?" 공자 가라사대: "은
> 은 하나라 예로 인했으니, 그 빼고 더한 것, 알 수 있는 것이다; 주는 은
> 나라 예로 인했으니, 그 빼고 더한 것, 알 수 있는 것이다; 누군가 주를
> 이었다면, 백세가 지나도 알 수 있는 것이다."

> 子張問: 「十世可知也?」 子曰: 「殷因於夏禮, 所損益, 可知也;
> 周因於殷禮, 所損益, 可知也; 其或繼周者, 雖百世可知也。」
> (위정)

실제로 공자 당대에 나라 돌보는 벼슬을 하자면 몰라서는 안 될 것
이 예악이었다는 점은 선진 편이 시작되는 다음 구절에서도 짚어 볼 수
있다:

> 공자 가라사대, "예악 학습으로 먼저 나아가는 쪽, 성 밖 야인이다; 예악
> 학습으로 나중에 나아가는 쪽, 귀족이다. 만약 쓴다면, 예악 학습으로
> 먼저 나아가는 쪽을 나는 좇겠다."

> 子曰: 「先進於禮樂, 野人也; 後進於禮樂, 君子也。如用之, 則
> 吾從先進。」 (선진)

선진 편의 이 첫 구절을 옛 사람들의 예악 취향은 거칠었으나, 문화 세
련도가 높아지면서 예악 취향이 귀족적인 것으로 변했다는 식으로 해석

하기도 하지만, 이 책에서는 이 구절에 대한 다른 해석을 따라, 성벽 안의 '국인(國人)'에 대해 성벽 밖의 '야인(野人)'이라 했던, 벼슬자리를 세습으로 얻지 못했던 계층은 예악 관련 지식을 사전에 익혀 두고 인재로 알아 주기를 바랐던 반면, 자리를 세습하는 귀족은 나중에 필요하게 되면 익혔다는 역사적 사실을 밑그림으로 하여, 공자의, 예악을 사전에 익혀 두고 자리 생기기를 기다리는 이들에 대한 선호를 밝힌 대목이라고 보았다. 앞에서 거론한, 술이 편의, 속수 이상이면 가르쳤다는 구절도, 배우는 데 계급적 제한이 있던 교육을 제한 없이 하는 쪽으로 개방하여 선왕지도(先王之道)의 기억을 끊기지 않도록 튼튼하게 잇는 것이 편안한 천하를 구현하는 평천하의 길이라 믿었던 공자를 부각하려 할 때 꼭 끌어올 만한 구절이거니와, 이 구절 역시 이런 공자 상을 부각하는 쪽으로 읽은 것이다. 그리고 이런 공자 상이 함축하는 것은 덕이 혈통을 제치고 인재 추천과 등용의 최우선 기준이 될 때 편안한 천하의 실현에 한층 가까워진다는 그의 믿음이다. 이렇게, 덕이 대표하는 능력을 기준으로 인재를 발굴하고 발탁하여 나라와 천하를 이끌도록 맡김을 동아시아의 정치적 이상으로 확립한 연원을 이룬다는 점에서도 논어는 지역 문명의 초석이 된 텍스트라 하겠다.

___ 4 시로 일어나 악이 완성하는 계급적 예악 통치

앞에서 선왕지도(先王之道)의 플랫폼을 돋보이게 꾸밈으로써 효율적으로 작동케 하는 것이 예악이라고 했는데, 어짊에서 시작하여 어짊으로 끝나는 예악은 다시 예의 시각적 꾸밈과 악(樂)의 청각적 꾸밈으로 나눌 수 있겠다. 논어에서 실제 이렇게 나눈 경우는 다음 대목에서 볼 수

있다:

> 공자 가라사대, "자주색이 주색 자리 뺏는 것을 미워하고, 정나라의 음
> 란한 노래 가락이 아악 어지럽히는 것을 미워하고, 말이 그 명쾌함으로
> 나라 뒤엎는 것을 미워한다."
>
> 子曰：「惡紫之奪朱也，惡鄭聲之亂雅樂也，惡利口之覆邦家
> 者。」(양화)

이 대목에서 볼 수 있는 것이 '시각적인 예', '청각적인 악', 그리고 '바르
게 이름하는 시'의 부정적 음화다. 그리고 이 음화는 천하를 편안케 할
덕을 일으켜 세워 완성하는, 사람들의 마음과 시각과 청각에 작용하는
'시'와 '예'와 '악'의, 어짊 체제 밖 짝패가 힘을 발휘할 때 초래될 결과가
편안한 천하에 반대되는 상태, 무정부 상태에 빠지게 되는 것임을 경고
하고 있다. 나라 다스리는 기량 내지 덕을 '시'에 뿌리를 두는 말, 그리고
'예'와 '악'으로 나누어 보는 공자의 습관은 다음 구절에서도 확인할 수
있다:

> 안연이 나라 다스리는 일을 물었다. 공자 가라사대, "역법은 하나라 것
> 을 행하고, 수레는 은나라 것을 타고, 관은 주나라 것을 머리에 쓰며, 악
> 인즉 순임금의 춤곡 소다. 정나라 노래 가락을 몰아내고, 말로 사람들
> 잘 움직이는 이는 멀리하라. 정나라 노래 가락은 음란하고, 말로 사람을
> 잘 움직이는 이는 데이터와 단절시켜 어지럽힐 위험이 있다."
>
> 顏淵問爲邦。子曰：「行夏之時，乘殷之輅，服周之冕，樂則韶
> 舞。放鄭聲，遠佞人。鄭聲淫，佞人殆。」(위령공)

차례대로 '예', '악(樂)', '시'에 관한 이야기라고 할 수 있을 이 대목의 마지막 글자 "태(殆)"를 보통 하는 것처럼 '위태롭다'로 번역하지 않고 "데이터와 단절시켜 어지럽힐 위험이 있다"고 옮긴 것은 1장 4절에서 '데이터의 뒷받침이 없어서 의심으로 어지럽다'는 뜻으로 푼 "태(殆)"를 적용한 것이다. 그리고 저 마지막 글자를 이렇게 풀 때, 예컨대 달변가가 구사하는 논리의 추상적 명쾌함에 혹함으로써 구체적 현실과 유리되어 어지러워질 위험을 경고하는 공자의 목소리를 생생하게 듣게 된다. 하여, 만고불변의 정치적 진실이라 할 '말로 하는 정치에 도사린 근본적 위험'에 대한 이런 시원적 경고에서도 새삼, 논어가 지역 문명의 토대 텍스트임을 확인하게 된다. 바로 앞에서 푼 양화 편 관련 대목의 "(惡)利口之覆邦家者"를 "말이 명쾌하여 나라를 뒤엎는 것"이라고 옮긴 것 역시 이런 해석의 연장선 위에, 나아가 1장 5절의 정명론 해설의 연장선 위에 있다. 거기에서 이야기한 대로, 예악 통치의 시작이라 할, 담벼락 밖 데이터에 충실하여 바른 이름들은, 꽉 막힌 담벼락에 말문을 터서, 데이터에 닿는 말길을 여는 시로 말미암는 것이다. 그리고 이런 시에서 일어난 덕을 세우고 완성하는 예악의 꾸밈은, 다시 강조하건대, 겉치레에 그치는 것이 아니다. 어짊으로 쌓는 덕에 이어진 그 꾸밈은 마땅히, 선왕지도(先王之道)를 하나로 꿴 어짊 체제에서 무엇보다 기능적으로 정당화되어 어짊 체제의 실현·유지·발전에 기여하는 꾸밈이다—이인 편의 한 구절을 빌면, "예양으로 나라를 돌보지 못하는데, 예는 무슨 예 (不能以禮讓爲國 , 如禮何)?"

나라나 천하 다스리는 데 기여하지 못하는 예악은 예악 아니다. 즉, 통치의 의로움에 대한 믿음을 통해 만인이 만인과 함께하는 것이 편안한 천하를 지향하는 어짊에 닿지 않는 예악은 예악 아니다. 반대로 예악다운 예악은 치자의 의로움, 믿음직함과 더불어, 백성 누구나가 거기 살고 싶을 세상, 이를테면, '새 동주(東周)'를 만든다.[29] 그래서 바로 앞 절 맨 처음에 인용한 위령공 편 한 구절에서 본 군자다운 군자의 모습에[30] 녹아 있는 정치적 앎의 가치는, 즉, 평천하 지향 어짊이 뒷받침하는 예악, 믿음직한 지도자, 그리고 의로움을 축으로 하는 어짊 체제 작동에 대한 앎의 가치는 예컨대 농사일에 대한 앎의 가치에 비길 것이 아니다. 다음은 이 점이 부각된 대목이다:

번지가 곡물 재배법 배우기를 청하자, 공자 가라사대, "나는 노련한 그 분야 농부만 못하다." 번지가 채소 재배법 배우기를 청했다. 가라사대, "나는 노련한 그 분야 농부만 못하다." 번지가 나갔다. 공자 가라사대, "소인이로다, 번지는! 지배자가 예를 좋아하면, 백성은 매사 받들어 감히 아무렇게나 굴지 않고; 지배자가 의를 좋아하면, 감히 불복하지 않고; 지배자가 믿음직함을 좋아하면, 감히 꾀부리지 않는다. 무릇 이와 ~~하면~~, 온 사방에서 백성들이 제 자식을 강보에 싸 업고 올 터인데, 곡물 재배법~~을~~ ~~어~~디 쓰겠는가?"

樊遲請學稼, 子曰 「吾不如老農。」請學為圃。曰: 「吾不如老圃」樊遲出。子曰 「小人哉, 樊須也! 上好禮, 則民莫敢不敬; 上好義, 則民莫敢不服; 上好信, 則民莫敢不用情。夫如是, 則四方之民襁負其子而至矣, 焉用稼? 」(자로)

여기서 대조된 노련한 농부의 앎과 군자다운 군자의 앎은 데이터에

---

29 다음 장에서 해설할 것이지만, 양화 편에 자신을 기용하는 나라를 동주(東周)로 만들 것이라는 공자의 호언이 있다.

30 인용된 구절 속의 군자 상: "의를 바탕 삼아, 예로써 자기를 행하며, 겸손으로써 자기를 나타내고, 믿음직함으로써 자기를 이룬다(義以為質, 禮以行之, 孫以出之, 信以成之)."

서 시작하는 앎과 메타(상급) 데이터에서 시작하는 앎 사이의 차이이기도 하다. 논어에서 이런 데이터 분류는, 농사일 배우기를 청하는 번지를 소인 같다고 평한 이 대목에서 보다시피, 소인과 군자의 대조로도 나타나는데, 이는 데이터와 메타(상급) 데이터를 각각 배타적으로 관장하는 일종의 두 계급을 전제한 대조다. 앞 절에서 본 바, 어질지 않은 군자는 있었어도 어진 소인은 없었다는 것이 헌문 편에 있는 공자의 판단인데, 여기에 따르면 메타(상급) 데이터에서 시작하는 앎은, 잠재적으로, 어짊으로 말미암아 평천하를 위해 애쓰는 군자가 찾게 되어 좋아하고 즐기는 데 이를 앎이다. 이 장 1절에서 스치며 언급한 대로, 예악은 이런 계급적 구별도 두드러지게 꾸미는데, 이것 역시, 이런 구별을 보편적인 구별로서 꾸미는 것이 아니라, 어짊 체제가 매개하는 구별로서 꾸미는 것이다—단적으로, 널리 은혜로울 평천하 정치를 염두에 둔 꾸밈이다. 즉, 계급적 집단 사이의 경계를 예악으로 분명히 하는 것은, 최소한, 천하가 무도해지는 것을 막기 위해서다. 팔일 편에 나오는, 천자의 정치적 권위를 꾸미던 예악을 대부가 주제넘게 행하는 것에 대한 준엄한 비판은 이절을 시작하며 인용한 구절의 '자주색이 주색 자리 뺏는 것을 미워하는 것'과 같은 마음에서 우러나온 비판이라 할 터인데, 예악으로 하는 계급적 구분이 흐려지는 것에 대한 강렬한 반감을 보여준다:

공자가 계씨를 일러, "뜰에서 팔일무를 추었다, 이를 용인한다면, 무엇을 용인하지 못하겠느냐?"

孔子謂季氏: 「八佾舞於庭, 是可忍也, 孰不可忍也?」 (팔일)

공자의, 예악으로 하는 계급적 구분의 중요성에 대한 강렬한 신념은 자기 자신에게도 동일하게 적용되어 다음과 같은 토로를 낳았다:

공자가 중병을 앓았는데, 자로가 문인을 시켜 가신 노릇을 하게 했다. 병치레에 여유가 생기자, 가라사대, "오래로다, 유의 거짓 행각이! 가신이 없는데 가신이 있는 것으로 했다. 내가 누굴 속이겠는가? 하늘을 속이겠는가? 게다가 내가 가신 손에서 죽는 것보다는, 너희들 손에서 죽는 것이 낫지 않겠느냐? 또한 내 죽음에 호화로운 장례는 못해도, 길거리에서 죽기야 하겠느냐?"

子疾病, 子路使門人爲臣。病間, 曰: 「久矣哉, 由之行詐也!³¹ 無臣而爲有臣。吾誰欺? 欺天乎? 且予與其死於臣之手也, 無寧死於二三子之手乎? 且予縱不得大葬, 予死於道路乎? 」(자한)

가신을 두지 못하는 처지로 죽음을 마주한 자신을 마치 가신을 둔 대부인양 예우하려고 한 자로를 꾸짖으면서 '속일 수 없는 하늘을 이고 있는 나'를 이야기하고 있는데, 하늘을 규범적 요구에 연관시키는 이런 종교적 시선에 관해서는 5장에서 보다 자세히 다룰 것이거니와, 다음은 신분상 차이를 공적으로 표현하는 예악을 놓고 한, 공자의 대동소이한 비판이다:

세 대부 집안에서 제상을 치우며 다음 가사가 들어 있는 제례악 '옹'을 썼다. 공자 가라사대, "'돕는 것은 제후들, 천자는 멋지시네', 어찌 세 대부 집안의 사당에서 취하는가?"

三家者以雍徹。子曰: 「『相維辟公, 天子穆穆』, 奚取於三家之堂? 」(팔일)

---

31 끊어 읽기를, 이 책이 그대로 답습한 온라인상(https://ctext.org/zh) 중국철학서전자화계획((中國哲學書電子化計劃)의 것(久矣哉 ! 由之行詐也,)과 다르게 했다.

역시 팔일 편의 다음 대목에서도 예악상의 경계 무시가 주제로서 이야기돼 있다:

> 계씨가 태산에서 산신제를 지낼 것이었다. 계씨의 가신이던 제자 염유를 불러 공자 가라사대, "네가 막을 수 없느냐?" 대답하여 가로되, "할 수 없습니다." 공자 가라사대, "아! 어찌 태산의 신령을 일러, 예에 관해 임방만[32] 못하다는 것이냐?"
>
> 季氏旅於泰山。子謂冉有曰: 「女弗能救與?」對曰: 「不能。」子曰: 「嗚呼! 曾謂泰山, 不如林放乎?」(팔일)

이 대목 끝에서 공자는 태산의 신령이 계씨의 주제넘은 무례를 모르리라는 것이냐고 반문하고 있는데, 이처럼 무도한 대부들이 넘고 있는 것처럼 넘어서는 되지 않을, 군자 계급과 소인 계급 사이의 엄격한 경계를 전제하면, 천하를 어짊으로 되돌리기를 궁극으로 하는 논어의 관심이 메타(상급) 데이터에서 시작하는 앎과 이런 앎을 익히고 실천함으로써 전승할 지배자 집단의 형성, 그리고 이들을 보좌할 지식 계급 양성에 치우쳐 있는 것이 오히려 자연스럽다. 그렇다면 지배자 군자와 피지배자 소인의 관계는 어떠할 것인가? 다음은 공자의 대표적 대답이다:

> 계강자가 다스림을 공자에게 물어 가로되, "무도한 자를 죽여, 도를 찾는다, 어떻습니까?" 공자 대하여 가라사대, "귀하가 나라를 다스리는데, 사람 죽임을 어디 쓰겠습니까? 귀하가 선(善)을 원하면, 백성도 선해집니다. 군자의 덕은 바람이고, 소인의 덕은 풀입니다. 풀은 그 위로 바람

---

32 앞 절에서 인용한 팔일 편 한 대목에서, 예의 근본을 여쭈어 사치하기보다는 검소한 것이 낫다는 공자의 대답을 들었다고 돼 있는 바로 그 임방일 것이다.

이 불면, 반드시 눕습니다."

季康子問政於孔子曰:「如殺無道, 以就有道, 何如?」孔子對曰:「子為政, 焉用殺? 子欲善, 而民善矣。君子之德風, 小人之德草。草上之風, 必偃。」(안연)

소인들이 대하면 바람에 풀 눕듯 숙는 것이 군자다운 군자의 덕이라는 것이다. 나아가 바람이 풀 눕히듯이 나라 다스림은 선덕을 발휘하는 일일 것인데, 어짊 체제에서, 이런 덕을 발휘하여 형벌의 살벌한 본보기를 대신하도록 되어 있는 것이 예악의 전시와 보급이다. 이런 맥락에서 음미할 만한 대화가 다음 대목에 있다:

공자가 노나라 무성읍에 갔는데, 현을 타며 부르는 노래 소리를 들었다. 선생이 빙그레 가라사대, "닭 잡는데 소 잡는 칼을 쓰네?" 무성의 읍재이던 자유가 대하여 가로되, "지난날 저는 선생님께 이렇게 들었습니다: 군자가 도를 배우면 사람을 사랑하고, 소인이 도를 배우면 말을 잘 듣는다." 공자 가라사대, "애들아! 언의 말이 옳다. 금방 한 말은 농담이었다."

子之武城, 聞弦歌之聲。夫子莞爾而笑, 曰:「割雞焉用牛刀?」子游對曰:「昔者偃也聞諸夫子曰:『君子學道則愛人, 小人學道則易使也。』」子曰:「二三子! 偃之言是也。前言戲之耳。」
(양화)

앞에서 개진한 바 있거니와, 자유가 공자가 했던 말로 내세운 '군자가 배우면 사람을 사랑하고, 즉 어질어지고, 소인이 배우면 부리기가 쉽다'에서 다시금 확인하는 것이 군자와 소인의 계급적 격차다. 배우는 목적 내지 배운 결과가 지배와 복종으로 갈리고 있는 것이다. 그런데 이 대목에서 21세기 논어 독자가 특히 낯설게 여길 요점 하나는, 대체로 시각적일 예뿐 아니라 청각을 통해 어짊 체제의 통치 플랫폼을 꾸미는 악(樂)이, 잘 다스리고 다스려지자면 습득해야 할 통치 플랫폼의 주요소로 인식되어, 공자 제자에 의해 실제로 응용됐다는 역사적 사실이다. 나아가, 좋은 음악이 어짊으로 천하를 되돌리는 거시적 수단으로 생각됐었다는 사실이다. '시로 일어나, 예로 서고, 악으로 된다(興於詩, 立於禮, 成於樂)'는 말에서 보듯이 시, 예, 악 가운데 악은 평천하를 지향하는 덕을 가장 고급한 단계로 완성한다. 그런데, 공자가 시와 예는 사람 사이에서 독립적인 인격을 수신을 통해 형성하자면 반드시 배워야 할 과목으로 간주했으나 악은 달리 보았다는 점을 알려 주는 대목이 다음이다:

진항이 공자 아들 백어에게 물어 가로되, "당신은 혹 부친께 유달리 들어 안 것이 있습니까?" 대답하여 가로되, "없네. 일찌기 홀로 서 계시는데, 나는 종종걸음으로 뜰을 지나고 있었지. 가라사대, '시를 배웠느냐?' 대답하여 가로되, '아직입니다.' '시를 배우지 않으면 말하는 데 바탕 삼을 것이 없게 된다.' 내가 물러나 시를 배웠네. 다른 날 또 홀로 서 계시는데, 내가 종종걸음으로 뜰을 지나고 있었지. 가라사대, '예를 배웠느냐?' 대답하여 가로되, '아직입니다.' '예를 배우지 않으면 사람들 사이에서 독립적으로 설 근거가 없게 된다.' 내가 물러나 예를 배웠지. 이 두 가지를 들었네." 진항이 물러나 기뻐하며 가로되, "하나를 물어 셋을 얻었으니, 시를 들어 알게 되고, 예를 들어 알게 되고, 또 군자는 제 자식과 거리를 둔다는 것을 들어 알게 되었다."

陳亢問於伯魚曰：「子亦有異聞乎？」對曰：「未也。嘗獨立，鯉趨
而過庭。曰：『學詩乎？』對曰：『未也。』『不學詩，無以言。』
鯉退而學詩。他日又獨立，鯉趨而過庭。曰：『學禮乎？』對曰：
『未也。』『不學禮，無以立。』鯉退而學禮。聞斯二者。」陳亢退
而喜曰：「問一得三，聞詩，聞禮，又聞君子之遠其子也。」(계씨)

　　계씨 편의 이 대목이 그 이면에서 품고 있는 것으로 해석한 다른 뜻
은 아래에서 곧 논할 것인데, 지금 당장 중요한 점은, 아들이 시와 예를
배우는 것에 대해서는 공자가, 최소한 관련 훈계가 논어에 실릴 만큼은,
챙겼으나 악(樂)에 대해서는 그렇게 하지 않았다는 점이다. 이렇게, 공
자 생각에 악은 시와 예처럼 반드시 배워야 할 것이 아니라 자질에 따라
배울 수도 배우지 않을 수도 있는 것이었음을, 공자가 백어더러 악까지
배우라고는 하지 않았다는 점에 주목하여, 붙든 채로 '닭 잡는 데 소 잡
는 칼 쓰느냐'는 말이 농이었다고 변명한 대화 현장으로 돌아가면 바로
느껴지는 것이, 어짊 체제에서 거시적 통치 수단으로서 그 의의가 부여
되는 예악 중에서도 고급한 쪽인 악이 노나라의 한 고을 같은 작은 규모
에서 실제 구사되고 있다는 사실에 접했을 때 즉각 일었을 일종의 이물
감이다. 예도 그런 면이 있지만 더구나 악은, 한 고을 같은 작은 규모에
서 실천하기에는 너무나 고급한 통치술이다—닭 잡는 데 소 잡는 칼 쓴
다! 나아가, 어짊과 앎의 대상인 타인이 어짊과 앎을 규정했듯이, 선왕
지도(先王之道)가 매개하는 공간에서는, 예악의 적용 대상인 나라나 천하
가 예악을 규정하는 측면이 있다고 보아야 할 것이다. 이 대목 전체를
이런 관점에서 보면, 한 고을은 어짊 체제 속 예악의 성격상 예악의 적
용 대상이 되기에 적절하지 않은 측면이 있는데, 그래서 공자가 빙그레

웃은 것인데, 그러나 이 적절하지 않은 측면은, 심각한 논쟁의 대상이 된다기보다는, 한번 빙그레 웃는 정도에서 넘어가는 것이 중용지도에 맞는 그에 대한 대응이어서 상대의 진지한 항의를 만난 공자가 곧바로 물러섰다고 보는 것이 이 대목에 대한 가장 온당한 해석일 것이다. 관련하여, 스승 공자가 누군가 알아준다면 어떻게 하겠느냐고 묻자 재주가 좋았다는 제자 염유가 내놓았다고 하는 대답을 한번 보자:

사방 육칠십 리, 또는 오륙십 리의 영역, 저라면 맡아서, 3년이면, 백성이 족하도록 할 수 있겠습니다. 예악이라면, 군자를 기다립니다.[33]

方六七十，如五六十，求也爲之，比及三年，可使足民。如其禮樂，以俟君子。(선진)

나라를 물질적 풍요 면에서 향상시키는 것은 맡은 지 3년이면 되겠으나 예악으로 향상시키는 일은 군자다운 군자가 있어야 이루어질 일이라는 것이다. 계씨 편 한 대목에 대한 이 장 1절 말미의 해설을 상기하건대, 논어에서 재주는 있으나 성격이 다소 소극적인 것으로 나타나는 염유는 자신을 메타(상급) 데이터를 다루는 군자 계급이 아닌, 대부 이하의, '군자는 그릇 아니다(君子不器)' 속의 그릇 계급에 속한다고 여겼을지 모른다; 혹은 겸양의 언사였는지도 모르지만, 최소한, 예악으로 다스리는 것은 자신이 맡기에 버거운 일이라고 말했던 것으로 나타나 있다. 이런 겸양의 언사에 대해 공자는 나중에 사방 육칠십 리, 또는 오륙십 리 되는 영역이면 나라라고 아니 할 수 없다는 논평을 함으로써 염유의 덕이 예악의 적용 대상이 되는 나라를 감당할 만한 수준에 달했다는 자신

---

33 선진 편 마지막에 있는, 이 구절을 포함하는 대목 전체는 5장 3절에서 본격적으로 살필 것이다.

의 평가를 은연중에 내비치고 있다; 염유도 예악에 관해서는 군자를 기다린다는 말을 덧붙임으로써 자신이 책임지고자 하는 영역의 규모가 예악이 적용되는 수준의 것임을 은연중에 내비쳤다 하겠다. 그런데 여기에 더해, 이런 거시적 수단이 바라는 효과를 내는 데는 긴 시간이 걸릴 것이라고 생각하는 것이 또한 자연스럽다. 하여, 예악을 바르게 세워 천하를 편안하게 하는 일을 어즮 체제의 궁극으로서 늘 염두에 두고는 있었으나 이것이 금방 이루어질 일이 아니라고 여겼다는 것은 공자의 다음 발언에서도 확인할 수 있다:

> 공자 가라사대, "'선인이 나라 다스린 지 백 년이 되면, 또한 잔인함을 극복할 수 있게 되어 사형으로 다스려야 할 일이 없을 터.' 이 말이 참으로 참이로고!"
>
> 子曰: 「善人爲邦百年, 亦可以勝殘去殺矣。誠哉是言也!」 (자로)

예악을 써서 다스리는 데 뛰어남 직한, 따라서 천하를 어즮으로 되돌리는 교화에 걸리는 시간을 단축시킬 법한 왕다운 왕에 대한, 다음과 같은 발언도 있다:

> 공자 가라사대, "왕다운 왕이 있어도, 반드시 일 세는 지나고 나서야 어질어진다."
>
> 子曰: 「如有王者, 必世而後仁。」 (자로)

천하가 어질어지는 것, 바로 여기가 공자의 교육 사업, 예악 부흥 사업의 궁극이다. 어즮 체제를 천하에 구현하여 이런 궁극에 달하자면 거시적이면서 장기적인 안목으로 꾸준히 밀고나가야 할 사업이 교육을 포함한, 공자의 선왕지도(先王之道) 기억 사업이었다는 것인데, 다음 장에서는 공자의 가장 큰 좌절이 무엇이었을지를 살펴보겠다. 그러나 그 전이라도 당장, 지금까지의 이야기를 근거로 말해 둘 수 있는 것은 그것이 선왕지도 기억 사업에 관련된 좌절이었을 것이라는 점이다.

제 4장

좌절

___ 1 공자의 야망

앞에서 덕의 구조적 위기를 타개할 실마리를 공자는 선왕지도(先王之道) 기억 사업, 좁혀서 교육 사업에서 찾았다는 이야기를 했지만, 현실 정치 쪽에서도 서(恕) 하나로 꿴 선왕지도를 펼칠 기회를 노린 것이 사실이다. 예컨대 이런 구절이 있다:

> 자공이 가로되, "여기 아름다운 옥이 있는데, 궤짝에 넣어 두어야 할까요? 좋은 구매자를 찾아 팔아야 할까요?" 공자 가라사대, "팔아야지! 팔아야하고말고! 나는 살 사람을 기다리고 있는 것이야."
>
> 子貢曰: 「有美玉於斯, 韞匵而藏諸? 求善賈而沽諸?」子曰: 「沽之哉! 沽之哉! 我待賈者也。」(자한)

이 대목 이외에도, 공자가 현실 정치에 적극적으로 참여하려고 했다는 것은 논어 여기저기에서 볼 수 있다. 그러면서도 나라에 도(道)가 있을 때는 벼슬을 하고 부를 쌓는 것이지만 도가 없을 때는 물러남이 현명하다는 식의 이야기를 논어 곳곳에서 하고 있는데, 각각 '살신성인'과 '명철보신'이라고 명명함 직한 두 자세의 극적인 대조가 나타나는 논어 한 편을 꼽자면 그것은, 앞에서 언급한 초광 접여, 장저와 걸익, 예악 제도의 붕괴로 흩어지는 악관들을 비롯하여 '난세의 인걸'이라 부름 직한 인물들이 무대 대부분을 차지하는 미자 편이다. 그런데 이 미자 편에 등장하는 공자는 명철보신하는 쪽보다는 살신성인하는 쪽으로, 3장 2절에서 이야기한 '덕의 구조적 위기'를 해결하는 데 희생적으로 몸을 던지는 쪽으로 기운 공자다.

예컨대, 제자 자로를 보냈으나 초광 접여의 경우와 마찬가지로 말

섞을 기회를 잡지 못한 것으로 되어 있는 한 대목에서, 스승 공자와 이 나라 저 나라 떠돌고 있던 제자들을 환유하는 자로는 세상을 등진 현인에 대해 자신이 속한 공자 집단을 대조하며, 제 한 몸 깨끗이 하자고 대륜을 버리고 세상 등질 수는 없는 것이라는 해명을 하고 있다. 물론 이는, 지금까지 살핀, 천하를 어짊으로 되돌리는 일을 궁극으로 하는 어짊 체제에 가입해 있는 자의 해명이다:

자로가 따르다가 뒤로 쳐져, 한 노인과 마주쳤는데, 대바구니를 막대에 달아 짐을 나르고 있었다. 자로가 물어 가로되, "우리 선생님을 보지 못하셨습니까?" 노인이 말하기를, "사지를 부지런히 움직이지 않고, 오곡도 분간하지 않는다. 누구더러 선생이라는 것인고?" 그 막대를 세워 놓고 김매기를 했다. 자로가 공손한 모습으로 섰다. 노인은 자로를 붙들어 자기 집에 묶게 했는데, 닭을 잡고 기장밥을 지어 먹이고, 자기 자식 둘을 인사시켰다. 다음날, 자로가 가서 이를 고했다. 공자 가라사대, "은자인 것이다." 자로를 돌아가 뵙게 하였다. 자로가 돌아가 보니 가고 없었다. 자로 가로되, "벼슬하지 않는 것에 의로움은 없다. 노소간 위계, 폐할 수 없는 것이다; 마찬가지로 폐할 수 없는 군신의 의리, 폐하면 어떻게 되겠는가? 제 한몸 깨끗이 하자고 하여, 대륜을 어지럽히게 된다. 군자가 벼슬하는 것, 제 의로움을 바르게 실천하는 것이다. 도가 행해지지 않고 있다는 것, 이미 알고 있다."

子路從而後, 遇丈人, 以杖荷蓧。子路問曰：「子見夫子乎?」丈人曰：「四體不勤, 五穀不分。孰為夫子?」植其杖而芸。子路拱而立。止子路宿, 殺雞為黍而食之, 見其二子焉。明日, 子路行以告。子曰：「隱者也。」使子路反見之。至則行矣。子路曰：「不仕無義。長幼之節, 不可廢也; 君臣之義, 如之何其廢? 欲潔其身，而亂大倫。君子之仕也，行其義也。道之不行，已知之矣。」

(미자)

　　당대의 중추 산업이었을 농업의 데이터를 취급한 적도 없고 취급할
줄도 모르는 공자가 선생은 무슨 선생이냐고 힐난한 무명 노인과는 달
리 공자의 가르침에 따라, 무도한 세상을 등지지 않고 선왕지도(先王之道)
라는 메타(상급) 데이터에 근거한 정치를 현실에서 펼치려는 것은 세상
이 무도하다는 것을 몰라서 그런 것이 아니라 대륜과 등질 수 없어서라
는 것이다. 세상을 등진 은자와 보낸 이틀을 짚어 보건대, 나이를 기준
으로 하는 노소간 예가 그처럼 고수하여 마땅한 것이라면, 노소간 예와
뿌리가 다르다 할 수 없을 군신의 의는 어찌 버릴 수 있겠느냐는 것이
다. 그런데 이 장면 마지막에서 자로가 한 이야기를 공자의 입장을 충실
히 대변하는 것이라고 보아도 좋은 것이, 노나라를 떠난 공자와 그를 따
르는 제자들의 관계는 동지 관계라 해도 과언이 아닌 것이었기 때문이
다:

　　공자 가라사대, "너희들은 내가 숨긴다고 생각하느냐? 나는 너희들에게
　　숨기는 것이 없다. 나는 너희들과 함께가 아니라면 평천하 같은 보다 큰
　　만족을 향한 실천을[34] 아예 하지 아니하니, 이것이 진짜 구다."[35]

　　子曰：「二三子以我為隱乎？吾無隱乎爾。吾無行而不與二三子
　　者，是丘也。」(술이)

34　이 졸역 가운데 "평천하 같은 보다 큰 만족을 향한 실천"은 2장 3절의 각주21에 제시한 "행(行)" 풀이를
반복한 것이다. 바로 위 자로의 발언 중에 있는 "행(行)"의 번역도 저 풀이에 따른 것이다.
35　"구(丘)"는 공자의 이름.

하여 자로의 저 입장 표명을 공자의 어짊 체제에 결부하건대, 군자라면 한시도 떨어질 수 없을 '어질게'가 무도한 세상을 그 무도함에도 불구하고 붙들게 만든다는 것이다. 즉, 공자의 어짊 체제 속에 놓인 '대륜과 등질 수 없어서'는 어짊과 등져서는 군자다울 수 없어서라는 말이다. 그리고 바로 그래서 의롭게, 예컨대 주공의 어마어마한 덕을 되살려, 무도한 천하를 어짊으로 되돌리겠다는 것인데, 자로에 따르면, 이는 세상이 무도하는 것을 모르고 세운 뜻이 아니다. 평천하 사업이 위험 가득한 것임을 모르고 세운 뜻이 아니라는 것이다. 공자는 이런 수동적 해명에서 더 나아가, 자신에게 뜻 펼칠 기회를 주는 나라는 동주(東周)로 만들겠다는 호언을 한 적이 있는데, 이 역시 좌절의 위험을 모르는 무모한 호언은 아니었을 터이다.

다음은 자신을 기용하는 나라를 동주(東周)로 만들 것이라는 공자의 호언이 나오는 대목이다:

> 공산불요가 비읍을 근거로 반란을 일으키고서, 부르니, 공자가 가고자 했다. 자로가 불만스러워 하며, 가로되, "어디 갈 데가 없어서, 하필이면 공산씨한테 갑니까." 공자 가라사대, "무릇 나를 부르는 것이 어찌 그냥 부르는 것이겠느냐? 나를 쓰는 데가 있다면, 그곳을 내가 동주(東周)로 만들 것인데?"
>
> 公山弗擾以費畔, 召, 子欲往。子路不說, 曰:「末之也已, 何必公山氏之之也。」子曰:「夫召我者而豈徒哉? 如有用我者, 吾其爲東周乎?」(양화)

공산불요는 노나라 경대부 집안인 계손씨의 가신인데, 이런 유의 가신이 노나라의 실권자로 군림하게 된 현실을 반영한 한 대목을, 3장 1절에

서 이미 언급한 바 있지만, 다시 한번 일부를 인용해 본다:

공자 가라사대, "천하에 도가 있으면, 예악과 정벌이 천자에게서 나오
지만; 천하가 무도하면, 예악과 정벌이 제후에게서 나온다. 제후에게서
나오면, 대개 십 세 되도록 망하지 않는 경우가 드물다; 대부에게서 나
오면, 오 세 되도록 망하지 않는 경우가 드물다; 대부를 보좌하는 신하
(배신)가 나라를 좌우하면 삼 세 되도록 망하지 않는 경우가 드물다…
(하략)."

孔子曰：「天下有道，則禮樂征伐自天子出；天下無道，則禮樂征
伐自諸侯出。自諸侯出，蓋十世希不失矣；自大夫出，五世希不失
矣；陪臣執國命，三世希不失矣…。」(계씨)

그런데 이 대목을 방금 그 앞에서 인용한 대목과 붙여 읽으면 공산
불요가 근거한 비읍에 가지 말라는 자로에게 공자는 다음과 같은 불평
을 한 셈이 된다: "배신(陪臣)"에 불과할 공산불요의, 따라서 삼 세면 와
해될 그의 노나라 장악을 돕겠다는 것이 아니라, 공산불요를 예악과 정
벌이 그로부터 나와 마땅한 동주(東周)의 천자로 만들겠다는 것인데 왜
이렇게 말리는 것이냐? 즉, 위 두 대목을 붙여 읽으면 '어짊으로 돌아가
편안한 천하'를 실현하는 자이면 그 출신이야 어떻든 이미 천자라는 공
자의 급진적인 생각을 읽게 된다. 하여 3장 2절에서 인용한 '혈통이 아
니라 가르침이 중요하다(有教無類)'를 상기하며 다시 보게 되는 것이 3장
3절에서 인용한 선진 편 첫 대목인데, 방금 읽어낸 공자의 급진적인 추
구에 비출 때 요는, 혈통이 아니라 가르침·배움으로 이를테면 '문명의
맥'을 잇는 것이 중요하다고 보았다는 것이다. 천하를 편안하게 할 선왕
지도(先王之道)라는, 자신이 반드시 잇고자 하는 바를 튼튼하게 잇는 데는

무엇보다도 교육을 통한 세대간 전승이 중요하다고 여겼던 공자라는 것인데, 여기에 이어 자연스레 돌아보게 되는 것이 3장 3절에서 살펴 본 다음 대목이다:

> …(전략) 공자 가라사대, "은은 하나라 예로 인했으니, 그 빼고 더한 것, 알 수 있는 것이다; 주는 은나라 예로 인했으니, 그 빼고 더한 것, 알 수 있는 것이다; 누군가 주를 이었다면, 백세가 지나도 알 수 있는 것이다."
>
> … 子曰:「殷因於夏禮, 所損益, 可知也; 周因於殷禮, 所損益, 可知也; 其或繼周者, 雖百世可知也。」(위정)

하여 이 대목을 방금 상기한 여러 대목들과 함께 읽으면 떠오르는 공자 상이, 혈통을 통해서가 아니라 가르침·배움을 통해서 주나라의 예를 대대로 잇게 할 누군가를 찾고 있는 모습이다. 이런 공자를 익히 알고 있었기 때문에, 공손추(상) 편의 맹자는 백이, 이윤과 공자의 공통점으로 "사방 백 리의 땅에서 임금이 돼도, 모두가 이를 근거로 제후들을 조정으로 불러 천하를 장악할 수 있음(得百里之地而君之, 皆能以朝諸侯有天下)"을 들었던 것이리라. 같은 공손추(상) 편에서 "은나라는 땅과 인민을 다 가졌는데, 문왕은 사방 백 리의 땅을 근거로 일어나서 어려웠던 것(尺地莫非其有也, 一民莫非其臣也, 然而文王猶方百里起, 是以難也)"이라 한 것을 보면 근거지 크기에 좌우되는 객관적 유불리를 무시하거나 하지는 않았음에 틀림없는 맹자가 공자에게 있는 것으로 본, 역시 같은 공손추(상) 편에서 탕왕에게도 있다고 한,[36] 근거지가 협소함에도 천하를 장악하

---

[36] 공손추(상) 편에 나오는 맹자의 관련 발언:
힘을 쓰면서도 어짊을 가장하는 경우가 패자인데, 반드시 큰 나라에 근거해야 하고, 덕을 써서 어짊을 행하는 경우는 왕자인데, 나라의 크기에 의존하지 않는다. 탕왕은 사방 칠십 리 땅을, 문왕은 사방 백 리 땅을 근거로 했다.
以力假仁者霸, 霸必有大國, 以德行仁者王, 王不待大。湯以七十里, 文王以百里。

게 되는 능력 내지 덕의 요체는 물론, 양혜왕(상) 편에서 이야기된 대로, "어진 이는 그에 대적할 자가 없다(仁者無敵)"는 데 있다. '공산불요가 근거 삼아 나를 부르는 좁은 노나라 비읍 땅에서 시작해도 천하를 장악하여 어짊으로 되돌릴 수 있다'는 공자의 숨은 발언을 맹자에게서 확성기로 듣는 것이다. 덧붙여, 사마천도 공자의 본심을 비슷하게 짚어 공산불요의 부름에 응하려던 공자가 이렇게 말했다고 공자세가에 썼다: 무릇 주 문왕과 무왕이 풍과 호에서 일어나 왕이 됐는데, 지금은 비읍이 비록 작지만, 앞으로는 어찌 될지 모른다(蓋周文武起豐鎬而王, 今費雖小, 儻庶幾乎)!"

그런데 방금 이야기된 바와 같은, 반란을 일으킨 "배신(陪臣)"의 초청을 받은 공자가 응하여 가려고 하자 자로가 말렸다는 경우는 논어에 또 있다. 사마천의 공자세가에서, 노나라를 떠나 위나라에 있던 공자를 늙은 위나라 영공이 정무에 태만하여 기용하지 않자 자로 편 한 대목에 있는 것과 같은 말로[37] 탄식하며 떠났다는 기사 바로 그 다음에 나오는, 진(晋)나라 중모의 읍재였던 필힐이 반란을 일으키고 부르자 가려고 했다는 경우인데, 여기서 주목해 둘 것 하나가 공산불요나 필힐 같은 반란자와 기꺼이 손잡으려 했다는 점에서 공자는, 특히 말리는 자로에 견줄 때, 정변에 대한 태도가 개방적이고 진취적이었다는 사실이다. 공자가 변혁 쪽으로 자신이 기울게 된 이유를 설명하는 미자 편 한 대목은 이제 곧 보게 될 것이거니와, 논어의 필힐 관련 기사는 다음과 같다:

> 필힐이 불러, 공자가 가고자 했다. 자로 가로되, "지난날 제가 선생님께서 이런 말씀 하시는 것을 들었습니다: 제 몸에 친히 불선을 행하는 자, 군자는 그 영역에 들지 않는다. 필힐이 중모를 근거로 반란을 일으켰는

---

37 다음 발언을 가리킨다:
실로 나를 쓰는 경우. 일 년이면 괜찮아지고, 삼 년이면 된다.
苟有用我者。期月而已可也, 三年有成。

데, 가려 하시니, 대체 무슨 일입니까!" 공자 가라사대, "그렇다. 그렇게 말한 적이 있다만. 굳세지 않은가, 갈았는데 닳지 않는다면; 하얗지 않은가, 까맣게 물들였는데 물들지 않는다면. 내가 어찌 박이랴? 어찌 매달려 있기만 하고 먹히지 않으랴?"

佛肸召, 子欲往。子路曰:「昔者由也聞諸夫子曰:『親於其身為不善者, 君子不入也。』佛肸以中牟畔, 子之往也, 如之何!」子曰:「然。有是言也。不曰堅乎, 磨而不磷; 不曰白乎, 涅而不緇。吾豈匏瓜也哉? 焉能繫而不食?」(양화)

2 노나라를 떠나 위나라로 간 이유

이제, 공자가, 방금 인용한 저 대목에서 토로한 바와 같이 누군가 기용해 줄 것을 바라며 제자들과 노나라 밖 여기저기를 떠돈 십수 년은, 일신의 영달을 꾀한 세월이라기보다, 혈통이 아닌 가르침·배움을 통해 주나라 예악을 대대로 이을 싹을 노나라 밖에서 찾았던 기간이라 해도 좋겠다. 즉, 선왕지도(先王之道)를 다시 정립할 만한 천자 후보와 그 조력자를 노나라 안에서 찾지 못해서 밖에서 찾았던 십수 년 세월이라고 해도 좋겠다는 것인데, 이 기간에 공자와 그 문도들은 더 널리 알려졌을 터이다. 다음은 이런 가설을 뒷받침하는, 3장 2절에서 일부를 인용한, 장저와 걸익이 등장하는 대목이다:

장저와 걸익이 짝을 이뤄 밭을 가는데, 공자가 지나가며, 자로더러 나루터를 묻게 했다. 장저 가로되, "수레 모는 자리의 저이는 뉘라 하오?"

자로 가로되, "공구라 합니다." 가로되, "노나라 공구가 맞소?" 가로되, "맞습니다." 가로되, "나루터는 알고 있음이야." 걸익에게 묻자, 걸익 가로되, "당신은 뉘라 하오?" 가로되, "중유라 합니다." 가로되, "노나라 공구를 따르는 이가 맞소?" 대답하여 가로되, "그렇습니다." 가로되, "도도하여 천하가 다 이럴진대, 누구로 하여 바뀌겠소? 또한 당신도 사람 피하는 선비를 따르기보다는, 세상 피하는 선비를 따름이 어떠하오?" 간 밭에 뿌린 씨를 흙으로 덮는 일을 계속할 뿐 자로를 개의치 않았다. 이에 자로가 가서 고했다. 선생께서 무연한 모습으로 가라사대, "조수와는 한 무리가 될 수 없는 것, 이 세상 사람 무리와 함께하지 않는다면 내가 누구와 함께하겠느냐? 천하에 도가 있다면, 그렇다면 내가 바꾸자는 쪽과 함께하지 않는다."

長沮、桀溺耦而耕, 孔子過之, 使子路問津焉。長沮曰:「夫執輿者為誰?」子路曰:「為孔丘。」曰:「是魯孔丘與?」曰:「是也。」曰:「是知津矣。」問於桀溺, 桀溺曰:「子為誰?」曰:「為仲由。」曰:「是魯孔丘之徒與?」對曰:「然。」曰:「滔滔者天下皆是也, 而誰以易之? 且而與其從辟人之士也, 豈若從辟世之士哉?」耰而不輟。子路行以告。夫子憮然曰:「鳥獸不可與同群, 吾非斯人之徒與而誰與? 天下有道, 丘不與易也。」(미자)

걸익이 공자 집단을 세상 피하는 자신들에 대해 사람 피하는 집단이라고 한 것은 공자가 동주(東周)로 키울 만한 싹수를 늘 찾아다녔기 때문일 것이다. 즉, 그런 싹수를 발견하지 못해 떠나고 떠나고 또 떠났던 것인데, 그러다 보니 사람 피하는 선비라는 인식을 초래했을 터이다. 그러나 공자는 이 대목에서 사람 자체를 피한 것이 아니라고 힘주어 말한다—사람은 조수와 함께할 수 없다! 달리 말해, 무도한 천하를 바꾸어 사람들이 모여 함께 사는 것이 편안한 천하를 실현하고 싶은 나머지 잠재적 고용자를 보는 눈이 엄정했던 것임을 이야기하고 있다. 즉, 공자가 만났던 잠재적 고용자들이, 면담해본 결과, 도와 동주를 이룰 만한 이가 아니라는 판단이 섰기 때문에 어렵게 만난 다음이라도 미련 없이 곧 떠나곤 해서 '사람 피하는 선비' 꼴이 되었던 것이라는 말이다. 이런 해석을 뒷받침하는 다음 대목은, 맹자 공손추(하) 편에서 공자 이후로 되풀이되었음을 확인할 수 있는, 잠재적 피고용자의 상대 판단이 잠재적 고용자의 상대 판단보다 앞서지 않는다면 최소한 나란하게 서는 '평천하 지향 면담'의 기본 문형을 정립한 곳이라고 해도 좋을 것이다:

> 위나라 영공이 진법에 대해 공자에게 물었다. 공자 대하여 가라사대, "제례라면, 일찌기 들어 봤습니다만; 군대 일, 배운 바 없습니다." 다음 날로 곧 떠났다.
>
> 衛靈公問陳於孔子。孔子對曰:「俎豆之事, 則嘗聞之矣; 軍旅之事, 未之學也。」明日遂行。(위령공)

다음은 이런 기본 문형이 공자 이후로 되풀이되었음을 알려주는 맹자 공손추(하) 편의 한 대목이다:

> 맹자가 제나라를 떠났다. 윤사가 남들에게 고하여 가로되, "왕은 탕 임금 무 임금으로 삼을 수 없다고 판단하지 않았다면, 이는 밝지 않아서다; 그렇게 할 수 없다고 판단했는데, 그런데도 왔다면, 이는 왕이 주는 혜택을 바라서다. 천리를 와서 왕을 면담하고, 맞지 않아서 떠났다. 세 밤을 묵고서야 주를 나갔는데, 이 얼마나 미적댄 것인가? 나는 이것이

못마땅하다.

孟子去齊。尹士語人曰：「不識王之不可以爲湯武，則是不明也；識其不可，然且至，則是干澤也。千里而見王，不遇故去。三宿而後出晝，是何濡滯也？士則茲不悅。」

맹자의 이 구절에서 깨닫게 되는 것이 첫째, 맹자도 공자처럼 평천하를 함께 도모할 권력자를 천리도 마다않고 절실하게 찾았다는 점이다. 이는 윤사의 시비에 대한 맹자의 응답에서 한층 선명하게 드러나는데, 그가 주에서 사흘 밤을 보낸 것은 천하를 편안케 하려는 마음에서였다는 것이다: "왕이 나를 기용한다면, 어찌 제나라 백성만 편안하겠는가, 천하 모든 백성이 편안할 것이다(王如用予，則豈徒齊民安，天下之民擧安)." 이렇게 천하의 평안이 달린 일이기 때문에 혹시 왕이 마음을 고쳐 먹고 자신을 찾을지 모른다는 기대를 쉽게 접지 못하고 사흘 밤을 주에서 묵은 다음에야 비로소 홀가분하게 떠날 수 있었다는 것이다. 둘째, 임금 대상의 유세를 불원천리로 다니는 것이 평천하 대업의 짝을 찾아서라는 맹자의 자가선전에 대한 의심이 있었다는 점이다. 윤사는, 평천하 대업의 짝이 될 만한 임금이 아님을 모르고 찾아왔다면 어두운 것이고, 아니라는 판단을 하고도 왔다면 시혜를 바라고 온 것이라는 시비를 하고 있다. 바로 그래서, 즉 염불보다는 잿밥인 까닭에 제나라를 떠나는 맹자의 행적이, 권력자와의 면담 이후가 칼같았던 공자의 경우와 달리, 미련으로 얼룩졌던 것 아니냐는 것이다. 이런 시비에도 불구하고 여하튼 이 구절은 공자식 평천하 면담이 맹자 당대에는 청자도 화자도 모두 공유하는, 정치적 언행의 한 전형으로 정착해 있었음을 보여주는 전거라 하겠다.

한편, 논어에는 후대의 전형이 된 평천하 면담 장면과는 결이 다른 권력자 면담 장면도 있는데, 여기 등장하는 공자는, 아마도, 30대 중후

반의, 천명을 알았다는 오십이 되기 훨씬 전의 공자다:

> 제나라 경공이 공자를 손으로 대하여 가로되, "계씨 같이는 대우할 수
> 없으니, 계씨와 맹씨 중간으로 대우하겠소." 가로되, "나는 이미 늙었으
> 니, 쓸 수 없다." 공자가 떠났다.[38]
>
> 齊景公待孔子, 曰：「若季氏則吾不能, 以季、孟之間待之。」曰：
> 「吾老矣, 不能用也。」孔子行。(미자)

이 구절에 나타난 공자의 떠남은 제나라 경공의, 변덕에 가까운 변화에
대한 수동적 반응인데, 이는 위령공 편에서 감지하는 능동적인 떠남과
는 느낌이 다르다. 구체적으로, 저 위령공 편 구절의 '떠나는데, 다음날
로 곧 떠났다'는 천명을 알고 난 다음 공자에게 일어난 변화, 즉 누가 알
아주기를 수동적으로 기다리던 공자이기를 그치고 평천하를 함께 추진
할 동지를 능동적으로 찾는 공자가 된 변화를 반영한 표현이라 하겠는
데, 단적으로, 상대에 대한 공자 스스로의 판단과 선택이 중요해졌음을,
상대에 대한 판단이 서자 "곧(遂)" 떠난 정황을 암시하고 있는 데서 감지
할 수 있다.

나아가 방금 맹자 공손추(하) 편에서 전형으로서 유통되었음을 확인
한 공자의 권력자 면담 관련 언행은 공자의 천명 의식이 없었다면 후대
가 모방할 만한 선례로 우뚝해지지는 않았을 터이다. 하여 나이 오십에
도달한 천명 이해로 말미암아 권력자 대하는 태도가 후대가 모방하게

---

38 사마천에 의하면, 공자가 나이 삼십에 들어설 무렵부터 제나라 경공을 몇 차례 자문했는데, 이에 만족한
경공이 제나라에 온 35세의 그를 발탁하려 했으나, 안영 등의 반발로 기용되지 못했고 제나라 대부들이 자신
을 죽이려는 상황에서 노나라도 돌아온다. 구체적으로는, 계씨와 맹씨 중간으로 대우하겠다는 말을 경공에게
듣고 난 다음 대부들이 자신을 죽이려 한다는 것을 알게 된 공자에게 한 경공의 말이 "나는 이미 늙었으니, 쓸
수 없다(吾老矣, 弗能用也)"였던 것으로 공자세가에 기술돼 있다.

될 능동형으로 변했다는 이런 관점에서 장저와 걸익에 대한 공자의 반응을 읽으면: 사람은 조수가 아니라 사람과 함께해야 한다; 내가 사람을 피한다지만, 오히려, 사람이 사람과 함께하는 것이 편안한 천하를 이룩할 가능성을 오십에 천명을 안 다음부터는 언제 어디서나 찾고 있는 것이다; 내가 이렇게 변혁 쪽에 서서 애쓰고 있는 것은 덕이 쇠퇴하고 세상이 무도해졌기에 새로 동주(東周)라 불림 직한 나라를 만들어 천하를 편안케 하려는 뜻 때문이다; 그리고 바로 이런 뜻을 함께 이룰 현명하고 어진 동지를 찾고 있기 때문에 장저와 걸익을 멀리서도 알아보고, 인물을 놓치지 않으려고, 나루터를 빙자하여 말을 붙여본 것이다. 장저와 걸익에게 접근한 이유가 이렇다고 보는 것은 다음 대목에 있는, 현명하고 어진 평천하 동지를 찾으라는 가르침이라고 해석해도 좋을 언명 덕분이기도 하다:

자공이 어짊 지향 실천을 물었다. 공자 가라사대, "장인이 제 일 잘 하기를 원하면, 먼저 제 연장을 버린다. 어느 나라에 머물건 간에, 그 나라 대부 가운데 현명한 이를 섬기고, 그 나라 선비 가운데 어진 이를 벗하라."

子貢問為仁。子曰：「工欲善其事，必先利其器。居是邦也，事其大夫之賢者，友其士之仁者。」(위령공)

천하를 어짊으로 돌리기 위한 실천을 하고 싶다면, 제 물건 잘 만들고자 하는 장인이 우선 제 연장을 갈듯이, 먼저 동지를 만들라는 것이다. 구체적으로는, 현명한 대부 밑에서 일자리를 찾고 어진 선비와 친교하라는 것인데, 이 대목을 통해서도 새삼 확인하게 되는 것이, 공자가 제자 동지들과 노나라를 떠나 어느 한 곳에 정착하지 못하고 천하를 떠돌다가 돌아온 십수 년 세월은 저 호언 속 "동주"의 싹을 찾다 찾다 어디에서도 찾지 못한 세월이겠다는 점이다.

저 험난한 떠돌이 여정을 시작하게 된 연유는 '난세의 인걸 이야기'가 많은 미자 편에 이렇게 요약돼 있다:

제나라 사람들이 여자 악사들을 보내왔는데, 계환자가 거절하지 않고 받았다. 3일 동안 조정에 조례가 없었고, 공자가 떠났다.

齊人歸女樂, 季桓子受之。三日不朝, 孔子行。(미자)

그런데 노나라 싹수가, 노나라에 충실해 온 자신도 더 어찌해 볼 도리가 없을 정도로, 노랗다는 이런 판단을 일조일석에 내린 것은 아니었을 터, 노나라의 평천하 가능성에 대한, 공자의 엄청난 기대를 단적으로 보여주는 것이 다음 발언이다:

공자 가라사대, "제나라가 일변하면, 노나라에 이르고; 노나라가 일변하면, 도에 이른다."

子曰: 「齊一變, 至於魯; 魯一變, 至於道。」(옹야)

천명을 안 오십 이후에 노나라를 떠난 것은 바로 이런 일변에 대한 기대를 더 이상 할 수 없게 됐기 때문이었을 것이다. 또 그래서 노나라를 떠난 다음엔 제나라에서 체진한 흔적을 찾기 어려운 것이겠다—노나라의 일변에 대한 기대도 접었는데 제나라에 대해 또 무슨 기대를 하랴! 그런데 결국 노나라로 돌아온 것 역시 이런 기대가 완전히 사라지지 않고 그 마음 한 구석에 남아 있었기 때문이었는지 모른다.

어짊의 문화 유산을 보유한 노나라의 평천하 가능성에 대한 공자의 기본적 인식은 다음 구절에서도 엿볼 수 있다:

자천을 일러 공자 가라사대, "군자로다 이 사람! 노나라에 군자가 없다면, 이 사람이 어디서 이런 모습을 취했을꼬?"

子謂子賤, 「君子哉若人! 魯無君子者, 斯焉取斯?」 (공야장)

또 노나라를 떠난 공자 일행의 첫 행선지이자 노나라 밖에서 떠도는 동안을 통틀어 아마 가장 오래 머문, 그리고 출입이 아마 가장 빈번했던 나라가 위나라였다는 데서도 노나라의 평천하 가능성에 대한 공자의 완전히 청산하지는 못한 미련을 엿볼 수 있다. 즉, 평천하의 가능성을 나라 밖에서 모색하면서 우선적으로 찾은 나라가 어짊의 문화 유산을 보유한 노나라와 정치가 비슷한 위나라였던 것인데, 사실 노나라와 위나라의 시조가 특별히 사이가 좋았다는 형제였거니와, 논어의 관련 기록은 다음과 같다:

공자 가라사대, "노나라와 위나라의 다스림, 형제인 것이다."

子曰: 「魯衛之政, 兄弟也。」 (자로)

공자세가에서 이 발언을, 아마도 자로의 위나라 인맥 덕분이었을, 위나라 군주에 의한 공자 발탁의 가능성을 이야기하는 대목의 도입부에 배치한 사마천은, 공자가 바로 이런 상황에서 자로의, 다음 대목에서 보는 것과 같은 질문에 답하며 1장 5절에서 푼 정명론을 피력한 것으로 이야기를 꾸며 놓고 있는데, 논어의 관련 구절은 이렇게 되어 있다:

자로 가로되, "위나라 임금이 선생님을 정치에 기용하면, 무엇부터 하시겠습니까?" 공자 가라사대, "그것은 반드시 이름을 바르게 하는 정명

이야!" 자로 가로되, "이러합니다, 선생님의 우원하심이! 이름이 바르게 된다고 뭐가 어떻게 됩니까?" 공자 가라사대, "촌스럽다 유는! 군자는 모르면, 건너뛰는 법이다. 이름이 바르지 않으면,…(후략)."[39]

子路曰:「衛君待子而為政,子將奚先?」子曰:「必也正名乎!」
子路曰:「有是哉,子之迂也! 奚其正?」子曰:「野哉由也! 君子
於其所不知,蓋闕如也。名不正,則…。」(자로)

하여 같은 맥락에서 이전에 인용한, 같은 자로 편에 있는 구절을 살펴면, 위나라가 어짊의 문화 유산을 보유한 노나라와 형제처럼 비슷해서 평천하의 가능성을 거기서 찾을 만하다고 여겼다는 이야기가 된다. 사실 논어에서 공자의 평이 좋은 여러 현실 정치가들 가운데 어느 나라 사람보다 위나라 사람이 많다. 결론적으로, 평천하의 싹은 가르침·배움을 통해 세대간에 전승돼 온 문화에 있다는 것이다. 특히 그래서 다른 나라 아닌 노나라라는 것이고, 바로 이 문화가, 이 책 처음에 인용한 안연 편 한 대목에서 이야기된 대로라면, 군비나 경제보다 우선한다는 것이다. 군비나 경제보다, 맡아 다스리게 된 나라를, 천하를 어짊으로 되돌릴 평천하의 주역을 맡을 만한 나라로 우뚝 세울 믿음직한 군자와 이런 군자를 굳게 신뢰할 백성을 기를 문화가 우선한다는 것이다.

---

39 후략한 정명론 본론 부분은 1장 5절에 있음.

___3 자화상과 방향 전환의 내발성

앞 절에서 인용한, 제나라의 여 악사들로 인해 조례가 사흘 간 열리지 않자 노나라를 떠났다는 미자 편 기사는 노나라에 걸었던 기대를 접어야 하는 과정에서 공자가 했을 번민 전체를 환유하면서, 평천하의 가능성을 노나라 밖으로 찾아 나서야 할 때에 관한, 공자의 '재귀적' 이해와 판단을 보여준다.[40] 논어에 나오는 공자의 이해와 판단은 다 재귀적인 것이고 따라서 자기 이해 내지 결심을 수반하기 마련이었던 것인데, 노나라의 가능성에 대한 공자의 이해와 판단 역시 자기를 어디에 어떻게 정위해야 할 것이냐는 실천적 문제에 대한 답을 겸했던 것이다. 그래서, 공자가 노나라를 떠난 것이 본질적으로는 '어짊으로 돌아가서 편안한 천하'를 노나라 밖에서 찾을 때라는 판단 때문이었다고 보는 것이다. 그리고 공자의 이런 판단으로 이어진 상황 이해가 재귀적으로 관계하는 자화상이 '천명을 아는 자기'인데, 이를, 노나라 밖을 떠돌던 중에 만난 절체절명의 위기에 터진 공자의 고백적 토로들은 극적으로 드러낸다. 끊어지지 않게 하늘이 돌보고 있는 문왕의 문화 유산을 담지하고 있는 자신에게 무슨 재앙이 닥치겠느냐고 묻고 있는 자한 편 한 대목은 다음 절에서 거론할 것이거니와, 다음 대목에서도 비슷한 어조로 반문한다:

> 공자 가라사대, "하늘이 덕을 나에게 냈거늘, 환퇴가 나를 어찌 하겠는가?"
>
> 子曰: 「天生德於予, 桓魋其如予何?」 (술이)

---

40 '재귀적'은 지향하는 주체나 그 처지는 잊고 지향하는 대상만을 배타적으로 염두에 두는 직지향(直志向 intentio recta)에 대조되는, 지향 대상에 대한 주체의 관심이 지향하는 자신에 대한 관심에 결부되기 마련인 사지향(斜志向 intentio obliqua)을 독일어 등에 있는 재귀동사들(예컨대, 불어의 '[손을] 씻다 se laver [les mains]')이 범주적으로 분절한다는 점을 조명한 이태수(1994)에서 온 것이다.

사마천의 공자세가에 따르면, 공자 일행이 송나라에 갔을 때 그 나라 국방장관에 해당하는 사마 벼슬을 하던 환퇴가 공자 일행이 그 아래에서 예를 익히던 큰 나무를 뽑아 공자를 죽이려는 장면에서 나온 말이라고 하는데, 여기서 떠올리게 되는 것이 공자 자신의 일생을 요약한, 저 유명한 대목이다:

> 공자 가라사대, "열다섯에 배움에 뜻을 두고, 삼십에는 예로 섰으며, 사십에는 알지 못해 갈피를 잡지 못하는 경우가 없었고, 오십에는 천명을 알았으며, 육십에는 귀에 거슬리는 바가 사라졌고, 칠십에는 하고픈 대로 해도 규준을 넘지 않았다."
>
> 子曰:「吾十有五而志于學, 三十而立, 四十而不惑, 五十而知天命, 六十而耳順, 七十而從心所欲, 不踰矩。」(위정)

노나라를 떠난 것이 50대 중반이니 노나라 밖 여기저기를 떠돌다가 험악한 사태를 만난 것은 배움에 뜻을 두고 수집한 선왕지도(先王之道) 데이터를 꿰어 익힌 위에 천명을 알게 된 후이다. 앞 절에서도 한 이야기이거니와, 노나라를 떠날 때가 됐다는 판단 역시 이런 천명 이해가 있고 난 다음에 한 것일 터이다. 그러나 노나라로 돌아온 뒤에 한 이 회고에서 지금 먼저 주목하게 되는 점은 공자 인생의 주 매듭 여섯 중 첫 번째가 '배움에 뜻을 둠'이라는 사실이다. 이를 지금 먼저 주목하는 것은 그가 주나라를 잇되 혈통이 아니라 가르침·배움을 통해 잇고자 했다는 점을, 무력을 써서가 아니라 널리 가르침을 통해 평천하를 실현하려 했다는 점을 부각하는 중이기 때문이다. 그렇다고 해서 배움을 평천하의 피치 못할 수단으로만 여긴 것은 아니다. 앞에서 본 바와 같이, 그것은 오히려 즐김이다. 그러나 이 즐김이 단순한 즐김이 아니라 평천하를 궁극으로 하는 어짊 체제에 포섭되어 있는 즐김임은 앞에서 본 바가 있거니와, 열렬히 좋아하여 뜨겁게 배워 익힌 것을 즐기는 이가 자신이라는 공자의 자기 이해는 노나라를 떠나 섭나라에 체류할 때의 것일 다음 발언에서도 역연하다: 섭공이 공자를 자로에게 물었는데, 자로가 대꾸하지 않았다.

공자 가라사대, "너는 어찌 말하지 않았느냐, 그이의 사람됨이란, 발분하면 먹는 것도 잊고 배우며, 배워 익힌 것을 즐김으로써 근심을 잊고, 이러느라 늙음이 닥치는 것도 알지 못한다는 식이라고 말하지 않았느냐."

葉公問孔子於子路, 子路不對。子曰: 「女奚不曰, 其為人也, 發憤忘食, 樂以忘憂, 不知老之將至云爾。」(술이)

호학자라는 공자의 자기 인식은 다음 구절에서 의심의 여지 없이 확인할 수 있다:

공자 가라사대, "열 가구 규모의 마을이면, 나만큼 진실되고 믿음직한 이는 기필코 있을 터이나, 배우기 좋아하기로는 나만 못할 터이다."

子曰: 「十室之邑, 必有忠信如丘者焉, 不如丘之好學也。」(공야장)

하여간, 열다섯에 배움에 뜻을 두고 예를 배워, 서른에 사람들 사이에 섰고, 믿고 좋아하여 알게 된 선왕지도(先王之道)의 플랫폼 위로 자신을 정위한 마흔에는 의혹으로 흔들리는 경우가 없게 되었으며, 오십에 천명을 알게 된 이 호학자가 평천하의 가능성을 노나라에서 찾았으나 실망하고 노나라 밖에서 역시 같은 가능성을 찾다가 절체절명의 위기도 맞았던 것인데, 장자의 천운, 산목, 양왕, 도척, 어부 편에 반복해서 나타나는, 공자가 당했던 푸대접과 어려움, 위기의 순간들이 산목 편에 다음과 같이 종합적으로 소묘돼 있다:

> 공자가 자상호에게 물어 가로되, "저는 노나라에서 두 번 쫓겨났고, 송나라에서는 나무를 넘어뜨리는 바람에 고비를 겪었고, 위나라에서는 흔적이 지워졌고, 상과 주에서는 궁했고, 진나라와 채나라 사이에서는 포위당했습니다. 제가 이런 수차례의 환난을 겪고, 아는 이들과는 갈수록 멀어지고, 따르는 이들은 갈수록 흩어지니, 어찌 된 일입니까?"[41]
>
> 孔子問子桑雽曰:「吾再逐於魯, 伐樹於宋, 削跡於衛, 窮於商、周, 圍於陳、蔡之間。吾犯此數患, 親交益疏, 徒友益散, 何與?」

그러나 배움에 뜻을 두어 알게 된 천명을 좇아 노나라를 떠난 공자가 제자들과 어려움을 겪으며 이 나라 저 나라 떠돌던 중에 그의 어짊 체제 구상은, 그 기간에 겪었던 것 가운데 아마도 가장 심각했던 위기에 처해 화난 자로에게 한 다음과 같은, 문명을 정초하는 시원적인 시적 발화라고 해도 과언이 아닐 발언으로 흘러넘쳐 오늘날까지 전해지고 있다:

> 진나라에 있을 때 식량이 떨어지고, 종자가 병에 걸려, 아무도 일어나지

---

[41] 장자를 통틀어 볼 때 이들 위기 가운데서도 진나라와 채나라 사이에서 먹을 것이 부족해진 상황이 가장 두드러지는데, 이는, 이야기의 배경으로 삼기 좋다는 점도 있겠으나, 주로, 가장 심각한 위기였다는 점 때문일 것이다.

못했다. 자로가 화난 얼굴로 가로되, "군자 또한 궁해지는 것입니까?"

공자 가라사대, "군자는 굳게 궁하지만, 소인은 궁하면 아무렇게나가

된다."

在陳絕糧, 從者病, 莫能興。子路慍見曰：「君子亦有窮乎？」子

曰：「君子固窮, 小人窮斯濫矣。」 (위령공)

공자의 어짊 체제 속 군자는 선왕지도(先王之道)의 플랫폼 위에 당혹
이나 의심 없이 확고하게 서 있는 사람이다. 그는, 이 구절에서 보는 것
처럼, 궁해도 굳게 지키며 궁하다. 무엇을 굳게 지키는가? 무엇을 하든,
그래도 될 '어찌하여'와 그래서는 안 될 '어찌하여' 사이의 분별이다. 예
컨대, 공자는 벼슬 못해 안달하는 사람으로 이해되기도 하지만, 그러나,
평천하라는 목표를 위해 벼슬길을 뚫을 때에도 그래서는 안 될 행동 양
태를 의식하고 이런 금제가 하늘이 내린 것이라는 생각을 표출했던 것
으로 논어에 남아 있다. 자신의 장례와 관련하여 신분적 금을 넘는 것에
대해서도 같은 유의 생각을 표출하는 공자를 3장 4절에서 목격한 바 있
거니와, 구체적으로, 위나라에서 벼슬 주기를 기다리던 때라고 할 만한
시기에 만난 남자와의 면담 직후를 논어는 이렇게 전한다:

공자가 남자를 보자, 자로가 불만스러워 했다. 선생께서 맹세코 가라사
대, "내가 하지 말아야 할 짓을 했다면, 하늘이 버린다! 하늘이 버린다!"

子見南子, 子路不說。夫子矢之曰：「予所否者, 天厭之！天厭

之！」 (옹야)

위나라 영공의 문란하기로 소문난 부인 남자를 만나 인사 청탁을 한 것이 아니냐는 추측을 하게 만드는 장면인데, 법도에 어긋난 일은 없었다는 것을 하늘에 맹세하고 있다. 이와 평행하게 공자의 인사 청탁 이야기로 해석돼 온 것이 다음 대목이다:

> 왕손가가 물어 가로되, "내실 깊은 곳에서 마음에 들려 하느니, 부엌 아궁이에서 마음에 들려 하는 것이 낫다, 이게 무슨 말이겠소?" 공자 가라사대, "아닙니다. 하늘에 죄를 얻으면, 기도할 데가 없습니다."
>
> 王孫賈問曰：「與其媚於奧，寧媚於竈，何謂也？」子曰：「不然，獲罪於天，無所禱也。」(팔일)

전통적 해석에 따르면 신주를 모시는 내실 서남쪽 깊은 곳은 위엄은 있으나 인사권이 없는 영공을, 또 다른 해석에 따르면 영공의 부인 남자를 가리키고, 부엌 아궁이는 위엄은 없지만 인사 실권을 가진 대부 왕손가 자신을 가리킨다. 그런데 여기서도 공자의 반응은 하늘을 가리키며 그렇게는 할 수 없다는 것이었다고 논어는 전한다. 구직 운동을 하는 궁한 처지에서도 지켜야 할 테두리는 굳게 지켰다는 것인데, 이런 해석을 '천명을 알고 나서 노나라를 떠나 평천하를 추구하고 있던 공자'에 연결하면, 천명을 이행한다면서 천명을 어길 수는 없는 노릇이라는 입장을 고수했다는 이야기가 된다. 하여 위령공 편의 저 대목을 바로 이 같은 맥락에 놓고 살펴, 온갖 시련 속에서 단련된 공자의 정치 언어가 절망을 제치고, 채택해도 좋은 부사어와 채택해서는 안 될 부사어 사이의 간극을 번개처럼 비추는 대목이라는 평가를 하는 것이다.

그런데 화난 자로에 대한 공자의 즉답에서 보는 바와 같은 정치 언어의 시적이고도 문명사적 탄생이 우연히 된 것은 아닐 터, 앞에서 본

대로, 공자가 끌어 모은 어짊의 문화 유산, 선왕지도(先王之道)를 서(恕) 하나로 꿰어 익히고 산전수전을 겪으며 벼린 결과일 터이다. 이것이 우연히 나온 이야기가 아니라 배움에 뜻을 둔 15세 이후의 온축과 숙성의 결과였다는 것은, '어쩌다 한번'에 그치지 않고 비슷한 상황이 상정될 때마다 어짊 체제에 의거하여 거듭하게 될 이야기였다는 것은 다음 구절에서 확인할 수 있다:

> 공자 가라사대, "상황 속의 법도에 맞게 만족을 향해 나아가는 이와 함께할 수 없을 때, 꼭 함께할 이는 드센 이, 굳은 이일 터! 드센 이는 만족으로 나아가 취하며 굳은 이는 하지 않는 바가 있는 것이다."
>
> 子曰: 「不得中行而與之, 必也狂狷乎! 狂者進取, 狷者有所不為也。」 (자로)

이 발언에 겹쳐 저 위령공 편 한 구절을 읽으면: 공자는 여전히 쉼 없이, 자신과 같은 이들에게 최고의 세속적 만족이 될 평천하를 향해 진취적으로 나아가고 있는 중이되 어떤 상황에서도 아무렇게나는 나아가지 않는다; 공자가 오십에 자신에게 주어진 천명으로 알게 되었고 그래서 그에게 만족 중의 만족이 될 평천하는 그의 어짊에서 비롯한 꿈인데, 이는 수신으로 쌓은 덕을 발휘해서, 누구나가 타인과 더불어 보다 큰 만족으로 나아갈 수 있는 객관적 여건을 어짊의 선왕지도에 따라 구현하려는 것이다; 선왕지도가 땅에 떨어져서 그때그때의 상황에 들어맞는 법도를 가려 택하는 중용의 덕을 발휘하여 만족으로 나아갈 수 없게 된, 공자 당대처럼 무도한 상황이라면, 진취적으로 나아가려는 이와 함께하여 바라는 평천하를 향해 진취적으로 나아가야 한다; 그렇지만 이런 평천하 명분도 '아무렇게나'를 정당화할 수 없다; 그래서 하지 말아야 할 바는 하지 않는다는 원칙을 굳게 지키는 사람도 함께하여, 아무리 궁해도 지킬 것은 굳게 지키는 가운데 나아가는 것이 또한 중용지도다. 여기서 보듯이, 무도하다고 판단한 세계에서 공자가 취하려던 중도는, 하지 않는 바가 있는 보수적 태도와 천하가 무도하니 바꾸자는 진취적 태도를 양단으로 하여 상황을 이해하고 판단하는 재귀적 중용이었다고 해도 좋겠다. 특히 그것은 보수적 태도와 진취적 태도 사이의 타협이 아니라 양단을 이루는 두 태도 가운데 어느 하나도 소홀히 할 수 없을 팽팽한 균형인데, 이는 세상이 무도하다는 판단이 아니라면 팽팽함을 잃고 보수적 태도로 기울 균형이다.

여기에서 또 하나 분석적으로 주목해야 할 점이 '그래서는 안 될 바는 결코 그리 하지 않음'이, 도(道)가 있어 천하가 편안한 상황은 물론이고 무도한 천하를 편안한 천하로 바꾸려는 어려운 상황에서도 지켜야 할 규범적 요구로 놓여 있다는 것이다. 특별히, 이 요구를 어짊 체제 전반을 관통하는 원리로 정립했다는 데 공자의 문명사적 공헌이 있다고 보는 것인데,[42] 바로 그래서, 저 위기의 순간에 화난 자로에게 한 공자의 응수는, 하늘이 낸 덕이나 주 문왕의 문화 유산이 자신에게 있다는 식의 격정적 토로를 넘어선 발언임은 명백한 것이고, 문명다운 문명의 시원에 해당하는 시적 토로라고 해도 좋을 발언이라고 보는 것이다. 그런데 출사로 이상적 평천하를 이루는 데 기여한다는 것과 같은, 명분이 아무리 훌륭한 기획도 수단 방법 가리지 않고 아무렇게나 추구해서는 안 된다는 이런 요구는 공자 문하에 들어와 배우면서 누군가 자신을 알아 주고 기용해 주기를 바라던 제자들 사이에서도 그 중함에 관한 이해가 있어 논어를 통해 후대에 전해지게 되었을 법하다. 다음 구절을 보면, 적

---

42 어짊 체제를 관통하는 이 부정적 원리와 평천하 목표 사이의 변증법적 관계는 이 장과 결론 장에서, 그 종교적 연원은 5장에서 조명한다.

어도 자공은 그 중함을 이해하고 있었다고 할 수 있겠다:

> 자금이 자공에게 물어 가로되, "선생님은 어느 나라에 가든, 그 나라 정
> 치에 대한 자문을 꼭 하시는데, 본인이 원하신 것인가요? 아니면 상대가
> 구해온 것인가요? 자공 가로되, "선생님께서는 온화함·선량함·삼감·
> 검소함·사양함으로써 자문할 수 있게 된 것이네. 선생님의 자문 기회
> 구하시는 모습, 다른 사람들이 구하는 모습과 다르지 않은가?"
>
> 子禽問於子貢曰:「夫子至於是邦也, 必聞其政, 求之與? 抑與之
> 與?」子貢曰:「夫子溫、良、恭、儉、讓以得之。夫子之求之也,
> 其諸異乎人之求之與?」(학이)

이래서 공자의 경우에는 잠재적 고용자와의, 자문을 겸한 면담도 다
른 이들에 비해 한층 까다롭게 성사된 것이었을 터인데도, 예컨대 병법
에 대한 자문을 구한 위나라 영공과 면담하고는 지체 없이 떠났다는 것
이다. 즉, 평천하도 아무하고나 아무렇게나 하지는 않는다는 것이다. 예
컨대 무력이 최고라는 자와 힘으로 하지는 않는다는 것이다. 그리고 공
자의 이런 칼같은 대응은, 전 절에 이어 강조하거니와, 오십에 천명을
알았다는 공자의 회고를 함께 고려할 때 그 뜻이 선명해진다. 한편, 앞
에서 언급한 영공의 손자 되는 위나라 임금 출공이 정치를 맡기면 무엇
부터 하시겠느냐고 자로가 물었던 때와 아마도 겹치는 시기에 제자들
사이의 화제가 되었던 것이 임금 자리를 놓고 아버지와 갈등 관계에 있
던 출공이 벼슬을 제안한다면 스승이 수락할지였을 터이다. 다음은 논
어의 관련 대목인데, 자공과 염유가 노나라로 먼저 돌아가 외교·안보
상의 공을 세워 공자의 노나라 귀환 길을 닦는 데 결정적 역할을 해냈던
것이 여기 기록된 자공의 판단에 따른 것이 아닐까하는 추측을 하게 되

는 대목이기도 하다:

염유 가로되, "선생님께서 위나라 임금을 위해 일하실까?" 자공 가로되,
"알았어. 내가 여쭤볼게." 들어가, 가로되, "백이숙제는 어떤 사람입니
까?" 가라사대, "옛 현인들이다." 가로되, "원을 했을까요?" 가라사대,
"바라던 어짊에 달했는데, 또 무슨 원을 했겠느냐." 나와, 가로되, "선생
님은 안 하셔."

冉有曰:「夫子爲衛君乎?」子貢曰:「諾。吾將問之。」入, 曰:
「伯夷、叔齊何人也?」曰:「古之賢人也。」曰:「怨乎?」曰:
「求仁而得仁, 又何怨。」出, 曰:「夫子不爲也。」(술이)

되풀이하거니와, 평천하는 아무하고나 추구하지 않는다는 이야기
다. 또 아무렇게나 추구하지 않는다는 이야기다. 더 나아가, 어짊 체제
의 가입자로서, 어질게라는 어짊 체제 최고의 부사어와 떨어져서는 추
구하지 않는다는 이야기다. 병법을 물었던 위나라 영공과 달리 어질게
추구할 수 있는 이와 함께 예 아닌 것은 물리치며 추구해 마땅한 목표가
어짊에 근거한 평천하라는 것이다. 그런데 방금 읽은, 백이숙제를 둘러
싼 사제 간 대화는 여기서 다시 더 나아가 아무리 크게 만족스러울 성취
에 대한 기대도 이 최고의 부사어를 재귀적으로 이해하고 실천하는 경
지에 달함에 대한 기대에는 비할 바가 아니라는 데 이르고 있다. 이리하
여, 어짊 체제에 부합하는 평천하를 계속 추구할 만한 객관적 상황이 아
니라는 판단뿐 아니라 어짊 체제의 내적 논리에 의해서도, 현실 정치에
참여하여 추구하는 평천하가 공자의 시야에서 어짊 추구 뒤편으로 밀
려나게 되었던 것인데, 바로 여기가, 현실 정치를 통해 평천하를 이루는

쪽에서 후세 교육 쪽으로 공자가 방향을 전환한 언저리다. 이 전환의 외적 측면은 아래에서 다시 언급할 것이거니와, 그 내적 측면에서 주축 역할을 한 것이 '무엇을 인생 최고의 가치로 할 것이냐'는 물음이다. 즉, 백이와 숙제의 삶을 포함하여 모든 인생을 거기 달아 재는 궁극적 평가 기준은, 무엇을 이루었느냐가 아니라, 어찌 말하고 행동했느냐라는 것이다. 언제나 어짊으로 말미암고 어짊을 말미암아 말하고 행동하는 경지에 달했다면 더 바랄 것 없이 족하다는 것인데, 자연스럽게도, 어짊 체제의 이런 가치 기준이 확고하게 공유되는 천하는 자연히 편안한 천하일 터이다—공자의 방향 전환은 이전의 노력을 부정하는 전환이 아니라 보존하는, 어짊 체제 내의 내발적 전환이었다는 뜻이다.

하여 평천하를 현실 정치를 통해 실현하는 것 대신에 전경으로 부각된 과제가, '어질게'에 굳게 이어진 평천하를 추구하느라 여기에 맞아떨어지지 않는 벼슬할 기회는 포기하며 떠돌다가 맞은 저 절체절명의 순간, 닦아 온 자기를 위축시키기는커녕 오히려 내뻗어 펼치는 인격을 통해 그 완숙한 모습을 단적으로 드러낸 어짊 체제를 널리 살아 움직이는 것으로 만들어 멀리 잇는 일이었을 터이다. '어질게'의 추구 끝에 처했다면 궁한 상황도 초연하게 받아들일 것을, 법도에 어긋나는 길을 가느니 궁한 상황에 그대로 머물 것을 요구하는 이 부사어 체제에 가입하여, 써서 좋은 부사어와 써서는 안 될 부사어의 구별을 늘 명심하고 고수하면서, 또한 탁월하게 고수함으로써, 천하를 보다 큰 만족으로 이끌어 편안케 할 인재를 기르는 일이었을 터이다. 이에 비해 당장은 후경으로 물러난 일이나, 이렇게 빚어낸 씨가 곳곳으로 퍼져 나가 덕치로 개화하는 일이 역사의 전경에서 벌어진다면 천하는 어짊 속에서 자연히 편안해질 터이다. 그리고 관심의 이런 변화를 강력히 시사하는 것이 다음 대목이다:

공자 진나라에서 가라사대, "돌아갈지라! 돌아갈지라! 우리 노나라 아이들이 드세고 성기어, 아름다운 무늬는 이루는데, 어찌 다듬어야 할지를 모른다."

子在陳曰:「歸與! 歸與! 吾黨之小子狂簡, 斐然成章, 不知所以裁之。」(공야장)

이리하여 55세에 노나라를 떠나 68세에 노나라로 돌아간 공자는, 다음 대목에서 보는 바와 같이, 그가 그리는 평천하의 바탕이 될 노나라 문화 유산을 다듬고, 또 후세를 교육하는 데 정성을 쏟았을 터이다:

공자 가라사대, "내가 위나라에서 노나라로 돌아가고, 그 뒤 악(樂)이 바르게 되어, 아(雅)와 송(頌)이 각기 제 자리를 잡았다."

子曰:「吾自衛反魯, 然後樂正, 雅頌各得其所。」(자한)

___ 4 혈통 대 가르침 · 배움

다음은 3장 4절에서 인용하면서 그 이면에서 발견한 다른 뜻은 곧 논하겠노라 했던 계씨 편 한 대목의 끄트머리다:

진항이 물러나 기뻐하며 가로되, "하나를 물어 셋을 얻었으니, 시를 들어 알게 되고, 예를 들어 알게 되고, 또 군자는 자기 자식과 거리를 둔다는 것을 들어 알게 되었다."

陳亢退而喜曰:「問一得三, 聞詩, 聞禮, 又聞君子之遠其子

也。」(계씨)

진항의, 공자가 아들 백어와 거리를 두었다는 저 평은, 앞에서 이야기한 대로, 시와 예를 배우는 것은 챙기면서도 악(樂)에 대해서는 누가 물었을 때 상기할 만한 지침을 주지 않았던 점에서 설득력을 가지는 평이라 하겠다. 지침을 주었더라면 '악을 배우지 않으면, 그로써 온전히 될 것이 없느니라(不學樂, 無以成)' 정도였을 것인데, 공자는, 이런 유의 가르침에 대한 회상이 저 대목에 없는 것으로 보아, 아들 백어를 객관적으로 평가하여 시와 예는 배울 만하나 악까지 배울 필요는 없는 크기의 그릇이라고 판단했던 것으로 보인다. 그리고 이렇게, 발휘할 수 없을 덕을 쌓는 데 정열과 시간을 쓰는 것은 낭비라고 판단했던 것으로 보이는 데서 공자다운 부정(父情)을 느낄 수 있겠다. 그런데 논어 전체를 놓고 볼 때 이런 부정, 그 이면에서 발견하게 되는 것이 제자 안연에 대해 품었던, 다음 대목에서도 드러나는 비상한 기대와 그에게 쏟은 정이다:

자공을 일러 공자 가라사대, "너와 회는 누가 더 뛰어난 것이냐?" 대답하여 가로되, "제가 어찌 감히 회와 견주겠습니까. 그는 하나를 들어 열을 알고, 사는 하나를 들어 둘을 압니다." 공자 가라사대, "못한 것이지! 나나 너나 그만 못한 것이야."

子謂子貢曰：「女與回也孰愈？」對曰：「賜也何敢望回。回也聞一以知十，賜也聞一以知二。」子曰：「弗如也！吾與女弗如也。」

(공야장)

1장 5절에서 일부를 인용한 다음 대목에서 나타나는 것처럼 공자의 안연 편애는 자로의 질투를 유발할 정도였다:

안연을 일러 공자 가라사대, "기용되면 바라는 바로 바르게 나아가고, 버려지면 덕을 감춘다, 오직 나와 너만이 이런 경우다! 자로 가로되, "선생님께서 대군을 지휘하신다면, 누구와 함께하시겠습니까?" 공자 가라사대, "호랑이를 맨손으로 때리고, 큰 강을 맨발로 건너며, 죽어도 후회 없다는 식이면, 내 함께 하지 않는다. 꼭 함께할 이는 일에 임하면 어려워하는, 일 꾸미기를 좋아하여 이루는 이다."

子謂顏淵曰：「用之則行，舍之則藏，唯我與爾有是夫！」子路曰：「子行三軍，則誰與？」子曰：「暴虎馮河，死而無悔者，吾不與也。必也臨事而懼，好謀而成者也。」 (술이)

다른 경우라면 몰라도 대군을 지휘하는 자리에서 나라를 더 큰 만족으로 이끌고자 하는 경우에는 자기 같은 사람과 함께하시지 않겠느냐고 생각했고 물었을 자로에게 그 경우에도 자로보다는 방금 '나와 너뿐'이라고 한 안연에 가까운 이와 함께하겠다는 대답을 한 것이다. 이외에도 논어 곳곳에 있는, 안연에 대한 공자의 평가는, 공자가 덕행에 뛰어났다고 평가한 경우를 제외하면 더구나, 다른 제자들에 대한 평가와 비교하는 일이 무의미하다고 할 정도로 높다. 다음 구절에 의하면 덕행에 뛰어난 제자로 안연, 민자건, 염백우, 중궁이 있었다고 하는데, 이들이 개별적으로 논어에 등장하는 경우, 대개 '덕행에 뛰어난 자'답게 등장한다:

덕행은 안연, 민자건, 염백우, 중궁. 언변은 재아, 자공. 다스리는 일에는 염유, 자로. 문헌에는 자유, 자하.

德行：顏淵，閔子騫，冉伯牛，仲弓。言語：宰我，子貢。政事：冉

有，季路。文學：子游，子夏。[43] (선진)

그럼에도 덕행에 뛰어났던 것으로 돼 있는 안연 이외의 제자들이 논어에서 언급된 빈도를 살피면 안연과는 비교가 되지 않는다. 즉, 자신이 잇고자 하는 바를 생생하게 되살려 오래 찬연하도록 이을 것이라고 공자가 기대했던 이는, 아무리 보아도, 제자 안연이었을 것이다. 안연을 잃은 공자의, 형언할 수 없을 만큼 컸던 슬픔도 바로 이 점을 선명하게 뒷받침하는 증거다:

> 안연이 죽었다. 공자 가라사대, "아! 하늘이 나를 없애는구나, 하늘이 나를 없애는구나!"
>
> 顏淵死。子曰：「噫！天喪予！天喪予！」 (선진)

그런데 이 대목에 있는 '하늘이 없앤다'는 표현이 등장하는 대목이 앞에서 거론한 자한 편 한 대목이다:

> 공자가 광에서 곤경에 처했다. 가라사대, "문왕이 이미 죽었고, 문화는 여기 있지 않은가? 하늘이 이 문화를 없앨 것이라면, 나중 죽는 이가 이 문화를 함께할 수 없는 것이니; 하늘이 이 문화를 없애지 않을 것이라면, 광 사람들이 나를 어찌겠는가?"
>
> 子畏於匡。曰：「文王既沒，文不在茲乎？天之將喪斯文也，後死

---

43 이 대목에서 자로를 '계로(季路)'라고 부르는 것으로 보아 그의 나이가 오십은 넘긴 시점에서 이루어진, 이 대목이 위치한 선진 편 초두의 맥락을 살필 때 아마도 공자가 노나라로 돌아온 뒤에 한 회고적 평가일 것이다. 덧붙여, 공자가어의 칠십이제자해 편에 따르면 공자가 여리(閭里)에서 가르치기 시작할 때 가르침을 받았던 안연 아버지의 자도 '계로'다.

者不得與於斯文也；天之未喪斯文也，匡人其如予何？」(자한)

바로 앞의 탄식을 여기에 이어 읽으면, 안연이 자신보다 먼저 죽은 것은, 자신보다 먼저 죽은 문왕의 문화를 계승하여 자신보다 나중에 죽는 이들이 그것을 누리도록 애쓰고 있는 자신을 없앤 것과 같다는 말이 된다. 문왕의 전통을 없애려는 것이냐는 탄식이 된다. 여기서 극명하게 확인하게 되는 것이 선왕지도(先王之道)의 계승은 혈통을 따라 되는 것이 아니라 가르침·배움을 통해 된다는 것이다. 선왕지도가 없어진 지 오래이기 때문에 특히 잘 가르치고 잘 배워야 한다는 것이다. 그런데 가장 잘 배웠던, 하나를 들려주면 열을 알던, 자신보다 가르치는 것이 나으리라고 여겼을 제자가 먼저 죽었—공자의 충격이 어떠했겠는가?

안연의 죽음이 나이 70의 공자에게 안긴 충격은 앞에서 말한, 상황에 기인한 측면도 있지만 내발적 측면 역시 강했던 저 '방향 전환'이 없었다면 그리 크지 않았을지 모른다. 그러나 그런 전환이 일어난 다음에 안연의 생사가 공자에게 의미하게 된 바는 인생 전체의 성패를 좌우할 만한 것이었을 터이다. 물론 이전에도 안연이 공자의 심중에서 차지하는 비중은 작지 않았다. 그리고 제자 안연이 스승의 이런 기대와 그 맥락을 파악하고 있었음을 암시하는 구절이 다음 구절이다:

공자가 광에서 곤경에 처했는데, 안연이 뒤로 처졌다. 공자 가라사대, "나는 네가 죽었다고 여겼다." 가로되, "선생님 계신데, 회가 어찌 감히 죽겠습니까?"

子畏於匡，顏淵後。子曰：「吾以女為死矣。」曰：「子

在，回何敢死？」(선진)

안연의 말이 '선왕지도(先王之道)의 씨를 선생님 다음으로 책임져야 할 제가 먼저 죽어 참척의 고통을 드릴 수는 없다'는 소리로 들린다. 하여튼 이렇게, 죽을 뻔한 고비를 넘기며 나눈, 공유한 목표에 대한 교감이 있었기에 슬픔은 더욱 깊었을 것이다:

안연이 죽고, 공자가 곡하며 과하게 비통해 하였다. 종자 가로되, "선생님 과하십니다." 가라사대, "과하다고? 이 사람이 아니라면 누가 죽었다고 과하게 비통해 하겠느냐?"

顏淵死，子哭之慟。從者曰：「子慟矣。」曰：「有慟乎？非夫人之為慟而誰為！」(선진)

과연 그렇다! 그들은 가르침·배움으로 맺어진 부자지간이었던 것이다. 그리고 공자가 볼 때 자신의 문화적 아들 안연이 자신을 가장 두드러지게 닮은 점이, 앞 절에서 본 공자의 자화상에서도 두드러졌던 호학자의 모습이었던 모양이다. 다음은 안연 사후 제자 중에 호학하는 이는 없다고 여겼던 공자의 모습이다:

노나라 애공이 물었다, "제자 중에 누가 배우기 좋아한답니까?" 공자 대하여 가라사대, "안회라는 이가 배우기를 좋아해서, 분노를 잘 삭여 남에게 옮기지 않고, 같은 잘못을 반복하지 않았습니다. 불행히도 명이 짧아 죽고 말았습니다! 지금은 아무도 없어서, 호학자라는 이야기를 듣는 경우가 없습니다."

哀公問：「弟子孰為好學？」孔子對曰：「有顏回者好學，不遷怒，不貳過。不幸短命死矣！今也則亡，未聞好學者也。」(옹야)

3장 2절에서 선왕지도(先王之道) 기억 사업을 씨를 보존하는 일에 비유한 적이 있거니와, 이들 사제는 다 죽은 선왕지도의 되살린 씨를 주고받는 사이였던 것이다:

안연이 죽고, 문인들이 장례를 후하게 치르려 하자, 공자 가라사대, "안 된다." 문인들이 후한 장례를 치렀다. 공자 가라사대, "회는 나를 아비로 보았는데, 나는 그를 아들로 볼 수 없게 된 것이다. 나는 아니고, 너희들 때문이다."

顏淵死，門人欲厚葬之，子曰：「不可。」門人厚葬之。子曰：「回也視予猶父也，予不得視猶子也。非我也，夫二三子也。」(선진)

결론적으로, 안연이 죽어 무후의 처지가 된 것, 이것이 공자의 가장 깊은 좌절이었다는 것이다. 칠십에 안연을 보내고 시간이 얼마간 흐른 뒤—그러나 73세에 운명하기 전—했을 다음 회고는 그 깊이를 잠잠히 가늠케 한다:

안연을 가리켜 공자 가라사대, "애석한지고! 내 그가 나아가는 것은 보았으나, 그가 멈추는 것은 본 적이 없으니."

子謂顏淵，曰：「惜乎！吾見其進也，未見其止也。」(자한)

5   웃음거리 공자

안연의 죽음이 공자 인생 최대의 좌절이었다고 보는 이유를 드러내는 과정에서 어짊의 부사어 체제에서는 단절해야 할 부사어와, '어질게'와 같은, 결코 단절하지 말아야 할 부사어 사이의 구별을 명심하여 늘 상기하는 것이 중요하다는 점을 부각했는데, 바로 이 점으로 인해 어짊 체제에는 어짊 체제 가입자가 이루기를 바라는 바가 평천하라는 체제 궁극의 목적과 일치할 때도, 부사어 구별을 명심하여 늘 고수하려는 태도에 대해 바라는 바 이룸은 부차적인 것으로 밀려나게 된다는 내적 논리가 있다. 그런데 '어짊으로 돌아가는 평천하'가 한시도 떨어질 수 없는 부사어에는 해당하지 않음에도 불구하고 어짊 체제의 궁극이 되는 것은, 온 천하가 부사어 식별을 근간으로 하는 어짊 체제에 가입하여 그 요구에 충실히 따를 때 자연히 이루어질 목표이기 때문이다. 반대로, 이루기를 바라는 바 가운데 이런 평천하와 직접적 관계가 없는 것을 끝내 이룸이나 거기에서 얻는 만족은 가치가 낮은 것으로 취급될 것인데, 이는 어짊 체제의 이런 내적 논리 때문이다. 그래서 어짊 체제 가입자는 어짊 체제의 부사어 구별을 고수하느라 바라는 바에 가까이 가지 못하게 되는 경우에도 부사어 구별을 포기하고 아무렇게나 만족으로 나아갈 수 없다. 앞에서 본 것처럼 아무리 궁한 경우에도 무차별적 부사어 구사는 금지된다. 거꾸로, 어짊 체제의 군자는 '어질게' 위주의 부사어를 모범적으로 구사하는 메타(상급) 데이터 취급자이다.

그런데 방금 이야기한 대로, 나름의 뜻을 세워 끝내 이룬 일에서 수확하는 만족스러운 열매가 어짊 체제의 가치 체계 하위에 있음을 시사하는 곳이 다음 대목이다:

달항 지역의 한 인사 가로되, "크기도 하지 공자는! 널리 아는데 이름 이룬 데는 없으니." 공자 이 말을 듣고, 문하 제자들을 일러 가라사대, "내가 어느 분야를 잡을까? 수레 몰기? 활쏘기? 나는 수레 몰기다."

達巷黨人曰: 「大哉孔子! 博學而無所成名。」子聞之, 謂門弟子曰: 「吾何執? 執御乎? 執射乎? 吾執御矣。」 (자한)

한 분야 전문가로 이름이 나면 발탁되곤 하는 관행을 전제하건대, 달항의 무명씨는, 여러 분야를 두루 널리 아는 공자지만 어느 한 분야에서도 전문가로 이름을 내지 못해 벼슬 얻는 데 실패했다는 야유를 하고 있다고 볼 수 있겠는데, 이에 대한 공자의 반응이 '내가 수레 몰기 전문가로 이름을 낼까, 활쏘기 전문가로 이름을 낼까, 수레 몰기로 하지'였다는 것이다. 자신의 분야를 이런 식으로 가볍게 결정할 일이 아님을 전제할 때, '문하 제자들더러 들으라고 했다(謂門弟子曰)'는 저 발언의 진의는 그런 식의 일 이룸이나 이름 이룸에서 오는 만족은 자신이 얻기를 바라는 것이 아닌 것은 물론이고 그 문하의 제자들이 얻기를 바라는 바도 아니라는 점을 광고하는 데 있었다고 해야 할 것이다. 즉, 공자가 가입해 있는 어짊 체제에서, 수레 몰기나 활쏘기 같은 전문 분야에서 일가를 이뤄 끝내 인정받는 데서 오는 만족은 그에 대해 진지하게 숙고할 만큼 큰 가치를 갖지 않는다는 것이다—제자들이여, 너희가 육예의 하나인 활쏘기나 수레 몰기를 배우는 것은 수레 몰기 전문가나 활쏘기 전문가로 이름을 내기 위한 것이 아니라 어떤 경우에도 '어질게'를 떠나지 않는 군자가 되기 위한 것이다. 단적으로, 공자의 교과에서 활쏘기는 어짊을 은유하기 때문에 의미를 갖는 것인데, 공자 가르침에 있는 이런 측면은 맹자가 포착해서 공손추(상) 편에 있는 다음과 같은 비유로 전하고 있다:

어질다는 것은 활쏘기와 같아서, 활쏘는 이는 자기를 올바르게 한 다음에 쏜다. 쐈는데 적중하기 않으면, 자기를 이긴 쪽을 원망하지 않고, 자기를 돌이켜 구할 뿐이다.

仁者如射，射者正己而後發。發而不中，不怨勝己者，反求諸己而已矣。

그런데 자한 편의 저 대목보다 일반적으로, 또 한층 분명하게, 하겠다고 한 일을 기필코 이룸이 어짊 체제의 가치 체계 하위에 있음을 보여주는 곳은 다음 대목이다:

자공이 물어 가로되, "어찌하면 선비라 합니까?" 공자 가라사대, "자기를 움직여 바라는 바로 나아감을 한정함에 부끄러움이 있어, 사방에 외교 사절로 파견됐을 때, 나라님 외교를 욕되지 않게 하면, 선비라 할 수 있다." 가로되, "감히 그 다음을 여쭙습니다." 가라사대, "피붙이는 그를 일러 효도하는 이라 일컫고, 마을에서는 우애가 좋다고 일컫는 것이다." 가로되, "감히 그 다음을 여쭙습니다." 가라사대, "약속은 기필코 지키고, 바라는 바에 바르게 다가가서 기필코 이루는데, 안달하는 모습이 소인 같다! 그래도 또한 그 다음이라 할 만하다." 가로되, "요즘 다스리는 데 참여하고 있는 이들은 어떻습니까?" 가라사대, "아! 잔챙이들, 평가조차 가당찮다."

子貢問曰：「何如斯可謂之士矣？」子曰：「行己有恥，使於四方，不辱君命，可謂士矣。」曰：「敢問其次。」曰：「宗族稱孝焉，鄉黨稱弟焉。」曰：「敢問其次。」曰：「言必信，行必果，硜硜然小人哉！抑亦可以為次矣。」曰：「今之從政者何如？」子曰：「噫！

斗筲之人，何足算也。」(자로)

바라는 일 이룸에 지나치게 집착하는 대신에 부끄러움을 지녀 그래서는 안 될 '어찌하여'를 피하려고 늘 경계하는 것이 선비 중 으뜸이라는 것이다. 역시 맹자의 이루(하) 편 한 구절이 이 으뜸 선비의 모습을 다음과 같이 확인하고 있다:

맹자 가라사대, "대인이라 함은, 그가 한 말을 기필코 지킨다는 것이 아니고, 그의 윤리적 실천이 목표를 기필코 이룬다는 것이 아니고, 오직 '의롭게'가 있는 데다.

孟子曰：「大人者，言不必信，行不必果，惟義所在。」

대조적으로, 달성해야 할 것이 정해지면 물불 가리지 않고 꼭 이루는 모습은 삼류 선비의 것이다. 맹자가 대인의 모습이 아니라고 한 바가 바로 이 삼류 선비의 모습이다. 그런데 이 삼류의 '뭔가 꼭 되게 하려고 안달하는 모습(硜硜然)'을 공자에게서 본 무명씨가 등장하는 대목이 논어에 있다:

공자가 위나라에서 경을 연주했다. 이때 삼태기를 지고 그 집 문 앞을 지나던 이가 있어, 가로되, "얄팍하도다! 경 두드리는 것이!" 그러고 나서 가로되, "천박하도다! 꼭 하겠다고 안달하는 것이(硜硜乎)! 자신을 알아주는 이가 없으면, 그만인 것이다. 물 깊으면 옷 입은 채로, 얕으면 걷어 올리고 건넌다 했거늘." 공자 가라사대, "과연 그렇지! 그것은 일도 아니다."

子擊磬於衛。有荷蕢而過孔氏之門者，曰：「有心哉！擊磬乎！」
既而曰：「鄙哉！硜硜乎！莫己知也，斯己而已矣。深則厲，淺則
揭。」子曰：「果哉！末之難矣。」(헌문)

위나라에서 평천하의 가능성을 엿보며 구직 중일 때의 일화일 것이
다. 이 무명씨의 눈에는 벼슬을 꼭 하겠다고 하는 공자만 보이고, 일신
의 영달을 위해서가 아니라 도(道)를 회복하는 평천하를 이루기 위해 벼
슬 구하는 공자는 보이지 않았던 것일까? 그 뒤에 있는 어짊 체제는 확
실히 보이지 않았던 것 같다. 그래서 속 보인다고 했을 것이고, 부연하
여, 상황이 어떻더라도 벼슬은 꼭 해야겠다고 천박하게 안달하는 모습
이라고 야유했을 것이다. 그런데 이 야유를 뒤집어 보면, 상황에 따라서
는 꼭 하려던 일도, 예컨대 바라던 벼슬살이도, 유연하게 포기할 줄 아
는 것이 고상한 선비라는 말이 된다. 앞 장에서 본 바와 같이, 그러나,
어짊 체제에서는 포기하는 것도 아무렇게나 편의적으로 하는 것이 아니
라 상황 속으로 들어온, 어짊 체제의 아무리 궁해도 버릴 수 없는 분별
의 규준이 정당화할 때 비로소 할 수 있는 것이다. 불가피해 보여서 포
기하는 것도 어짊 체제 최고의 부사어 '어질게'로 그 포기의 근거가 구
체적으로 소급됨을 이해하고서야 포기하는 것이다. 공자가 무명씨의 제
언처럼 고상하게 포기하지 못하는 것 역시 '어질게'로 말미암고 '어질게'
를 말미암는, 하늘이 명한 평천하를 추구하고 있다는, 자기 이해를 겸한
천명 이해 때문이었을 것이다. 따라서, 구체적인 상황에 매개된 어짊 체
제의 구체적 요구에 따라 포기해도 좋은 때가 아니면 현실 정치를 통하
는 평천하를, 따라서 벼슬 찾기를 포기할 수 없었던 것이다. 같은 헌문
편에 있는, 비슷한 야유에 대한 공자의 반응에서도 이 점을 확인할 수
있다:

미생무가 공자를 일러 가로되, "구는 어찌하여 안달복달하며 얼쩡거리는고? 그럴싸한 말로 사람을 움직여 벼슬 얻으려는 게 아닌가?" 공자 가라사대, "그럴싸한 말로 사람을 움직여 벼슬 얻으려는 게 아니고, 고집스러움을 앓아서다."

微生畝謂孔子曰：「丘何爲是栖栖者與？無乃爲佞乎？」孔子曰：「非敢爲佞也，疾固也。」(헌문)

이 변명을 같은 맥락에서 이해하면, 무도한 현상을 타파할 평천하를 현실 정치에서 병적일 정도로 고집스럽게 추구한다고 하는 것은 '어질게'라는 어짊 체제 최고의 부사어에 의해 정당화되지 않는 한 멈출 수가 없어서 인사권자 근처를 배회하며 기회를 노리고 있다는 말이 된다. 어짊으로 인해 고집스러움을 앓고 있다는 것인데, 5장 1절에서 곧 볼 것이거니와, 공자는 평천하를 향한 이 병적인 고집스러움을 어짊 체제 속 수신의 초월적 논리에 따라 고친 것으로 되어 있다.

공자 언행의 배후를 이루는 어짊 체제를 몰랐던 동시대인들이 공자를 우스운 사람으로 취급한 대목으로 볼 만한 곳은 또 있다:

자로가 석문에 묵었다. 성문 문지기가 가로되, "어디 출신이요?" 자로 가로되, "공자 문하요." 가로되, "그게 안 된다는 것을 알면서도 애쓰는 사람 말이요?"

子路宿於石門。晨門曰：「奚自？」子路曰：「自孔氏。」曰：「是知其不可而爲之者與？」(헌문)

이 문지기는 일이 되고 안 되고는 어짊 체제에서 최고 부사어 '어질게'에 대해 부차적이라는 사실을 알았을까? 알았다면 어짊 체제의 적어도

한 측면은 파악하고 있는 것이다. '남이 알아주지 않아도 열 받지 않으면 그대는 군자'라고 한, 학이 편 첫 대목에 있는 말씀은,[44] 논어의 언어에서 '알아 주다'는 '벼슬자리를 주다'와 바로 붙어 이를 환유하는 말이기 때문에, '벼슬하고 말고에 관심이 없으면 그대는 군자'라는 이야기로 읽을 수 있다. 그리고 이를 다시 한번 어짊 체제 쪽으로 환유하면, 어짊 체제에 가입한 군자의 만족 추구에서 벼슬살이함과 같은 목표를 이루고 말고는 부차적 관심사로 밀려나게 마련이라는 이야기다. 그렇다면 일차적 관심사가 무엇이길래 평천하를 위한 벼슬살이도 부차적인 관심사로 밀어낸다는 것인가? 말할 나위도 없이 어짊이다:

공자 가라사대, "어짊에 관한 한 스승에게도 양보하지 않는다."

子曰: 「當仁不讓於師。」 (위령공)

이 어짊이 어짊 체제 최고의 부사어라는 것은 2장 3절 이래로 누누이 말해 온 바다.

---

44 이 대목 전체에 대한 나름의 번역과 그 근거가 되는 맥락은 1장 2절에 제시돼 있다.

제 5장

어짊 체제의 종교적 차원

어짊 체제에서는 평천하를 위한 벼슬살이가 어진 이가 되기 위해 추구하는 것인가? 그렇다면 평천하를 포기하게 되는 때란 더 이상 이 추구에 매달려서는 어질게 될 수 없다는 판단이 서게 되는 때일까? 아니다, 어질게라는 부사어는 어짊 체제 가입자가 목적으로 삼는 대상일 수가 없다. 그것은 부사어인 것이다. 어짊 체제 가입자가 이루기를 바라는 바에 어떻게 다가가느냐를 한정하는 부사어인 것이다. 그런데도 이 부사어가 어짊 체제 최고의 목표 자리에 있는 것은, 전 장에 이어 다시 강조하건대, 이 부사어의 천하 지배가 곧 이상적 평천하를 뜻하기 때문이다. 그럼에도 어짊은 천하 수준보다 개인 수준에서 우선적으로 강조되기 마련인 것인데, 이는, '수신제가치국평천하'라는 잘 알려진 표현에서 보는 바와 같이, 어짊을 개인 수준에서 추구하는 것이 천하를 어짊으로 되돌리는 일의 시작일 뿐 아니라, 이런 개인 수준의 출발 없이 평천하라는 천하 수준의 결말도 없을 것이기 때문일 뿐 아니라, 논어의 평천하가, 피치자를 어짊 체제의 충실한 가입자로 화하게 할 덕을 꾸준한 수신으로 쌓은 군자 개개인이 다른 개인들과 효과적으로 상호작용할 통치 플랫폼을[45] 그가 쌓은 덕으로 확립함을 뜻하기 때문이기도 하다. 지배자 개인의 수신이 효율적 통치의 전제라는 점에 대한 공자의 언급으로는 다음과 같은 것이 있다:

> 공자 가라사대, "제 몸을 바르게 하면, 명하지 않아도 제대로 돌아가지만; 제 몸을 바르게 하지 않으면, 명했음에도 따르지 않는다."
>
> 子曰:「其身正, 不令而行; 其身不正, 雖令不從。」(자로)

---

45 이 책에 쓰인 '플랫폼'의 뜻은 2장 2절의 각주19.

다스리는 일을 맡게 된 관리에게 선차적으로 요구되는 바도 이런 통치 플랫폼의 확립에 관한 것이다:

공자 가라사대, "제 몸을 바르게 했다면, 벼슬살이에 무슨 문제가 있겠는가? 제 몸을 바르게 할 수 없다면, 남을 바르게 하는 일이 어찌 되겠는가?"

子曰: 「苟正其身矣, 於從政乎何有? 不能正其身, 如正人何?」
(자로)

또, 증자의 다음 언명에 따르면, 선왕지도(先王之道) 통치 플랫폼이 사라진 지 오래라서 백성이 어짊 체제에 가입할 수조차 없는 상태인데도 흩어진 선왕지도의 형해라 할 형벌 기준을 기계적으로 적용하는 것은 무자비한 형정이다:

맹씨가 양부를 사사에 임명하여 전옥의 일을 담당하게 하자, 스승 증자에게 양부가 물었다. 증자 가로되, "다스리는 자가 선왕이 물려준 도를 잃어, 백성이 흩어진 지 오래다. 이런 사정을 헤아린다면, 범죄를 불쌍히 여기지 (그 처단을 정의랍시고) 반기지 않는다."

孟氏使陽膚為士師, 問於曾子。曾子曰: 「上失其道, 民散久矣。如得其情, 則哀矜而勿喜。」(자장)

반대로, 다음 대목에서 공자는 치자 개인이 반듯하면 피치자들도 감화되어 반듯해진다는 이야기를 하고 있는데, 이 역시 같은 어짊 체제 통치 플랫폼의 맥락에서 읽으면 논어 전체와의 환유적 연관이 분명해진다:

계강자가 다스림을 공자에게 물었다. 공자 대하여 가라사대, "다스림이란, 올바름인 것입니다. 귀하가 올바르게 이끄는데, 누가 감히 올바르지 않겠습니까?"

季康子問政於孔子。孔子對曰：「政者，正也。子帥以正，孰敢不正？」(안연)

여기서 엿볼 수 있듯이, 어짊 체제의 수신은 천하를 편안케 하는 평천하의 관점에서 볼 때 그 의의가 온전히 드러나는, 궁극적으로는 평천하 정치의 플랫폼을 이룰 바다. 그것은 이승의 좌절을 삭이느라 도피적으로 초월하려는 개개인을 위한 처방, 이를테면 '약자 위안용 수신'이 아니다. 그런데 평천하를 지향하는 어짊 체제의 수신이 갖는 초월적 측면은, 나아가 어짊 체제 내의 '정치'가 갖는 초월적 측면은 그것이 정초된 자리의 종교성에서 비롯한 것이다. 이 장은 이를 살핀다.

1   어짊 체제 속 수신의 역설

안연 편의 방금 인용한 구절에 바로 이어지는 대목에서, 역시 계강자가 도둑을 걱정하여 대책을 묻자 다음과 같은 대답을 내놓는데, 이 역시 같은 맥락의 이야기다:

계강자가 도둑으로 골치를 앓아, 공자에게 대책을 물었다. 공자 대하여 가라사대, "귀하가 욕심부리지 않으면, 상을 줘도 훔치지 않습니다."

季康子患盜，問於孔子。孔子對曰：「苟子之不欲，雖賞之不竊。」(안연)

3장 4절에서 인용한 바 있는 안연 편 그 다음 대목 역시 계강자의 질문에 대한 답인데, 논어는, '치자인 군자의 덕은 바람, 피치자 백성의 덕은 풀'이라는 은유로써 안연 편 후반부에 연달아 나오는 계강자와의 문답 셋을 시적으로 맺고 있다. 안연 편 후반부에서 서로 이웃하도록 배치된, 공자가 계강자의 물음에 답하는 이 세 대목에서 두드러지는, 어짊 체제 속 치자의 피치자에 대한, 강제적 폭력 아닌 영향력의 요체는 소인들도 어짊 체제에 충실하도록 이끄는 군자가 먼저 보이는 모범에 있는데, 이런 모범의 창조를 가능케 하는 덕은 치자 역의 군자가 어짊 체제의 화신으로 자신을 닦는 수신에 매진함으로써 쌓이고 예악 통치의 플랫폼에서 증폭된 영향력을 발휘하는 덕이다. 위정 편 첫 대목은 이런 통치 플랫폼이 모범적으로 작동하는 지상의 풍경을 천상의 풍경에 비기고 있다:

공자 가라사대, "덕으로 다스림이란, 비유하면 북극성 같은데, 그 자리에 가만히 있어도 뭇별이 공히 그것을 중심 삼아 움직인다."

子曰: 「爲政以德, 譬如北辰, 居其所而衆星共之。」(위정)

한편, 안연 편에 연달아 실린 저 세 대목과 닮은, 계강자와 문답하는 장면은 위정 편에 하나 더 있는데, 이 대목[46] 역시 어짊 체제의 화신, 즉 선왕지도(先王之道)의 계승자로서 백성의 충실한 어짊 체제 참여를 이끄는 치자가 되라는 충고로 보면 논어 전체와의 환유적 연관이 분명해진

---

46 이 대목을 2장 2절에서 선왕지도(先王之道) 가설을 반영하여 번역한 결과는, 되풀이하건대, 다음과 같다: 계강자가 물었다, "백성이 삼가 충실하게 맡은 일에 애쓰도록 하려면, 어찌하여야 하겠습니까?" 공자 가라사대, "선왕지도에 의젓하게 임하면 그에 따라 삼갈 것이고, 선왕들처럼 효성스럽고 자애로우면 충실할 것이며, 선왕들처럼 일 잘하는 이를 등용해서 일 못하는 이들을 가르치면, 애쓸 것입니다."
季康子問: 「使民敬忠以勸, 如之何?」 子曰 : 「臨之以莊則敬, 孝慈則忠, 擧善而敎不能, 則勸。」

다. 논어에는, 당연히, 이렇게 자신을 어짊 체제의 화신으로 다듬는 개인적 수양이 곧 나라 다스리는 능력을 형성하는 데일 뿐 아니라 지극히 공적인 평천하가 시작하고 끝나는 데라는 통찰을 담은 곳이 반드시 있을 터인데, 마침 이런 대목이 있다:

> 자로가 군자를 물었다. 공자 가라사대, "자기를 닦아 삼가는 것이 군자다." 가로되, "이것이 다입니까?" 가라사대, "자기를 닦아 남을 편안케 하는 것이 군자다." 가로되, "이것이 다입니까?" 가라사대, "자기를 닦아 백성을 편안케 하는 것이 군자다. 자기를 닦아 백성을 편안케 하는 것, 이는 요순도 하기 힘들어 앓았던 바이니!"
>
> 子路問君子。子曰: 「脩己以敬。」曰: 「如斯而已乎?」曰: 「脩己以安人。」曰: 「如斯而已乎?」曰: 「脩己以安百姓。脩己以安百姓, 堯舜其猶病諸! 」(헌문)

요순의 것처럼 지극한 평천하도 경(敬)을 제 것으로 하기 위해 자기를 닦는 데서 시작하는 것이지만, 앞에서 본 것처럼, 이런 수신 끝에 어짊 체제 최고의 부사어 '어질게'를 늘 자유자재로 구사하는 경지에 이르는 데 성공한 군자는 바로 이 성공 덕분에 현실 정치에서의 성공에 크게 연연해 하지 않을 터이다. 그런데 자신이 바라는 바에 대해 연연해 하지 않도록 닦은 자기를 삼가 행함은 곧 자기 아닌 상대를 향한 이타적 실천이 된다. 하여 이런 자기를 삼가 행함이 타인을 편안하게 함과 같은 더 큰 만족을 향해 의롭게 나아가는 실천이 되고 나아가 백성 전체를 편안하게 하는 실천이 될 때 천하를 어짊으로 돌리는 군자다운 군자가 되는 것인데, 이는 매우 어려운 일로, 요순도 끙끙 앓았던 바다. 그리고 이런 식으로 평천하 대업을 이룬 상태는, 2장 3절에서 단편적으로 인용한 바 있

는 한 대목을 다시 끌어오건대, 다음과 같이 그려진다:

자공 가로되, "백성에게 널리 베풀어 다수를 구할 수 있다면, 어떻겠습니까? 어질다 해도 좋겠습니까?" 공자 가라사대, "어찌 어질다는 정도겠느냐, 반드시 성인일 것이다! 요순도 그렇게 하기는 힘들어 앓았다! 무릇 어진 이라면, 자기가 서기를 바라면 남이 서도록 하고, 자기가 달하기를 바라면 남이 달하도록 한다. 자신이 처한 가까운 데서 널리 적용할 만한 것을 시적으로 포착할 수 있다면, 어짊을 실천할 줄 안다 할 것이다."

子貢曰: 「如有博施於民而能濟眾, 何如? 可謂仁乎?」子曰: 「何事於仁, 必也聖乎! 堯舜其猶病諸! 夫仁者, 己欲立而立人, 己欲達而達人。能近取譬, 可謂仁之方也已。」 (옹야)

방금 인용한 두 대목을 함께 놓고 보면 어짊 체제의 자기 수양이 품고 있는 두 겹의 역설이 드러나는데, 그 하나는 '어질게'를 제 것으로 만들어 제 만족 성취에 연연치 않게 된 참으로 어진 이는 바로 그래서 닦아 온 덕을 '자기 아닌 상대'에게 발휘하여, 자기가 바라는 바를 '자기 아닌 남'에서 이룬다는 것이다. 그리고 바로 이런 역설적 이룸의 극한이 요순도 어려워했던 지극한 평천하의 성취일 터이다. 또 다른 역설은, 요순도 어려워했던 바의 성취가 자신이 바라는 이런 이타적 성취에 대해서마저 연연해 하지 않도록 자신을 닦아 이기려는 데서 시작한다는 것이다; 어짊 체제의 수신은 그래서, 수신하는 개인이 객관적인 '어질게'와 하나되는 데서 끝나는 고로, 이루기를 바라는 그 밖의 만족 성취는 끝내 연연해 할 만한 것이 되지 못한다. 그런데 이런 만족 성취에 연연해 하는 것이 결국은 '나'다. 하여 이런 이중적 역설은 곧 이중의 자기 초월이기도 하다. 말할 나위도 없이 이는 군자를 문밖 의로운 길로 내모는 어짊에서 그 동력을 얻는 초월이다. 한편, 요순이 어려워했던 바의 성취를 위해 물려야 할 '나' 자체를 지울 이런 자기 초월에 달한 공자의 모습은 특히 다음 구절에서 역연하다:

공자가 끊어버린 부사어가 넷이다—마음대로, 기필코, 고집스럽게, 자기중심적으로.

子絶四: 毋意, 毋必, 毋固, 毋我。(자한)

우선, 이 구절 끄트머리의 "무아(毋我)"는 마음대로 기필코 고집스럽게 말하고 행동하는 '나'를 극복했다는 뜻이라고 새긴다. 안연 편 첫 대목에 있는 "극기복례"의 '극기'와 같은 뜻이라고 새긴다. 나아가 주관적 언행을 일삼는 '나'를 끊어내고 어짊에 근거한 객관적 예를 회복하여 실천하는 자기를 말미암아 천하가 어짊으로 돌아가는 미래를 준비했다는 이야기로 새긴다. 다음으로, '고집스럽게'에 관련해서는 4장 5절에서 '평천하를 향한 병적인 고집스러움을 어짊 체제 속 수신의 초월적 논리에 따라 고친 것으로 되어 있다'고 했는데 바로 이 대목의 '고집스럽게'를 염두에 둔 말이다. '기필코'에 대해서도, 역시 4장 5절에서, 기필코 이루겠다고 하는 선비는 삼류라는 공자의 말을 '대인'의 뜻에 대한 맹자의 비슷한 언명을 참조하여 조명한 바 있는데, 이 부사어에 대해서는 앞으로 더 이야기할 기회가 있을 것이다. 마지막으로, "의(意)"를 끊어 없앴다는 이야기를 부사어 '마음대로'를 끊어버렸다고 해석한 것은 특히, 공자가어 예운 편에도 있는, 예기 예운 편의 다음 구절에 힘입어서다:

그러므로 성인이 천하를 단일한 집안으로 삼고, 중국을 단일한 사람인 양 취급할 수 있는 것, 이것은 **마음대로** 되는 것이 아니니, 반드시 그들의 정을 알며, 그들의 의에 열리고, 그들의 이익에 밝고, 그들의 앓는 바에 훤해지고서야, 그렇게 할 수 있다.

故聖人耐以天下爲一家, 以中國爲一人者, 非**意**之也, 必知其情, 辟於其義, 明於其利, 達於其患, 然後能爲之。[47]

즉, 마음대로가 아니라 천하와 중국인들의 "정(情)"과 "의(義)"와 "이(利)"와 "환(患)"을 객관적으로 이해하여 고려할 수 있을 때 비로소 천하와 중국을 통일된 전체로 다룰 수 있게 된다는 것인데, 여기에서 보는 '마음대로가 아님(非意)'의 원형을 자한 편의 저 "무의(毋意)"에서 보는 것이다. 종합적으로 볼 때, 자한 편의, 네 가지를 끊었다는 저 대목은, 방금 인용한 옹야 편의 표현으로는, "자신이 처한 가까운 데서 널리 적용할 만한 것을 시적으로 포착 할 수 있도록(能近取譬)" 하는 어짊의 덕을 쌓기 위한 극기의 시도가 공자의 경우에는 어떻게 이루어졌던 것인지를 이야기한 곳이라고 하겠다. 요는, 공자가 주관적인 것과 결별했다는 것이다—극기복례!

그런데, 자신을 어짊 체제의 화신으로 닦는 데 성공했다면, 천명이라 믿고 이루기를 바랐던 요순의 정치적 성취에 다가가는 데 실패했다 하더라도 참으로 어질게 되었으니, 원이 없어야 할 것임에도 불구하고, 공자는 현실 정치에서의 좌절을 다음과 같은 탄식조로 표현했다:

공자 가라사대, "봉황이 오지 않고, 황하에서는 그림이 나오지 않으니,

---

[47] 굵은 글씨 강조(마음대로, 意)는 저자.

나는 이제 다 글렀다!"

子曰: 「鳳鳥不至, 河不出圖, 吾己矣夫!」 (자한)

순임금 때와 주 문왕 때 나타났었다는 봉황도, 복희씨 때 용마가 황하
에서 짊어지고 나왔다는 하도(河圖)도 성인의 덕이 천하를 편안케 하리
라는 상서로운 징조를 뜻하는 고로, 이 구절은 천하를 자신과 함께 다
시 편안하게 할 인물을 찾아 어짊의 평천하를 줄기차게 추구했으나 이
룰 징조가 보이지 않는다는 탄식인 셈이다. 그리고 이런 탄식을 토한 무
렵이, 어짊 체제의 내적 논리가 최고 부사어 '어질게'에 대해 부차적인
것으로 밀어낸 '현실 정치를 통해 추구하는 평천하'를 객관적 상황 판단
이라는 외적 측면에서도 '포기'한 때일 터이다. 4장 3절에서 그 내발성
을 논한 공자의 방향 전환은 그것에 이어진, 바로 위 구절의 탄식이 상
징하는 그 구체적 외발성을 함께 고려할 때 온전하게 이해될 수 있을 것
이거니와, 저 '포기'의 성격을 어짊 체제 내에서 다시 한번 짚어 보면, 어
짊 체제가 현실 정치를 통해서는 구현될 수 없는 때임을 깨닫고 교육을
통해 그 구현 가능성을 보존하고 확충하여 때가 바뀔 때를 대비하는, 따
라서 포기 아닌 포기이면서; 어짊 체제를 현실 정치에서 구현함으로써
후세가 대대로 가르치고 배워 모방할 모범을 세우는 가장 높은 형태의
교육은 옆으로 밀어두는, '포기 아닌 포기'라고만은 할 수 없는 포기이
다. 그리고 포기 아닌 포기라고만은 할 수 없는 바로 이런 포기임을 인
정하면서 터져 나온 것이 저 탄식이었으리라. 군자다운 군자가, 이룰 것
을 바란 일의 성패에 연연해 하지 않는 것은 자신이 가입한 어짊 체제의
부사어 구별을 고수하는 데서 더 나아가 어짊 체제 최고 부사어인 '어질
게'와 하나됨을 그 어떤 세속적 성취보다 우선시하게 된 덕분이라 하겠
으나, 이런 우선시도 대대로 어질 천하를 전혀 겨냥하지 않는 것은 아니

라는 점에서 완전한 세속 이탈은 아니다. 그러나 수신을 통한 어짊의 공적 완성을 위해, 앞에서 본바, 처음부터 전제되어야 할 것이 또한 '나'의 애쓴 결과에 연연해 하지 않음의 벡터, 즉 결국에는 예외 없이 죽는 '나'의 극복 벡터로, 이 극기 벡터는 세속적 성패가 매개하는 공간 너머의 공간을 요청한다. 이렇게 요청되는 종교적 공간은 이 책 처음에 정치에 대한 믿음을 이야기할 때 염두에 두었던 바이거니와, 이제 곧 본격적 조명을 가할 것이다.

___ 2 다 글렀음에도 나! 나?

논어에 저 "이제 다 글렀다(已矣夫)"와 거의 같은 표현("已矣乎")이 나오는 두 대목 가운데 하나는 공야장 편에 있는데 다음과 같다:

공자 가라사대, "이제 다 글렀도다! 제 잘못을 깨닫고 내면에서 자신을 재판할 수 있는 덕 지닌 자를 내 아직 본 적이 없으니."

子曰: 「已矣乎! 吾未見能見其過而內自訟者也。」 (공야장)

이 구절에서 특별히 지금 묻고자 하는 바는 제 잘못을 재판정에서 남의 잘못 다루는 것처럼 다룰 정도로 극기한 사람을 만나지 못했다는 것이 어떻게 '이제 다 글렀다'는 판단의 근거가 될 수 있는지다. 같은 표현이 포함된 다른 구절 하나 역시 같은 유의 물음을 떠올릴 수 있는 형태로 논어에 실려 있다:

공자 가라사대, "이제 다 글렀도다! 덕 좋아하기를 색 좋아하는 것처럼 하는 경우를 내 본 적이 없으니."

子曰：「已矣乎！吾未見好德如好色者也。」(위령공)

그런데 이 구절의, "이제 다 글렀도다"를 뺀 뒷부분은 자한 편에도 나오는데, 이 발언을 사마천은 위령공과 그 부인 남자를 등장시킨 장면에서 공자가 한 말로 꾸며 놓았다: 공자가 남자와 면담한 뒤 자로에게 '그녀와 불미스러운 일이 있었다면 하늘이 나를 버릴 것'이라고 맹세한 일이 있고 난 후, 평천하 싹수가 노랗다는 판단에 노나라를 떠난 때부터 셀 때 두 번째로 위나라에 머문 지 한 달 남짓 된 어느 날, 위나라 영공과 남자가 함께 탄 수레에 환관 옹거를 배석시켜 나가면서 공자를 뒤따르게 하고 시가를 요란하게 지났다; 공자가 "덕 좋아하기를 색 좋아하는 것처럼 하는 경우를 내 아직 본 적이 없다"고 하며 그 일을 망신스럽다고 여기고 위나라를 떠나 조(曹)나라를 지났다; 같은 해에 노나라 정공이 죽었다—즉, 공자세가에는 제나라가 보낸 여악사를 받은 노나라를 공자가 떠난 지 2년 지난 때의 일로 돼 있다.

모욕적인 위 장면에서 "이제 다 글렀다"는 말을 명시적으로 앞세우지는 않은 것으로 공자세가에는 돼 있다. 그러나 방금 풀어 인용한 관련 묘사는, "덕 좋아하기를 색 좋아하는 것처럼 하는 경우를 내 본 적이 없다"는 말이 이유가 되어 뒷받침하고 있는 "이제 다 글렀다"는 절망적 판단이 평천하 싹수가 노랗다는 공자의 재귀적 상황 이해를 반영한 것이라는 점을 시사한다. 위나라 영공이 문란한 처에 휘둘려, 등용은커녕 공공연한 푸대접을 평천하 동지가 돼줄 군자를 찾고 있던 자신에게 안기자 공자가 했다는 말이 "이제 다 글렀다"는 상황 판단을 뒷받침하는 이유로 제시됐다는 점에서 그렇다. 이를 뒤집어 보면, 평천하 가능성은, 이를 찾아 천하를 떠돌고 있는 공자가 덕 좋아하기를 색 좋아하는 것처럼 하는 군자를 만나느냐에 달려 있다는 것이 된다. 공야장 편의 저 구절을 상기하건대, 이런저런 만족을 주관적으로 추구하는 '나'를 떠나 자신을 객관적 저울에 올려놓고 따진 끝에 잘못이 있다면 응분의 자책을할 수 있는 군자를 만나느냐에 평천하가 달려 있다는 것이 된다―되풀이하거니와, 평천하는 아무나와 할 수 없다. 더 나아가, 평천하 과업의성공 여부는 세상에 이런 군자 동지가 얼마나 있느냐, 있다면 무도한 세상을 피해 숨지 않고 함께 나서겠느냐에 달린 일이겠는데, 이런 동지가드물다면, 길러내는 것이 당장 시급한 일이 된다. 무엇보다 이 일이 시급하다고 판단했으리라는 것은 덕을 아는 이가 드물다는, 공자의 현실인식에서도 유추할 수 있다:

공자 가라사대, "유! 덕을 아는 이가 드물다."

子曰:「由! 知德者鮮矣。」(위령공)

덕을 아는 이가 드무니 덕을 좋아하여 즐기는 이는 더욱 드물 터, 당대에 자신의 손으로 평천하를 이룰 가능성도 희박하다고 판단했을 터이다. 그렇다면 평천하를 위해 무엇을 할 것인가? 가망 없는 일에 매달리기보다는, 역시, 선왕지도(先王之道)를 좋아하여 알고 즐길 이를 길러내는 일에 집중할 수밖에 없었을 것이다. 바로 이것이 3장 2절에서 본, 덕의 구조적 위기에 대한 공자의 대답이었거니와, 지천명 이후의 공자를되돌아보건대, 바로 여기가 저 방향 전환의 내발적 측면과 외발적 측면이 맞물려, 천하를 주유했으나 선왕지도를 하나로 꿴 어짊 체제를 함께하여 퍼뜨릴 군자 동지를 발견하지 못하고 현실 정치를 통한 선왕지도확산은 포기하게 됨으로써, 선왕지도 기억 사업의 의의가 한층 무거워진 지점이다. 달리 말해, 안연의 이른 죽음을 공자 생애 최대 좌절로 예

비한 지점이다. 물론, 이 방향 전환은 평천하의 완전한 포기는 아니다. 처한 상황에 맞게, 현실 참여를 통해 평천하를 실현하려 했던 어진 뜻을 살려, 노력의 초점을 교육 분야로 옮긴 것이다. 즉, 이 전환은, 4장 3절에서 이야기한 대로, "이전의 노력을 부정하는 전환이 아니라 보존하는" 전환이었다는 것인데, 역시, 공자는 포기할 줄을 모른다. 최선이 아니라면 차선이라도 붙드는 이가 공자다. 어짊 체제의 평천하라는 지난한 과업을 산을 쌓고 땅을 메우는 일에 비유한 것으로 볼 수 있는 다음 구절에서도 포기를 모르는, 남들이 다 안된다는 일을 하겠다고 달려드는 끈덕진 공자 정신을[48] 목격한다:

공자 가라사대, "비유하여 산을 만든다고 하면, 한 삼태기가 모자랄 때, 그때 멈추어도, 내가 멈춘 것이고; 비유하여 땅을 평평하게 한다고 하면, 비록 한 삼태기를 메워도, 앞으로 나갔으면, 내가 간 것이다."

子曰：「譬如為山，未成一簣，止，吾止也；譬如平地，雖覆一簣，進，吾往也。」 (자한)

말인즉, 나날의 개인적 실천 하나하나가 모여 산과 평야가 완성된다는 것이다. 하여 여기서 엿보는 공자의 믿음은, 예컨대, 죽을 때까지 마음에서 놓지 못했을 평천하도 어짊 체제의 군자 개개인이 천하의 큰 일이 곧 자기 일이라는 주인 의식을 가지고 끈덕지게 추구한 결과로 이루어진다는 것이다—멈추는 것도 나아가는 것도 그 주체가 다 '나'다! 실천의 주체로서 확고하게 선 군자 개인의 하루하루가 모여 어진 생애를 이

---

48 '안된다는 일을 하겠다고 달려드는 공자'는 4장 5절에서 인용한 헌문 편 다음 대목에서 왔다:
　자로가 석문에 묵었다. 성문 문지기가 가로되, "어디 출신이요?" 자로 가로되, "공자 문하요." 가로되, "그게 안 되는 것을 알면서도 애쓰는 사람 말이요?"
　子路宿於石門。晨門曰：「奚自？」子路曰：「自孔氏。」曰：「是知其不可而為之者與？」

루고 이런 생애 생애가 모여 평천하를 이룬다는 것이다. 그리고 여기서
도 확인하는 논어의 도저한 개인주의는, 1장 2절과 4장 5절에서 인용한
학이 편 첫 대목에서 읽을 수 있는 대로, 남이 알아주지 않아도 열 받지
않는 군자의 상에서 특히 엄연하거니와 다음은 논어에서 뽑아 본 공자
식 개인주의가 역연한 구절들이다. 우선 학이 편에 이런 대목이 있다:

공자 가라사대, "다른 이가 나를 알지 못함을 걱정하지 말고, 다른 이를
알지 못하는 나를 걱정하라."

子曰: 「不患人之不己知, 患不知人也。」(학이)

비슷한 구절이 이인 편에도 있다:

공자 가라사대, "거기 설 벼슬자리 없음을 걱정하지 말고, 주체로서 설
근거를 걱정하라; 아무도 자기를 알지 못함을 걱정하지 말고, 남이 그것
으로 자기를 알아줄 덕을 찾아라."

子曰: 「不患無位, 患所以立; 不患莫己知, 求為可知也。」(이인)

다음은 헌문 편에 나오는 유사 구절이다:

공자 가라사대, "다른 이가 나를 알지 않음을 걱정하지 말고, 발탁된다
면 자리를 감당할 능력이 있는지를 걱정하라."

子曰: 「不患人之不己知, 患其不能也。」(헌문)

위령공 편에도 유사한 구절이 있다:

공자 가라사대, "군자는 능력 없음을 걱정하지, 다른 이가 자기를 알지 않음은 걱정하지 않는다."

子曰：「君子病無能焉，不病人之不己知也。」(위령공)

같은 편에 있는 것으로, 뭔가 잘못되었을 때 남 탓하지 않고 그 이유를 나에게서 찾는다는 뜻으로 새길 수 있는, 그러나 역시 저 도저한 개인주의를 깔고 있는 다음과 같은 구절도 있다:

공자 가라사대, "군자는 자기에게서 찾고, 소인은 남에게서 찾는다."

子曰：「君子求諸己，小人求諸人。」(위령공)

만사 자기 책임으로 밀고 나가는 군자의 이런 모습은 다음 구절에서도 역연하다:

공자 가라사대, "책임을 자신에게는 짙게 남에게는 옅게 묻는다면, 원과는 멀어져 있을 것이다."

子曰：「躬自厚而薄責於人，則遠怨矣。」(위령공)

그리고 방금 확인한 바와 같은 공자식 개인주의가, 이를테면 '위기지학의 개인주의'가 앞 절에서 조명한 어짊 체제 속 수신의 역설을 돋을새김으로 드러낸다. 이 도저한 '나'의 바라는 바는 나 아닌 남에게로, 천하로 옮겨가고; 바라는 바 이토록 원대한 이 도저한 '나'는 '어질게' 속으로 사라진다; 그런데, 다시 한번 역설적이게도, 이렇게 옮겨가고 묻힌 '나'는 오히려 우뚝할 것이다, 만고의 모범으로서 우뚝할 것이다. 어짊 체제에 가입한 군자의 관심은, 일신의 영화는 물론 아니겠거니와, 만고에 남을 우뚝한 이름에 있어야 마땅할까? 관련하여 이런 대목이 있다:

공자 가라사대, "군자는 명이 다했는데 이름이 일컬어지지 않을까 염려한다."

子曰:「君子疾沒世而名不稱焉。」(위령공)

비슷하게, 이런 대목도 있다:

제나라 경공에게는 4천 필의 말이 있었지만, 죽는 날, 백성이 일컬을 덕은 없었다. 백이숙제는 수양산 아래에서 굶주렸으나, 백성들이 지금에 이르도록 일컫는다…(후략)

齊景公有馬千駟, 死之日, 民無德而稱焉。伯夷叔齊餓于首陽之下, 民到于今稱之…(계씨)

그러나 사후의 이름에 대한 군자다운 관심마저 초월하도록 하는 것이 어짊 체제 속 수신의 내적 논리다―사람들의 기억 속에 우뚝하지 않더라도 하늘만은 알 것이다. 다음은 공자의 관련 자화상이 나오는 대목이다:

공자 가라사대, "나를 아는 이가 없구나!" 자공 가로되, "선생님 아는 이가 없다시니 무슨 말씀입니까?" 공자 가라사대, "하늘을 원망하지 않고, 남을 탓하지 않는다. 사방 탁 트인 높이는 배움으로 쌓은 것이다. 이런 나를 안다면, 사람이 아니라 하늘일 것이다!"

子曰: 「莫我知也夫!」子貢曰: 「何為其莫知子也?」子曰: 「不
怨天, 不尤人。下學而上達。知我者, 其天乎!」(헌문)

혈통이 아니라 배움으로 높아진다는 생각을 실천한 공자의 자화상이다.
배움으로 마침내 도달한, 원망도 책망도 모르는, 뭇 인간이 가늠하기 어
려울, 막힘 없는 높이에서, 하늘만은 자기를, 자기의 어짊을 알아 줄 것
이니 남이 알아줄지는 괘념할 것 없다고 여기게 된 공자의 자화상이다.
하여 확인하는 바가 어짊 체제가 가입자 개개인에게 부여하는 종교적
초월의 가능성이다. 여기서 한 가지 주의할 것은, 이런 초월이 하늘에서
떨어진 은총에 의해서가 아니라 배움을 싫증내지 않고 흙을 한 삼태기
한 삼태기 부어 산과 평야를 조성하듯이 착실하게 덕을 쌓아 도달한, 하
늘이 인정할 만한 높이에서 이루어진다는 점이다.

3 선진 편 끝 대목의 초월적 높이

방금 인용한 공자의 자화상에서 벼슬자리를 찾아, 천하를 어짊으로
되돌려야겠다는 실천적 소명 의식 때문이라고 이해할 수 있으나 여하튼
벼슬 자리를 찾아, 권력자 주변을 맴도는 공자의 구차한 모습은 찾기 어
렵다. 선진 편 마지막 대목의 사제간 대화에서도, 쌓은 덕을 누군가 알
아주어 벼슬하게 되기를 바라는 경우와는 거리를 두고 있는 공자, 방금
거론한 초월적 높이 쪽에 쏠리는 공자를 발견한다. 그런데 이처럼 초월
적 높이를 지향하는 공자의 모습을 일종의 이상으로 제자에게 전하기는
했으나 다른 한편으로는 자신을 알아주는 권력을 통하여 평천하를 이루

려 했던 공자 상을 좇던 맹자는 공손추(하) 편에서 공자는 포기하고 말았던 평천하에 대한 희망을 놓지 않고 있는 자신을 이렇게 변호한다:

맹자가 제나라를 떠났다. 충우가 길에서 물어 가로되, "선생님께서 편치 않으신 것 같습니다. 지난날 제가 선생님께서 이렇게 말씀하시는 것을 들었습니다: 군자는 하늘을 원망하지 않고, 남을 탓하지 않는다." 가라사대, "그때가 한때고, 지금이 한때인 것이다. 오백 년이면 반드시 왕다운 왕이 일어나는데, 이런 와중에 반드시 세상에 이름을 내는 자가 있다. 주나라로 말미암은 이래, 칠백 년 넘었다. 흘러간 햇수로는 성왕 나올 때가 지난 것이니, 때를 보고 살피면 성왕의 대업은 되도록 돼 있다. 그런데 하늘, 하늘이 평천하를 아직 원치 않는 것이다; 평천하가 하늘의 뜻이라면, 지금 세상에, 나 말고 또 누가 있겠느냐? 내가 편하지 않고 어쩌겠느냐?"

孟子去齊。充虞路問曰:「夫子若有不豫色然。前日虞聞諸夫子曰:『君子不怨天,不尤人。』」曰:「彼一時,此一時也。五百年必有王者興,其間必有名世者。由周而來,七百有餘歲矣。以其數則過矣,以其時考之則可矣。夫天,未欲平治天下也;如欲平治天下,當今之世,舍我其誰也? 吾何為不豫哉?」

제자 충우가 지난날 스승 맹자에게 들었다고 하는 말, "하늘을 원망하지 않고, 남을 탓하지 않는다(不怨天, 不尤人)"는 공자의 바로 저 초월적 자화상에 있는 말이다. 맹자가 따라했던, 공자의 이 말을 상기하면서 따지는 제자에게 맹자는 그때는 그때고 지금은 지금이라는 말로 변명하면서 공자의 천명 이해였을 법한 바를 이야기한다. 즉, 성왕이 출현하여 천하를 편안케 한 마지막 경우인 주나라가 선 지 700년이 넘었으니 일의 주기로만 따지면 그런 일이 있고도 남는다는 것이고, 하늘이 새 질서의 출현을 원한다면 당대에서는 맹자 자신이 아니면 그 누가 평천하 대업을 이루도록 돕겠느냐는 것이다. 이렇게 말한 맹자가 백 년의 간격을 두고 따랐던 공자도 자신이 아니면 누가 평천하 대업을 이루도록 할 수 있겠느냐는 생각을 했을 법하지만, 다른 한편, 공자의 어짊 체제에는 초월적 차원이 있어 현실 정치를 통한 평천하에만 매몰되지 않았을 뿐 아니라, 평천하 같은 목표로 나아가려는 실천 행위 모두를 그 안에서 잴 척도를 명심하여 늘 상기하고 그에 따라 사는 삶의 형식을 배워 즐기는 것이, 사람은 몰라도 하늘은 알아줄, 평천하 부럽지 않은 드높은 성취로 인정됐던 것이다. 그리고 바로 여기가 맹자 진심(상) 편에 있는, 군자삼락에는 천하의 왕 노릇하는 것은 포함되지 않는다는 유명한 이야기가 비롯된 자리라 할 수 있을 것이다:

> 맹자 가라사대, "군자에게는 세 가지 즐거움이 있는데, 천하의 왕 노릇하는 것은 들어 있지 않다. 부모가 다 계시고, 형제가 무고한 것, 이것이 첫째요, 우러러 하늘에 부끄럽지 않고, 아래로는 사람들에 부끄럽지 않는 것, 이것이 둘째, 천하의 영재를 얻어 교육하는 것, 이것이 셋째이니, 천하 왕 노릇하는 것은 들어 있지 않다."
>
> 孟子曰:「君子有三樂, 而王天下不與存焉。父母俱存, 兄弟無故, 一樂也。仰不愧於天, 俯不怍於人, 二樂也。得天下英才而教育之, 三樂也。君子有三樂, 而王天下不與存焉。」

한편, 공자의 많은 제자들이 벼슬자리에 발탁되기에 유리한 능력을

갖추거나 추천을 받기 위해 그 문하로 모여들었다는 점은 다음 대목에서도 엿볼 수 있다:

> 계강자가 물었다, "중유는 벼슬시킬 만합니까?" 공자 가라사대, "유는 과감하니, 벼슬살이에 무슨 문제가 있겠습니까?" 가로되, "사라면, 벼슬시킬 만합니까?" 가라사대, "사는 범사에 훤하니, 벼슬살이에 무슨 문제가 있겠습니까?" 가로되, "구라면, 벼슬시킬 만합니까?" 가라사대, "구는 재주가 좋으니, 벼슬살이에 무슨 문제가 있겠습니까?"

> 季康子問:「仲由可使從政也與?」子曰:「由也果, 於從政乎何有?」曰:「賜也, 可使從政也與?」子曰:「賜也達, 於從政乎何有?」曰:「求也, 可使從政也與?」子曰:「求也藝, 於從政乎何有?」 (옹야)

여기에서 공자가 벼슬할 만한 이유를 대고 있는 자공과 염유는, 이들에 대해 묻고 있는 노나라 실권자 계강자에 의해 실제로 기용되어, 춘추좌전에 기록된 외교·안보상 성과를 거둔 제자들이다. 또한 자로는 다음 대목에서 보는 것처럼 계씨를 위해 일했다:

> 자로가 자고로 하여금 비를 다스리게 했다. 공자 가라사대, "남의 아이를 해치는 일이다." 자로 가로되, "백성이 있고, 사직이 있습니다. 어찌 꼭 책을 읽어야 하며, 그렇게 한 다음에야 배웠다고 하겠습니까?" 공자 가라사대, "이래서 말 잘 하는 이를 미워한다."

> 子路使子羔為費宰。子曰:「賊夫人之子。」子路曰:「有民人焉, 有社稷焉。何必讀書, 然後為學?」子曰:「是故惡夫佞者。」 (선진)

계씨 관할인 비읍의 읍재로, 공자가 아직 이 어려운 자리를 감당할 만한 배움을 갖추지 못했다고 본 자고를 발탁하여 스승의 비난을 받자 독서 등을 통한 배움을 재능이나 경험보다 가볍게 여겨온 본색을 드러내며 변명하는 장면이라고 하겠다. 그런데 공자 문하의 제자들 가운데서도 벼슬자리에 대한 관심과는 다른 초월적 관심을 가진 제자가 있었다는 것이 지금 살피려는 선진 편 마지막 대목에서 특히 주목하려는 점이다:

자로, 증석, 염유, 공서화가 모시고 앉았다. 공자 가라사대, "내가 너희보다 나이가 하루 많다고 해도, 괘념치 말고 마음 편히 대답해라. 평소 '나를 모른다!'고들 했다. 누군가 너희를 알아준다면, 어찌 하겠느냐?" 자로가 나서서 대답하여 가로되, "천승의 나라인데, 큰 나라들에 에워싸여 있고, 거기에 침략을 받고, 기근을 겪고 있다 하더라도; 저라면 맡아서, 3년이면, 용맹스럽고, 주어진 상황에 바르게 대처할 줄 알게 될 것입니다." 선생께서 빙긋하셨다. "구! 너는 어찌 하겠느냐?" 대답하여 가로되, "사방 육칠십 리, 또는 오륙십 리의 영역, 저라면 맡아서, 3년이면, 백성이 족하도록 할 수 있겠습니다. 예악이라면, 군자를 기다립니다." 적! 너는 어찌 하겠느냐?" 대답하여 가로되, "할 수 있다는 말이 아니라, 하는 법 배우기를 원하는 것입니다. 종묘의 일, 이 일로 모였을 때, 예복과 예관을 갖추어, 그 일을 보조하는 작은 역을 맡고 싶습니다." "점! 너는 어떠냐?" 증석이 슬 타던 것을 늦추어, 쟁그렁 소리가 나더니, 내려놓고 일어났다. 대답하여 가로되, "이 세 사람 모두와 다릅니다." 공자 가라사대, "어찌 의가 상하겠느냐? 다만 각자 제 뜻을 이야기하는 것이다." 가로되, "봄이 끝나갈 때, 계절에 맞는 가벼운 옷을 입고, 어른 대

여섯, 아이 예닐곱, 기에서 목욕하고, 무우에서 바람을 쐬고, 노래를 부르며 돌아옵니다." 선생께서 한숨 쉬는 모습으로 탄식하시며 가라사대, "나는 점과 함께한다!" 세 사람이 나가고, 증석이 뒤에 남았다. 증석 가로되, "저 세 사람의 말이 어떻습니까?" 공자 가라사대, "단지 각자 제 뜻을 말했을 뿐이다." 가로되, "선생님은 유의 말에 왜 빙긋하셨습니까?" 가라사대, "나라 다스리는 것은 예로 하는 것인데, 그 말에 예양이 없어서, 그래서 빙긋한 것이다." "구의 경우에는 나라 아닙니까?" "어찌 사방 육칠십 리나 오륙십 리인데 나라 아니라고 보겠느냐?" "적의 경우에는 나라 아닙니까?" "종묘에 한데 모이는데, 제후가 아니라면 뭐냐? 적의 역할이 작은 것이라면, 그 누가 큰 역할을 하겠느냐?"

子路、曾晳、冉有、公西華侍坐。子曰：「以吾一日長乎爾，毋吾以也。居則曰：「不吾知也！』如或知爾，則何以哉？」子路率爾而對曰：「千乘之國，攝乎大國之間，加之以師旅，因之以饑饉；由也為之，比及三年，可使有勇，且知方也。」夫子哂之。「求！爾何如？」對曰：「方六七十，如五六十，求也為之，比及三年，可使足民。如其禮樂，以俟君子。」「赤！爾何如？」對曰：「非曰能之，願學焉。宗廟之事，如會同，端章甫，願為小相焉。」「點！爾何如？」鼓瑟希，鏗爾，舍瑟而作。對曰：「異乎三子者之撰。」子曰：「何傷乎？亦各言其志也。」曰：「莫春者，春服既成。冠者五六人，童子六七人，浴乎沂，風乎舞雩，詠而歸。」夫子喟然歎曰：「吾與點也！」三子者出，曾晳後。曾晳曰：「夫三子者之言何如？」子曰：「亦各言其志也已矣。」曰：「夫子何哂由也？」曰：「為國以禮，其言不讓，是故哂之。」「唯求則非邦也與？」「安見方六七十如五六十而非邦也者？」「唯赤則非邦也與？」

「宗廟會同，非諸侯而何？赤也為之小，孰能為之大？」 (선진)

이 대목에서 자로, 염유, 공서화는, '천하를 어짊으로 돌리는 평천하' 노선을 추구하는 데 필요한 앎으로 수집하여 하나로 꿴 선왕지도(先王之道)를 가르치고 있었을 공자에게 배워 나름의 덕을 쌓고 이를 세상이 알아주기를 기다리고 있는 제자로 등장하여, 세상이 알아 주면 어찌하겠느냐는 스승의 물음에 자신이 임용되기를 바라는 벼슬자리에서 이루거나 할 일을 이야기하고 있다. 그런데 이들 세 제자가 여기서 원한다고 한 바와 거의 일치하는 벼슬자리에 맞춤하게 추천하는 듯한 답을 공자가 하는 대목이 공야장 편에 있다:

맹무백이 물었다, "자로는 어집니까?" 공자 가라사대, "모릅니다." 다시 물었다. 공자 가라사대, "유라면, 천승의 나라에서, 군사를 담당하게 해도 좋겠습니다만, 그가 어진지는 모릅니다." "구는 어떻습니까?" 공자 가라사대, "구라면, 천 가구의 읍, 백승지가의 경대부 조직, 여기서 읍재 일을 보도록 할 만합니다만, 그가 어진지는 모릅니다." "적은 어떻습니까?" 공자 가라사대, "적이라면, 조정에서 예복을 차려입고 서서, 빈객과 말하는 일을 하도록 할 만합니다만, 그가 어진지는 모릅니다."

孟武伯問：「子路仁乎？」子曰：「不知也。」又問。子曰：「由也，千乘之國，可使治其賦也，不知其仁也。」「求也何如？」子曰：「求也，千室之邑，百乘之家，可使為之宰也，不知其仁也。」「赤也何如？」子曰：「赤也，束帶立於朝，可使與賓客言也，不知其仁也。」 (공야장)

여기에서 공자는 자로, 염유, 공서화에 대한 맹무백의 인물평 요청에 대해, 선진 편 마지막 대목에서 각각 이루거나 하기를 원한다고 한 바로 그 과업에 가까운 일을 감당할 만한 그릇이라고 하면서, 아마도 꼭 맹무백 본인이 아니더라도 누군가는 기용해 줄 것을 암묵적으로 희망하면서, 어진지는, 어짊 체제의 어짊은 지배 계급이 독점하는 자질이기 때문에 지배를 돕는 자의 자질일 수 없다는 이 책의 논어 독해에 따르면 자연스럽게도, 모른다고 하고 있다. 즉, 선진 편 마지막 대목과 함께 읽으면 스승 공자가 제자들의 구직을 돕고 있다고 보게 되는 장면이다. 그래서 역으로, 제자들의 구직을 돕겠다는 의도를 품고 있던 공자가 그들의 희망 직장을 묻고 있는 장면이라고도 볼 수 있는 것이 선진 편 마지막 대목이다. 그런데, 3장 4절에서 짚어본 바로는 '시로 일어나 예로 서고 악(樂)으로 된다(興於詩, 立於禮, 成於樂)'는 어짊 체제 교과과정의 정점에 있는 교과가 악인바, 여기에서 또 다른 제자 증석이 슬을 타고 있었다는 것은 그가 악이라는 고급 교과에서 상당한 진척을 이룬 상태라는 점을 암시하고 있다. 이 점은 자로의 슬 연주에 대한 공자의 평에 대조하면 한층 선명해진다:

> 공자 가라사대, "유의 슬이 어찌 내 집에서 연주되느냐?" 문인이 자로를 공경하지 않았다. 공자 가라사대, "유는 이미 승당의 경지에 들었고, 입실의 경지에 들지 않은 것이다."
>
> 子曰:「由之瑟奚爲於丘之門?」門人不敬子路。子曰:「由也升堂矣, 未入於室也。」(선진)

자로의 슬 타는 솜씨에 대해 공자가 평한 이후 문인들이 자로를 무시하자 공자가 자로를 위해 한 변호인즉, 자로는 '승당입실'의 심화 단계 중 '입실'의 경지에 들지 못한 것일 뿐 '승당'의 경지에는 이미 들었다는 것이다. 나아가 이 대목은 슬 타기가 공자의 교과과정에서 고급반 학생들이 최종적으로 시험되는 과목이었다는 점을 암시한다. 그렇지 않았다면 슬 잘 타는 것이 어떻게 승당입실의 경지임을 보이는 징표가 될 수 있었겠는가? 즉, 자로의 슬 연주에 대한 스승 공자의 평이 나쁘다는 소리에 문인들이 보인 반응으로 미루어 볼 때, 공자가 기르고자 하는 군자의 이상적 모습에 얼마나 접근했는지를 재는 대표적 척도로서 육예 실력 가운데서도 슬 연주 실력이 채용됐던 것으로 짐작할 수 있다. 한편, 증석이 달한 경지에 대한 평가는 맹자 진심(하) 편에서 볼 수 있는데 그에 따르면 증석은, 4장 3절에서 인용한 자로 편 한 대목에 나오는 두 성격[49] 가운데 "만족으로 나아가 취하려는 드센 이(狂)"에 해당한다. 구체적으로 맹자는 자로 편 이 대목을 제자 만장에게 해석해 주면서 상황 속의 법도에 맞게 만족을 향해 나아가는 이와 함께하면 좋겠지만 그런 사람이 없는 경우 그 다음으로 함께할 만한 사람이 '드센 이'라고 하면서 그런 사람의 예로 다른 이와 더불어 증석을 들고 있다. 선진 편 저 대목으로 돌아가건대, 적어도 '슬 실력이 입실의 경지에 들지 못한 자로'보다는 뛰어난 연주 실력이 증석에게 없었다면, 전문가 수준의 혹은 그 이상의 감식력을 가진 스승 곁에서 슬을 연주하는 장면을 논어에서 보기는 어려웠을 터이다.

　　노나라로 돌아와 바로잡은 것이 악(樂)이었다고 한 구절은 4장 3절에서 이미 인용한 바 있지만, 현 맥락에 놓고 해석하면 공자가 악에서 잘

---

49 다음은 4장 3절에서 인용한 구절 속 해당 발언:
　　상황 속의 법도에 맞게 만족을 향해 나아가는 이와 함께할 수 없을 때, 꼭 함께할 이는 드센 이, 굳은 이일
　　터! 드세다는 것은 만족으로 나아가 취하려는 것이요, 고집스럽다는 것은 하지 않는 바가 있는 것이다.
　　不得中行而與之, 必也狂狷乎! 狂者進取, 狷者有所不爲也。

못된 것을 찾아 바로잡을 만한 수준에 올라 있었음을 보여주는 구절이 된다. 공자의 악 관련 앎과 능력이 어떤 수준에 달했는지는 다음 대목에서도 짐작할 수 있다:

> 공자가 노나라 대사와 악을 논했다. 가라사대, "악은 안다 해도 좋겠습니다: 시작하면서는, 음을 합치고; 여기에 이어, 조화되는 부분이 있고, 음 각각이 뚜렷하게 들렸다가, 매끄럽게 이어지다가, 이들을 받아 완성됩니다."
>
> 子語魯大師樂。曰:「樂其可知也: 始作, 翕如也; 從之, 純如也, 皦如也, 繹如也, 以成。」(팔일)

악에 관한 한 노나라 제일의 공인된 전문가였을 이를 앞에 두고 악을 논한 대목인데, 여기서 주목할 것은 일급 전문가 앞에서 악을 논한 이 대목이 논어에 들어와 있다는 사실이다. 공자의 능력이 실제 출중하여 이런 말을 그 앞에서 할 만했다는, 당대의 누구도 이의를 제기하기 어려웠을 법한, 논어 편집자의 판단이 아니었다면 논어에 포함되기 어려웠을 대목이다. 공자의 가르침을 훤히 꿰고 있었을 편집자는, 말을 할 때는 그것을 듣고 발화자의 인격까지 미루어 판단할 청중을 두려워하는 마음으로 삼가며 하는 것이 바람직하다는 취지로 해석할 만한, 공자의 다음 발언도 잘 알고 있었을 것이다:

> 내가 남을 평가하면서, 누구를 낮추고 누구를 높이는가? 높이는 데가 있는 인물이라면, 그것은 내가 그를 시험한 적이 있다는 말이다. 이 백성들로 말할 것 같으면, 이들로 하여 하·은·주 삼대가 도를 곧게 하고

그에 입각해 바라는 바를 좇았다.

吾之於人也, 誰毀誰譽? 如有所譽者, 其有所試矣。斯民也, 三代
之所以直道而行也。 (위령공)

자신이 남에 대해 하는 칭찬을 듣게 될 청중은 어짊 체제 가입자로서 지
켜야 할 곧은 도(道)를 지키며 각자 바라는 바를 추구해 온 지 오래인 백
성들이기 때문에, 어짊 체제의 데이터에 입각하여 공자 스스로 확인한
칭송 근거 없이 하는 칭송은 할 수 없다고 여겨왔고 또 하지 않는다는
이야기다. 청중의 안목을 두려워하여 칭찬의 말도 함부로 하지 않는 화
자가 공자였던 것이다. 그러니, 이런 모범을 잘 알고 있었을 논어 편집
자 역시 당대의 논어 독자를 의식하여 삼가며 편집했으리라는 것이다.
삼가지 않는 논어 편집이 결국은 공자 상까지 훼손하는 일이 되리라는
점을 고려했으리라는 것이다. 그리고 이런 뜻에서도 '논어'는 공자의 언
행 가운데 후대에 전해지는 것이 어진 베풂이 될 만하면서 근거가 확고
한 것들을, 가령 공자가어에 비해 더욱, 엄정하게 추리고 골라 배열한
결과라 할 것이다.

한편, 공자가 천하를 떠돌던 시절, 그의 연주 실력이 돋보이는 것이
었음은 확실해 보인다. 4장 5절에서 인용한 헌문 편 한 대목의 무명씨가
위나라에 머물던 공자의 경 연주를 '자신을 알아 달라는 연주'라고 평
한 것은 그의 연주가 듣게 된 사람의 귀를 붙드는 힘을 가졌기 때문이었
을 터이다. 연습 삼아 하는 연주라서 음악적으로 깊이가 있는 연주라기
보다는 기교를 위주로 한 연주였는지 모르고, 그래서 더욱, 나를 알아달
라는 연주로 들렸는지 모른다.[50] 그런데 공자는 악기 연주에만 정진했던
것이 아니다. 노래도 잘하기 위해 애썼는데, 다음 대목은 그 증거다:

자리를 함께한 이가 노래를 불렀는데 좋으면, 반드시 다시 부르게 하고, 그 다음에는 따라 불렀다.

子與人歌而善, 必使反之, 而後和之。(술이)

아마 자신이 이미 아는 노래도 다시 부르게 하고 따라 불렀을 것인데, 공자가 굳이 이렇게 한 것은 곡 자체가 아니라 창자의 곡 해석을 새기려는 의도 때문이었을 것이다. 특히 따라 부른 것은 상대가 부른 노래에 촉발된 나름의 곡 해석을 상대와 더불어 검산하려는 의도였는지 모른다. 하여 짐작하건대, 공자의 음악적 추구가 노린 것은, 아는 곡의 수를 백과사전식으로 늘리는 데 있기보다는, 구체적인 곡에 대한 질적 이해의 증진을 통해 사람을 움직이는 악(樂)의 힘에 대한 자신의 이해를 심화시키는 데 있었을 법하다. 하여 악으로 사람을 움직여서 공자가 도달하고자 했을 곳은 당연히, '어짊으로 돌아간 천하'일 터인데, 다음 구절은 이런 악 이해 심화가 시작된 결정적 계기였을 법한 한 장면을 그리고 있다:

공자가 제나라에서 소를 듣고는, 석 달 동안 고기 맛을 알지 못했다. 가라사대, "악을 함이 이런 정도에 이르리라고는 생각하지 않았다!"

子在齊聞韶, 三月不知肉味。曰:「不圖爲樂之至於斯也!」(술이)

---

50 다음은 4장 5절에 인용한 문제 대목:
공자가 위나라에서 경을 연주했다. 이때 삼태기를 지고 그 집 문 앞을 지나던 이가 있어, 가로되, "얄팍하도다! 경 두드리는 것이!" 그러고 나서 가로되, "천박하도다! 꼭 하겠다고 안달하는 것이(硜硜乎)! 자신을 알아주는 이가 없으면, 그만인 것이다. 물 깊으면 옷 입은 채로, 얕으면 걷어 올리고 건넌다 했거늘." 공자 가라사대, "과연 그렇지! 그것은 일도 아니다."
子擊磬於衛。有荷蕢而過孔氏之門者, 曰:「有心哉!擊磬乎!」既而曰:「鄙哉!硜硜乎!莫己知也, 斯己而已矣。深則厲, 淺則揭。」子曰:「果哉!末之難矣。」

사마천의 공자세가에 따르면 제나라에 머물던 30대 중반에 일어난 일인데, 고기 맛을 잊게 할 정도로 영향력이 대단할 수 있는 것이 악(樂)이라는 점을 깨닫고 이런 잠재적 힘을 활용하는, 2장 3절에서 도입하여 3장에서 길게 논한 바 있는 예악 통치를 구상하게 되었던 것 아닐까? 이런 단서를 그냥 흘리지 않을 성격일 뿐 아니라 끈덕지기까지 한 공자는 틀림없이, 듣는 이를 움직일 힘을 가진 악의 높은 경지에 어찌하여 도달할 것인지에 대해서도 악의 이런 힘이 성립하는 연유와 그것을 발휘하는 데 요구되는 인격적 구성에 대해서도 깊은 깨달음을 얻어 평천하의 관점에서 제자들을 가르칠 만한 무엇을 터득하였을 터이다. 하여 이렇게 터득한 바를 제자들에게 가르쳤을 것인데,[51] 예컨대, 3장 4절에서 인용한 바 있는 한 대목에서는 나라를 다스리는 데 쓸 모범적 악으로 소를 꼽고 있다:

안연이 나라 다스리는 일을 물었다. 공자 가라사대, "…악인즉 순임금의 춤곡 소다. 정나라 노래 가락을 몰아내고, 말로 사람들 잘 움직이는 이는 멀리하라. 정나라 노래 가락은 음란하고…."

顏淵問爲邦。子曰:「… 樂則韶舞。放鄭聲, 遠佞人。鄭聲淫…。」(위령공)

소를 모범적 악으로 추천하는 이유를 설명하는 것도 방금 인용한 구절 속에서 정나라 노래 가락을 배척하는 이유를 설명한 것처럼 명료하게 할 수 있었을 터인데, 소 추천 이유를 짐작하게 해주는 표현이 나오는

---

51 공자가 예악 통치와 관련하여 악(樂)에 대해 터득하여 가르쳤을 법한 바의 윤곽은 2장 3절 말미에서 제시하고 아래에서 '음악이 증폭하는 조화'와 관련하여 곧 인용하는 '어짊 체제가 악에 부여하는 위상'을 통해서도 짐작할 수 있다.

대목으로 다음이 있다:

소에 관해 공자 이르시기를, "아름다움을 다했고, 또한 선함을 다했다."

무에 관해 이르시기를, "아름다움을 다했으나, 선함은 다하지 못했다."

子謂韶, 「盡美矣, 又盡善也。」謂武, 「盡美矣, 未盡善也」。

(팔일)

여기에서 위령공 편의 저 구절로 돌아가 살피건대, 악에 대해서뿐 아니라 역법과 수레와 머리에 쓰는 관에 대해서도 모두 으뜸가는 사례로 평가한 선왕지도(先王之道)상 모범를 추천하였다고 볼 때 선함을 다하지 못한 무(武)를 나라 다스리는 데 으뜸가는 모범으로 안연에게 추천하지는 않았을 것이므로, 저 구절의 "악인즉 소무다(樂則韶舞)"의 '무(舞)'를 주나라 무왕의 악 '무(武)'를 뜻한다고 보기는 어렵다. '소의 무곡임'을 뜻한다고 봐야 할 것이다.

방금 살펴본 것처럼 생애 전반에 걸친 노력 끝에 악(樂)의 달인이 되었을 공자 곁에서 슬을 탄 것으로 보아 그 솜씨를 인정받고 있었으리라 짐작되는 증석은 슬을 타면서도 오가는 말은 물론이고 대화자의 표정 변화까지 간취하여 기억했다가 세 제자가 나간 다음 그에 대해 묻고 있는데, 이는 그가 눈 감고도 슬을 탈 수 있을 정도의 명수이거나 적어도 눈 감고도 탈 수 있을 만큼 손에 익숙한 곡을 타고 있었음을 암시한다. 그런데 그가 익숙한 슬 곡을 탔다 해도, 공자 곁에서의 연주이니만큼, 초보자나 타는 쉬운 곡은 아니었을 터이다. 증석이 슬을 타면서 한 이런 곁눈질은 그의 솜씨가 입실의 경지에 들거나 아니라면 그에 가까웠을 것이라는 앞의 추측을 뒷받침하는데, 공자는, 슬 연주가 이런 경지에 달한 그가 다스리는 나라라면 평천하 대업을 이룰 만한 나라가 되겠다는 생각에 포부를 이야기해보라 했던 것일까? 세 제자의 답변을 듣고 아쉬움을 느낀 공자가 평천하 대업의 어진 성취에 보다 가까운 대답을 슬 잘 타는 증석에게 기대했던 것은 아닐까? 다른 한편, 증석에게 스승과의 문답에 참여할 생각은 없었던 것 같다. 슬 연주를 핑계로 질문을 피하려 했던 것인지 모르는데, 특히, 누군가 자신을 알아 주기를 아예 바라지 않게 되었기 때문에 피하려 했던 것인지 모른다. 즉, 알아 주거나 발탁해 주기를 기대해서가 아니라 즐겁기 때문에 공자에게 배워 익히고 있다고 스스로를 이해하고 있어서 소극적이었는지 모른다. 그런데 세 제자가 답하는 동안 슬을 연주하는 증석이 스승의 눈에 들어왔던 것일까? 그 전에 슬을 연주하는 그의 눈과 귀가 문답을 나누는 자신과 세 제자에게 쏠려 있다는 것을 알아챘던 것인지도 모른다. 하여 한눈팔면서도 거슬리지 않는 연주를 배경에서 들려주고 있는 증석의 포부가 사뭇 궁금해졌던 것인지 모른다. 여하튼, 대화의 배경에서 전경으로 나오라는 스승의 요구에 연주를 늦추고 마침내 '뎅그렁' 절도 있게 슬 연주를 중단하지만 본론으로 바로 들어가지는 않는다―'저는 다릅니다!' 다르다는 대답도 그 다음 대답과 함께 슬 연주를 늦추면서 준비한 응답의 일부일지 모르거니와, 그렇다고 해서 증석의 음악이 증폭하고 있었을, 대화자들 사이의 조화가 깨질 것이 아니니 말해 보라는 스승의 재촉이 있고서야 본론에 해당하는 대답을 시작하는데, 내용인즉 한마디로, 늦봄에 차려 입고 무리 지어 소풍 가고 싶다는 것이다.

한편, 방금 '음악이 증폭한 조화'를, 그 전에는 '슬 연주로 재는, 평천하를 지향하는 덕의 축적 정도'를 이야기했는데, 이는 2장 3절 말미에서 악(樂)이 어짊 체제에서 갖는 것으로 본, 다음과 같은 위상에서 흘러나온 것이다:

바라는 바를 바르게 성취하자면 늘 기억해야 할 부사어를 염두에 두고 하는 언행이 다른 이들의 언행과 어우러질 때 1장 1절에서 언급한 자연 상태를 극복하는 조화로운 언행이 될 것인데, 이런 조화를, 바라는 바나 품은 뜻이 저마다 다른 개개인을 정연하게 묶는, 이를테면, '집단적 율동'으로 객관화시켜 촉진하고 고양하는 바가 악(樂)이다.

그래서, 대화가 벌어지는 중에 진행되던 슬 연주는 제자들의 대답이 '공자의 천명 이해에 결부된, 어짊으로 귀결되는 평천하'라는 고양된 이상에 점점 더 조화롭게 공명하도록 만들었던 것인지 모른다. '예악은 군자를 기다린다'고 한 염유의 겸손에 이어지는, '할 수 있다는 것이 아니라 하는 법을 배우려는 것'이라고 한 공서화의 겸손은 증석의 음악에 호응하여 발해졌던 것인지 모른다—천하를 어짊으로 되돌리는 평천하는 겸양을 근본으로 하는 예와 지선의 탁월한 악을 배워 익힘으로써 쌓은 덕으로 하는 것이다! 그리고 이 대목 전체를 이런 예악 정치의 관점에서 보면 공자의 물음에 대한 세 제자의 대답이 패도적 색채를 띠는 부국강병 쪽에서 예악을 부각하는 쪽으로 점차 이동하여 마침내 증석이 슬 연주를 그치는 데 이르게 됨을 깨닫게 된다. 즉, 선진 편 마지막 대목은, 어짊 체제 속 예악을 축으로 살피건대, 침략과 기근에 시달리는 약소국을 상황 대처를 바르게 할 줄 아는 용감한 백성으로 채우겠다는, 국력 증강의 현실적 필요를 부각한 자로의 포부에서, 예악을 정립할 군자 없이 추구된 부국강병이 어짊 체제 속 치국의 이상과 갖는 거리에 대한 염유의 암묵적 인정을 거쳐, 한 나라를 지탱하는 대표적 예악 거행에서 소소한 역할이나마 맡고 싶다는 공서화의 꿈으로 스포트라이트를 옮겨가면서, 슬 연주를 늦추는 증석에서 문답의 절정을 기대하도록 구성돼 있다.

예악의 다스림이라는 숨은 주제에 육박해 들어가는 선진 편 마지막 대목의 전반부 움직임은 후반부의, 공자와 증석의 대화 복기에서 되풀이되고 있는데, 하여 이 대목 전체가 음악적 구조를 이루고 있다. 즉, 선진 편 마지막 대목은 다음과 같은 음악적 순서로 되어 있다: 공자의 물음, 자로, 염유, 공서화의 대답, 증석과 공자의 문답, 자로, 염유, 공서화의 대답에 대한 증석의 물음과 공자의 답변. 한편, 이 대목 절정에 배치된 증석의 대답과 공자의 찬탄에 이어지는, 다른 세 제자들의 답에 대한 복기에서도, 아무리 어려운 처지의 나라라도 책임지고 다스려 번듯하게 만들겠다는 자로의 대답이 예양의 정신을 결여하고 있다는 점을 지적하면서 나라는 예로 다스리는 것이라는 점을 환기하고 염유와 공서화의 대답도 예악 통치의 단위가 되는 나라를 염두에 두고 한 것이었음을 확인하면서 '예악으로 다스리는 나라'의 암묵적 이상에 밑줄을 긋고 있다. 나아가, 4장 1절에서 언급한, 사방 칠십 리나 백 리의 땅에서 일어나 평천하에 이른 탕왕과 문왕의 경우처럼, 나라의 크기는 염유가 쌓은 나라 다스리는 덕에 대해 부차적임을 확인하고 있다. 공서화에 대해서는 그가 작은 일을 한다면 누가 큰 일을 하겠느냐고 반문함으로써 그가 쌓은 덕 내지 나라 다스리는 능력을 높이 평가하고 있다. 특히, 어짊 체제의 맥락에서, 염유와 공서화가 염두에 두고 있는 대상이 나라라는 파악은 나라 다스림다운 나라 다스림은 예악을 말미암는 것이라는 파악과 뗄 수 없는 관계에 있다—3장 4절에서 살핀 바, 어짊과 앎의 대상인 타인이 어짊과 앎을 규정하듯이, 선왕지도(先王之道)가 매개하는 공간에서는, 예악의 적용 대상인 나라가 예악을 규정한다! 한편, 이렇게 '예악으로 다스리는 나라'가 앞뒤에서 떠받치고 있는 이 대목 절정이 증석의 대답인데, 그 내용인즉, 무리 지어 기(沂)에 가 씻은 뒤 무우에서 바람을 쏘이고 노래를 부르며 돌아오고 싶다는 것이다. 무슨 뜻인가?

우선 상기해 둘 것은, 증석이 대답한 질문이 '누군가 알아주면 어떤 벼슬자리에 앉아 무엇을 하고 싶으냐'는 것이었다는 점이다. 그래서 떠올리게 되는 논어 한 곳이 별 하는 일도 없이 단지 남면함으로써 다스린 순임금을 이야기한 다음 대목이다:

> 공자 가라사대, "하는 일 없이 다스린 이, 그것은 순임금일 것이다. 하기는 뭘 하셨던가, 스스로를 삼가며 남면했을 뿐이다."
>
> 子曰: 「無爲而治者, 其舜也與? 夫何爲哉, 恭己正南面而已矣。」 (위령공)

이 대목의 순임금에서 선진 편 마지막 대목의 증석으로 돌아오면, 벼슬을 하기는 하는데 때맞춰 소풍 다니는 벼슬아치를 하고 싶다는 소리가 된다. 그런데 다스리는 자리에 있는 이가 이렇게 한가하고도 다스리는 대상이 잘 돌봐진다면 그것은 그가 순임금처럼 무위의 정치에 정통하기 때문일 터이다. 나아가 무우가 비를 기원하는 제의를 행하는 곳이라는 점을 단서로 종묘 제의에서 소소한 역이나마 하기 위해 배우고 싶다고 한 공서화가 한 대답에 증석의 대답을 이어 보면, 무위의 다스림이, 실천하자면 배워야 하는 예악 통치의 연장선에 놓여 있는 보다 높은 단계의 통치라는 점이 드러난다.

실로 자로의 대답에서 염유, 공서화, 증석의 대답을 늘어놓으면, 통치에 대한 자로의 극히 '실용적' 접근에서, 실용적 관점에서 보면 무슨 도움이 되겠나 싶은 제례에서 소소한 역할이나마 맡기 위해 배우고 싶다는 공서화의 대답을 거쳐, 증석의 그야말로 '비실용적' 소풍으로 향하는 움직임이 보인다. 배우지 않고는 역시나 실천할 수 없을 '무위의 예악 통치'에서 절정을 이루게끔 이야기가 구성돼 있음을 보게 된다. 그런데 별 하는 일이 없이 다스린다는 것이 아무렇게나 다스린다는 것은 아니다. 무엇보다도 배운 예악을 적용해서 다스리는 것이다. 그래서 기우제 지내는 장소인 무우에 가기 전 기(沂)에 가서 목욕한다는 것은, 배운 대로 제계한다는 뜻이겠다. 기우제 때 동자들이 춤을 춘 제단 있는 곳에 나무들이 있어 시원했다는 무우에 바람을 쏘이러 가되 혼자가 아니라 동자를 포함하여 여럿이 함께 간다는 것은 참가자 여럿을 요하는 어떤 의례를 암시한다. 또, 돌아오면서 부르고 싶은 것으로 되어 있는 노래는 이렇게 암시된 의례에 연관된 노래가 아니었을까?

비가 필요할 때 방금 암시된 것으로 해석한 종교적 의례를 무우에서 밟아 비가 오면 좋겠지만, 이는 증석의 대답에서 후경을 이루는 원망이고, 그 전경을 이루는 것은 무우에서 기우제를 지낼 때 밟을 법한 절차를 소풍 삼아 무리 지어 밟는 유희적 행보다. 즉, 꼭 비가 오도록 하겠다는 원망은 유보해 두는 대신, '비가 오도록 빌자면 어찌하여야 하느냐'의 '어찌하여'를 그 자체로 뽑아 부각하고 있다. 확대하면, 꼭 천하를 차지하겠다는 원망은 유보해 두는 대신, '천하를 어찌하여야 차지하느냐'의 '어찌하여'를 그 자체로 부각하고 있다. 늦봄에 맞는 가벼운 옷차림처럼, 무우의 시원한 바람처럼 가볍게 부각하고 있다. 하여 천하를 다스리는 절차로서의 예악을 우아하게 떠올리고 있다. 그런데 이 떠올림이 우아한 것은 특히 평천하를 이루고야 말겠다는 집념을 옆으로 멀찍이 밀어 놓았기 때문이다. 예악으로 빌어 이루고자 하는 바에 연연해 할 필요가 없는, 구체적으로 말해 비가 오고 말고에 연연해 할 필요가 없는, 가벼운, 무우로의 소풍을 매개로 한 예악 떠올림이기 때문이다. 나아가, 결국에는 죽게 될 연연해 하는 '나'로부터 멀어지게 만드는 이런 극기 벡터를 매개로 발견하게 되는 것이 어짊 체제의 종교적 공간이다. 나아가, 죽음을 마주한 상황에서도 하늘을 원망하지 않고 남을 탓하지 않는 초월적 높이에서 노래하고 춤추게 되는 공간이다—종교적 공간에 이처럼 이어진, 예악을 자체적인 예(藝)로 노는, 선왕지도(先王之道) 전승의 공간을 열어 무위의 다스림을 이상으로 하는 정치 전통을 어짊 체제 속으로 얽어 넣었던 성인이 공자겠는데, 실로 오랜만에 이 책이 선명하게 부각하려는 바가 또한 바로 이 점이다. 그래서 주목하게 되는 대목이 다음이다:

> 공자 가라사대, "도에 뜻을 두고, 덕에 힘입고, 어짊을 말미암되, 내용을
> 잊은 형식을 놀아라."
>
> 子曰: 「志於道, 據於德, 依於仁, 游於藝。」 (술이)

특히, 이 대목의 충고를 메타(상급) 수준에서 살펴, 방금 '내용을 잊은 형식'이라고 옮긴[52] "예(藝)"에 노는 것이, 도에 뜻을 두고, 의지할 덕을 쌓고, 매사 어짊을 말미암고 난 다음에야 할 수 있는 바가 아니라면, 최소한, 이들과 동렬에 놓을 만한 비중을 지닌, 공자식 교육의 중대한 지향이라는 뜻을 표현한 말씀으로 새기는 것이다. 실로, 어짊 체제의 궁극인 평천하를 어짊 체제의 논리에 충실하게 이룰 때 보게 될 무위의 다스림은 증석의 대답에서 발견하는 바와 같은, 종교적 공간에 이웃한, 유희의 정신이 활개치는 전통 전승 공간이 확보되지 않으면 보기 힘들 정치다.

한편, 증석의 대답이 암시하는 이상이 '배워 하는 무위의 예악 통치'라고 했지만, 그러나, 이것 역시 정치적 이상이라는 점을 놓치면 이 대목 전체에 대한 이해가 흐려진다. 증석의 대답에서 암시된 초월적 높이가 정치를 완전히 떠난 높이는 아니라는 말이다. 증석의 대답이 자로, 염유, 공서화의 것과는 다른 차원의 대답인 것임에는 틀림없지만, 이 대

---

52 인용문의 "유어예(游於藝)"를 '내용을 잊은 형식을 놀아라'로 옮긴 것은 '내용으로 형식을 채울 기회가 없어서 내용보다 형식에 밝은 사람이 되었다'는 술회로 새긴 자한 편 다음 구절에 기댄 것이다: 공자께서 말씀하시기를, "나는 쓰이지 않아서, 형식인 것이다"라고 하셨다(子云, 『吾不試, 故藝』).

답도 여전히 같은 질문에 대한 대답이다. '배워 하는 무위의 예악 통치'
도 '정치'라는 점을 놓치면, 다른 제자들이 나가고 난 뒤 그들이 한 대답
에 대해 시시콜콜 묻는 증석의 태도가 '소풍가고 싶다'고 답한 그답지
않게 구차해 보이는 것을 피하기 어렵다. 반대로 증석의 대답에 담긴 초
월이 정치를 버리는 초월이 아니라 정치를 높이는 초월이라고 보면, 그
의, 나머지 세 제자의 답변을 둘러싼 물음에서 시작되는 문답이 그들이
떠난 다음에 시작되는 것이 부자연스럽지가 않게 된다. 오히려, 스승이
경탄할 만한 경지에 달했음을 보인 다음이지만 그래도 더 배워 평천하
실현의 정치적 덕을 한 삼태기라도[53] 더 쌓으려고 묻는 것이라 이해할
수 있게 된다. 아니, 그런 경지에 달했기 때문에 더더욱, 묻는 것이다.
맹자의, 앞에서 짚어본 평가에 따르면 증석은 '만족으로 나아가 취하려
는 드센 이'다. 그래서 이렇게, 다른 세 제자들의 대답에 대해 묻기 전 슬
연주를 중단하고 한 대답 '무우 운운'에서도 어짊 체제 가입자가 지향해
마땅한 궁극으로서의 평천하가 최종 심급의 역할을 하고 있다고 이해하
게 되는 것이다. 아니, 이런 정도가 아니라 저 궁극을 탁월하게 성취하
는 한 방도가 제시되었음을 깨닫는 것이다. 그 방도는 다름 아니라, 종
교에서 유래한 예악에 대한 앎으로 결국 이루고자 하는 바는 옆으로 멀
찍이 밀어 두고, 배워 익힌 예악을 천지의 섭리 가득한 자연적 순환 속
에서 자체의 형태로 즐김으로써 무위의 가장 탁월한 정치로, 내용을 잊
고 있는 사이에, 성큼 다가서는 것이다. 그러나 이는 요순 같은 성인이
라도 어려워 끙끙 앓을 바 아니겠는가.

---

53 '한 삼태기'는 에서 앞 절에서 인용한 자한 편 한 구절에서 가져온 표현

4 논어의 종교적 공간과 정치

무우는 증석의 대답 속에서만 등장하는 제의적 공간이 아니라, 공자 자신이 제자들과 노닐었다고 돼 있는 공간이다. 구체적으로, 번지가 공자에게 덕 향상 등에 대해 묻는 장면을 보자:

> 번지가 무우 아래에서 따라 노닐다가, 가로되, "덕 높임, 사특 다스림, 헷갈림 분간을 감히 묻습니다." 공자 가라사대, "좋도다 물음이! 일을 먼저 이루고 보답은 나중으로 미루면, 덕 향상이 아니겠는가? 제 악함은 추궁하고, 남의 악함은 추궁하지 않으면, 사특 다스림이 아니겠는가? 해 뜨고 반나절 정도 지속할 분노인데, 제 몸을 망치고, 하여 그 화가 부모에게 미치면, 헷갈림이 아니겠는가?[54]
>
> 樊遲從遊於舞雩之下, 曰:「敢問崇德、脩慝、辨惑。」子曰:「善哉問! 先事後得, 非崇德與? 攻其惡, 無攻人之惡, 非脩慝與? 一朝之忿, 忘其身, 以及其親, 非惑與?」(안연)

여기서 엿보는 것처럼, 무우 같은 종교적 공간에서 유래한 예악의 절차적 덕을 그 자체로 좋아하여 그 자체의 선명한 형태로 알고 즐김이 평천하 지향의 덕 쌓는 수신과 이어져 있는 것이 논어의 어짊 체제다. 그런

---

[54] 달리 장소가 특정되지 않은 곳에서 덕 높임과 헷갈림 분간을 묻는 자장에게 한 공자의 답변도 역시 안연 편에 실려 있는데, 물음의 비중을 감안한 중복이라고 생각된다:
자장이 덕 높임과 헷갈림 분간을 물었다. 공자 가라사대: "남에게 진실하여 믿음직해짐을 으뜸 삼아, 의를 실천하는 것, 이것이 덕 향상이다. 사랑하여 그것이 살았으면 했다가, 미워하여 그것이 죽었으면 한다. 살기를 원했다가도, 또한 죽기를 원한다면, 헷갈림인 것이다."
子張問崇德、辨惑。子曰:「主忠信, 徙義, 崇德也。愛之欲其生, 惡之欲其死。既欲其生, 又欲其死, 是惑也。」

데 어짊 체제의 종교적 연원과 그 사이의 거리는, 즉 제례의 문맥 속에 있는 예악과 내용을 잊은 형식으로서의 예악 사이의 거리는 공자의 다음 발언에서도 짚어볼 수 있다:

> 백성을 의롭게 하는 데 힘쓰고, 조상신과 천지의 신령을 공경하되 멀리 한다면, 안다 할 수 있다.
>
> 務民之義，敬鬼神而遠之，可謂知矣。(옹야)

제자 번지의, 앎이 무엇이냐는 물음에 대한 이 대답이 나오는 대목을 인용한 3장 3절에서 이야기한 바, "예악이 그들을 공경하는 수단으로서 도출됐다고 할 귀신들의 권능이 아니라, 어짊으로 말미암고 어짊을 말미암는 지배의 의로움을 절도 있게 공적으로 제시하는 데 쓰이는 예악의 정치적 권능을 구사하여 백성을 의롭게 하려고 애쓴다면 안다 할 수 있다는 것이다." 문맥에 맞추어 더 선명하게 풀면, 무우와 같은, 귀신 섬기는 곳에서 형성된 예악이 귀신 섬기는 일과 떨어져서 그 자체로 갖는 권능을 백성이 의롭게 되도록 나라 다스리는 데 활용할 수 있다면 '안다' 할 수 있다는 것이다. 역설적이게도 종교적 장소인 무우로의 소풍은 예악을 종교적 문맥에서 떼 내서 그 자체의 권능을 어짊 체제 속에서 새롭게 발견하는 한 가지 방법이다. 한편, 그 문맥을 이렇게 변경한 예악을 즐기는 가운데 이루어져 예악을 그 자체로 더욱 잘 즐기게 해 줄 수 신이 평천하의 덕으로 연결되는 측면은 이 장 1절에서 인용한 바 있는 다음 구절이 잘 요약하고 있다:

> 자로가 군자를 물었다…(중략)…가라사대, "자기를 닦아 백성을 편안케 하는 것이 군자다. 자기를 닦아 백성을 편안케 하는 것, 이는 요순도 하

기 힘들어 앓았던 바이니!"

子路問君子…曰: 「脩己以安百姓。脩己以安百姓, 堯舜其猶病
諸! 」(헌문)

그러나 수신과 평천하 사이의 이 연결은 필연적 연결이 아니다. 전
자를 잘 수행해서 후자가 꼭 이루어진다는 법은 없다. 이 연결은 종교
의 그림자가 어른거리는 연결이다. 즉, 수신으로 군자답게 된 군자는 어
짊 체제에서 잘 다스리려면 꼭 알아야 할 대상인 예악 그 자체를 흠뻑
즐기는 것이지 그것을 수단 삼아 죽기 전에 꼭 뭔가 이루려는 것이 아니
다. 그런데 이렇게 차안의 성취에 연연해 하지 않는 일종의 종교적 태도
를 취하고도 평천하를 이루게 됐는데, 그것이 피안의 천심 덕이 아니었
다고 할 수 있겠는가? 이런 맥락에서 보면 천하는 하늘이 주는 것이라는
맹자를 예고하고 있는 것이 또한 논어다. 하여튼, 무위의 예악 정치는
이래서 미묘하고 어렵다. 구체적으로, 만장(상) 편에서 맹자는, 요임금
이 순임금에게 천하를 주었느냐고 만장이 묻자, 천하를 천자가 주는 것
은 불가능하다고 말한다. 그렇다면 누구에게 받는 것일까? 맹자의 답은
하늘이라는 것인데, 말이 아니라 의례와 일로, 준다는 것을 내보임으로
써 준다고 한다. 맹자의 설명에서 이 내보임은 천자가 하늘에 후보를 추
천하여 하늘이 받아들이면, 이를 백성에게 보여 백성이 받아들이는 절
차로 구성돼 있다. 그에 따르면, 천자 후보를 하늘이 받아들인다는 것과
백성이 받아들인다는 것은 각각 다음과 같은 뜻이다:

제례를 주재하게 하게 하여 제신이 그것을 흠향하면, 이는 하늘이 그를
받아들인 것이고; 일을 주재하게 하여 다스려진바, 백성이 그것을 편안
하게 여기면, 이는 백성이 그를 받아들인 것이다…(후략)

使之主祭而百神享之，是天受之；使之主事而事治，百姓安之，是
民受之也…

천자의 추천을 받은 계승자 후보가 제주가 된 제사에서 제신이 흠향
하는 것이 천자 결정의 열쇠 둘 중 하나로 제시되어 있는데 맹자보다 백
년 앞 선 공자가 귀신의 흠향을 얼마나 중요하게 여겨졌는지는 우임금
에 대한 공자의 다음 평가에서 엿볼 수 있다:

공자 가라사대, 우라면, 내가 흠잡을 틈이 없다. 먹는 음식이 박했으나,
귀신에게는 지극히 효성스러웠다; 의복이 보잘것 없었으나, 제례복은
지극히 아름다웠다; 자기 사는 데는 누추했으나, 농지 배수에는 있는 힘
을 다했다. 우라면, 내가 흠잡을 틈이 없는 것이다.

子曰：「禹，吾無間然矣。菲飲食，而致孝乎鬼神；惡衣服，而致
美乎黻冕；卑宮室，而盡力乎溝洫。禹，吾無間然矣。」(태백)

이 대목을 우임금 찬양 사유별로 정리하면, 귀신이 흠향하는 음식에 정
성을 다했다는 것이 첫 번째로 언급되어 있다. 두 번째로 언급된 것이
귀신 섬기는 의례에 쓴 예복과 관이 아름답다는 것이다. 마지막으로 거
론한 찬양 사유가 농지의 수로를 정비하는 데 애썼다는 것인데, 이 세
번째 사유는 맹자가 이야기한, 제의를 통해 하늘이 받아들임을 보인 천
자를 백성이 받아들이게 되는 이유에, 즉 어떤 일로 백성을 편안하게 했
는지에 해당한다고 하겠다. 그래서, 앞에서 인용한 맹자의 '하늘이 천하
를 주는 순서'는 공자의 선왕지도(先王之道) 이해가 산출한 전형들 중 하
나에서 비롯됐던 것임을 추측하게 된다. 나아가, 자신은 못 먹어도 귀신

에 대해서는 효가 지극했다는 이야기로 미뤄 볼 때, 우임금이 섬긴 신령에는 반드시 조상신이 있었을 것이다. 나아가, 후손이 섬기는 조상신이 후손을 위해 중개하는 것으로 믿겼을, 조상이건 후손이건 모두 그 품에서 나온 것으로 믿겼을 '천지의 신'도 들어 있지 않았을까?

공자도 사후에 조상신이 되는 상상을 했던 것으로 사마천의 공자세가는 전한다:

> 자공을 일러 가라사대, "천하가 무도한지 오래라, 나를 높일 만한 이가 없다. 하나라 사람이 죽으면 동쪽 계단에 모셔지고, 주나라 사람은 서쪽 계단에, 은나라 사람은 두 기둥 사이에 모셔진다. 어젯밤 꿈에 내가 두 기둥 사이에 앉아 제례를 받았는데, 내가 원래 은나라 사람이기 때문이다." 이레 후 생을 마쳤다.

> 謂子貢曰：「天下無道久矣，莫能宗予。夏人殯於東階，周人於西階，殷人兩柱閒。昨暮予夢坐奠兩柱之閒，予始殷人也。」後七日卒。

한편, 앞에서 언급한 조상신의 매개는 신적인 권능이 후손에게 베풀어지도록 하는 것으로 상정되었을 터인데 병을 다스리는 것도 그런 권능 가운데 하나였을 것이다:

> 공자의 병이 심해지자, 자로가 신께 빌기를 청했다. 공자 가라사대, "그런 것이 있느냐?" 자로가 대답하여 가로되, "있습니다. 뇌(誄)에 이르기를, '하늘 신령과 땅 신령께 당신을 위해 빈다'고 했습니다." 공자 가라사대, "그들에게 내가 빈 지는 오래다."

子疾病, 子路請禱。子曰：「有諸？」子路對曰：「有之。誄曰：『禱
爾于上下神祇。』」子曰：「丘之禱久矣。」(술이)

여기서의 '빌다'를 자신을 바르게 하여 신령의 마음에 들도록 한다는
뜻으로 해석하여, "내가 빈 지는 오래다"를 공자는 이미 신령의 마음에
들도록 살아왔기 때문에 '나는 빌 필요가 없다'고 대꾸한 것이라고 읽는
것은 너무 우원한 해석이 아닐까? 사람이 바라는 바에는 속하나 신이 아
닌 사람의 능력으로는 좌우할 수 없을 일에 관해 비는 것이라고 해석하
는 것이 훨씬 자연스럽다. 그런데, 신의 이런 초인적인 권능을 통치에
끌어들여 예악 정치의 성립을 도운 제례를 대표한다고 할 체 제사에 대
한 공자 말씀을 전하는 대목이 논어에 둘 있다. 이 두 곳 중 먼저, 신비
로운 체 제사에서 신령을 즐겁게 모시는 것이 천하를 바라는 쪽으로 움
직이는 것과 무관하지 않으나 이 두 가지가 어떻게 연관되는 것인지는
모른다고 이야기한 것으로 해석할 만한 구절이 나오는 대목은 다음과
같다:

누군가 체 제사를 설해줄 것을 요청했다. 공자 가라사대, "모른다. 체 제
사를 설할 줄 아는 자가 천하를 다루는 방식이라면, 그것은 마치 여기에
서 천하를 보이는 것과 같을 터!" 그러면서 자기 손바닥을 가리켰다.

或問禘之說。子曰：「不知也。知其說者之於天下也，其如示諸斯
乎！」指其掌。(팔일)

이 구절에서 신적인 권능을 통치 플랫폼에 끌어들인 대표적 경우라 할
제례 '체'의 현실적으로 뜻하는 바는 천하를 손바닥에 올려놓은 듯이 쉽
게 다룰 것을 바라는 정치적 관심으로 번역돼 있다. 신령도 아니고 신령

비슷한 성인도 아닌 사람으로서 체 제사의 상징과 그로써 다스리려는 현실 사이의 관련을 산문적으로 설명하는 것은 불가능하겠으나, 공자가 종교와 정치가 어떻게든 꼭 연결되어 있다고 본 것만큼은 이 구절에서 분명하다.

__5 어짊 체제의 종교적 정초

다음은 체 제사가 언급된 또 다른 대목이다:

공자 가라사대, "체 제사에서 술 붓는 순서 이후로는 내가 보고 싶지 않다."

子曰: 「禘自既灌而往者，吾不欲觀之矣。」 (팔일)

논어에 국한해서 미루어 볼 때도, 체 제사의 절차 자체는 공자의 기억에 입력되어 있었던 것이 분명해 보인다. 그런데 신이 강림한다는 술 붓는 순서 그 다음은 보고 싶지 않다고 했던 것은, 노나라의 예 쇠함에 관련된 전통적인 설명에도 불구하고 이 책에서는, 이후의 절차와 체 제사를 거행하여 가까이 가려는 바람직한 상태 사이의 연관을 납득이 되도록 설명할 수 있을 정도로는 이해할 수 없었기에 그랬다고 보는 것인데, 이를 뒷받침하는 것이, 체 제사를 설할 줄 안다면 천하 돌아가는 것도 손 안에 놓인 듯이 보이리라는 이미 인용한 구절에 더해, 설명할 수 없는 대상에 관해서는 논하지 않았다고 전하는 다음 구절이다:

선생은 괴이한 것, 초인적인 힘, 질서를 어지럽히는 것, 신에 대해서는 논하지 않았다.

子不語怪, 力, 亂, 神。(술이)

공자가 논하지 않았다는 이 네 가지 대상의 두드러진 공통점이, 보다 큰 만족을 바라보면서 하는 윤리적 실천의 필수적 전제로서의 합리적 이해가 어렵다는 것이다. 공자는 종묘에서 거행되는 제례에 참여하면서도 매사를 물었다고 하는데, 여기서 물었다는 것 역시, 제례의 순서가 기억나지 않아서가 아니라, 그 내용이 실천적으로 이해되지 않아서였을 것이다. 즉, 매사를 물었던 것은 제례를 행함과 그 예를 행하여 가까이 가려는 바 사이의 연관을, 체 제사의 경우에서와 마찬가지로, 이해할 수 없어서였을 것이다. 매사 묻는 공자에 대한 향당 편의 객관적 묘사는 간단하다: 태묘에 들면, 매사에 물었다.

入太廟, 每事問。(향당)

주공을 모신 노나라 묘(廟), 태묘 혹은 대묘에서 반복된 공자의 이런 습관적 물음에 얽힌 간접적 문답이 소개돼 있는 대목은 한층 흥미롭다:

선생이 대묘에 들면, 매사에 물었다. 어떤 이가 가로되, "누가 추 출신을 일러 예를 안다 하는가? 대묘에 들면, 매사에 묻는다." 공자 이를 듣고 가라사대, "이것이 예다."

子入大廟, 每事問。或曰:「孰謂鄹人之子知禮乎? 入大廟, 每事問。」子聞之曰:「是禮也。」(팔일)

여기서 '추읍 출신'이라 불린 공자는 후대에서는 성인으로 드높이 존숭

된바, 마땅히 대묘에서 행하는 제례에 대해서도 속속들이 알고 있었을 것이라는 전제 하에, 매사를 물었던 것이 공자가 신중하게 삼갔기 때문이라고, 따라서 예를 모르는 것 아니냐는 힐난에 대한 대답 역시 '대묘에서는 이토록 근신하는 것이 예를 모범적으로 행하는 방도'라는 말이라고 해석하는 것이 통상적이다. 그러나 제례의 절차에 대해 숙지하고 있었을 공자가 다른 이에게 굳이 묻는 것이 부자연스럽다는 상식을 전제로 한 이 책 해석은, 예를 잘 안다고 알려진 그가 매사를 묻는 것이 이를테면 '부끄러움을 무릅쓰는 노력'을 요하는 행위라는 점에 주목하여, 대묘 관련 제례의 절차를 외우고는 있지만 이해할 수는 없었기 때문에 다른 이의 대답에 기대지 않으면 예에 따라 해야 할 바를 예답게 기꺼이 행할 수 없는 곤란한 상황에 처했던 것이라고 보는 것이다. 이렇게 보면, 공자의 저 "이것이 예다(是禮也)"는 '대묘에서 해야 하는 일을 하는데 예에 대한 스스로의 이해로 그 이행을 정당화할 수 없다면 자신이 따라야 할 타인의 말로라도 정당화하는 것이 예다'로 읽게 되는데, 같은 방식으로 팔일 편의 '체 제사 일부는 보고 싶지 않다'를 읽으면 '자신이 이해할 수 없는 체 제사 제례 일부에는 참여하고 싶지 않다'로 해석하게 된다. 그래서 또 다른 체 제사 관련 대목을 다음과 같이 쉽게 풀 수 있게 된다: 체 제사의 술 뿌리는 순서에 강림하는 신령이 매개하는 질서에 대한 종교적 믿음과 그에 대해 바라는 바를 의례적으로 표상하였을 체 제사의, 자신에게는 너무나 난해하나 체 제사 절차를 고안할 때는 난해하지 않았을 뒷부분을 이해가 가도록 설함은 천하를 손바닥에 올려놓고 그것이 돌아가는 이치를 보여줌과 같다. 즉, 체 제사의 의례적 표상이 의미하는 바를 분명히 알고 있었던 선왕들은 천하를 손바닥에 올려놓은 양 다스렸는데 지금은 그렇게 할 수 없게 되었다는 이야기가 된다.

앞에서 언행 실천을 정당화하는 이유를 예에 대한 이해에서, 그것이 자신의 이해이건 타인의 이해이건, 찾지 못하면 그 언행은 차라리 하지 않는 것이 예라고 했는데, 편안함과 같은 만족을 바라면서 하는 언행을 바른 것으로 정당화하는 예 이해가 공자에게 중요했다는 것은, 다음 대목에 요약되어 있는 그의 인간관에서도 뒷받침된다:

공자 가라사대, "편안해 하는 바에 비추면 수단으로 드러날 행동을 보고, 그것을 어찌하여 하는지를 면밀하게 보고, 편안해 하는 바를 종합적으로 면밀하게 본다. 사람이면 숨을 수 있겠는가? 사람이면 숨을 수 있겠는가?"

子曰: 「視其所以, 觀其所由, 察其所安。人焉廋哉? 人焉廋哉? 」(위정)

이 대목에 있는, 본다는 뜻을 가진 동사가 셋인데, 처음 등장하는 '본다(視)'는 어떤 사람의 드러난 행동을 보는 것이라서 겉만 보아도 보고자 하는 것을 볼 수 있다. 그러나 어찌하여 그렇게 하는지를 보자면 그의 행동이 말미암는 바를 떠올려야 할 것이므로 피상적으로 드러난 것에 그쳐서는 이 대목 두 번째 계기에서 파악하고자 하는 것을 파악할 수 없을 터이다. 그래서 두 번째 '본다(觀)'는 "면밀하게 본다"로 옮겼다. 다음으로 그가 편안해 하는 바를 '본다(察)'는 것은, 그가 바라는 바가 구체적으로 무엇인지를 파악해야 할 수 있는 일이다. 그리고 이 해석은, 논어 등에서의 편안함이, 서양의 고전적 행복 개념 비슷하게, 인간이 궁극적으로 바라는 상태라는 점을 전제한 해석이다. 논어 등에서 보는 전통적 사고에서 편안함이 갖는 위상이 이런 것이기 때문에, 정치의 문맥에서는 천하가 편안해지는 것이 궁극적 목표가 된다. 그래서, 누군가 편안해 하는 것이 무엇인지 본다는 것은 그가 궁극적으로 바라는 바가 무엇인지를 파악한다는 뜻이다. 문제의 위정 편 구절로 돌아오면, 첫 번째 '본다'의 뜻으로 본 행동이 그에 대해 수단이 되는 목적을 세 번째 '본다'의 대상으로 봄은 세 가지 뜻으로 본 것 모두를 종합한 언행의 시종과 본말 전부를 목적론적으로 파악함을 환유한다. 그리고 바로 이때 맨 앞에 있는 '본다'의 뜻으로 본 행동은 이 종합적 관찰에서 '수단의 위치에 있는 행동(所以)'이 된다. 그래서 세 번째 '본다'는 "종합적으로 면밀하게 본다"로 옮긴 것이다. 어짊 체제 가입자가 자신의 언행을 조절하는 핵심적 기준은 목적과 수단을 선별하는 기준이라기보다는 '수신하는 개개인이 바라는 바에 다가가는 데 어찌하여야 되겠느냐'의 '어찌하여야'를 선별하는 공화적 기준이라고 할 것인데, 이런 관점에서 밑줄을 그어야 할 '본다'는 당연히 두 번째 본다, '가시적 언행을 어찌하여 하는지를 면밀하게 본다'이다. 달리 말해, 편안해 하는 바에 다가가느라 택하는 수단적 언행이 말미암는 이유와 구사되는 경로를 면밀하게 살펴보면 그 언행을 하는 이를, 특히 그의 어짊 수준을 파악할 수 있겠다는 것이다. 그리고 근본적으로는 이렇게 관찰할 때 드러나는 심오한 어짊으로 추구하는 '편안해 하는 바'가 천하를 어짊으로 되돌리는 평천하일 때, 그는 군자다운 군자다. 그리고 이 군자다운 군자의 언행은 모두 그가 편안해 하는 바로서의 평천하를 염두에 두고 하는 언행일 터이다. 동시에 그가 아는 어짊의 도(道)를 말미암기는커녕 그것에 역행하는 언행은, 어떤 궁지에 처하더라도, 하늘이 허용하지 않는 바로서 반드시 피하려 할 것이다. 그래서 공자가 태묘에서 겪었던 곤란의 핵심은, '어짊으로 말미암고 어짊을 말미암는, 천하를 어짊으로 되돌릴 예'에 대한 스스로의 이해를 말미암지 않는 예 행함이 불가피한 상황이라는 데 있었으리라는 것이다. 그래서 매사에 물어, 따라야 할 이유를 이해하고 있는 것으로 의제된 남의 말을 예 행함의 이유로 삼았으리라는 것이다. 1장 3절에서 인용한,

태백 편에 있는 자신의 언명, "백성은 선왕지도(先王之道)의 옛 길을 말미암게는 할 수 있으나, 그것을 알게 할 수는 없다(民可使由之﹐不可使知之)"를 스스로에게 적용하였으리라는 것이다.

한편, 공자 자신이 자신의 예 이해로 정당화할 수 없었던 체 제사 일부에 관해서는 다음에서 보는 것처럼 가르치기를 거부했을 터이다:

> 자로가 귀신 섬기는 것을 물었다. 공자 가라사대, "사람 섬기는 것도 아직 못하는데, 어찌 귀신을 섬길 수 있겠느냐?" 죽음을 여쭈었다. 가라사대, "사는 법을 아직 모르는데, 어찌 죽는 법을 알겠느냐?"
>
> 季路問事鬼神。子曰:「未能事人, 焉能事鬼?」敢問死。曰:「未知生, 焉知死?」(선진)

그런데 이렇게 피안에 대해 가르치기를 거부하면서도 피안의 귀신을 대상으로 하는 제사에 대해서는, 2장 2절에서 일부 인용한 바 있는 다음 대목에서, 공자 나름의 견해를 피력하고 있다:

> 제사 모셔지면 재하는 것과 같고, 천지와 산천의 신을 제사 모시는 것은 모시는 신이 재한다는 것과 같다. 공자 가사사대, "내가 제사에 참여하지 않으면, 제사하지 않은 것과 같다."
>
> 祭如在, 祭神如神在。子曰:「吾不與祭, 如不祭。」(팔일)

논의의 현 문맥으로 끌고 들어와 보면, 그 절차를 외우고 있을 뿐 이해하지 못해도 거기 참여하여, 제례를 바치는 대상인 귀신이 나에 대해 있도록 하는 것이 제사라는 것이다. 그런데 공자도 그 절차를 이해하지 못한 제례에 참여하여 귀신이 나에 대해 있도록 하는 것과, 제례 불참으로 귀신이 나에 대해 있도록 하지 못하는 것, 이 둘 사이의 차이는 무엇일까? 특히 어짊 체제 가입자로서 평천하라는 궁극을 염두에 두고 수신하는 개개인에게 이 차이가 갖는 의미는 과연 무엇일 것인가?

방금 제기한 질문에 대한 답은 팔일 편의, 체 제사를 설해 달라는 요청에 대한 공자의 응답을 신령이 매개하는 질서에 대한 종교적 믿음과 그에 대해 바라는 바를 의례적으로 표상하는 체 제사를 설할 줄 안다면 천하를 손바닥에 올려놓고 그것이 돌아가는 이치를 보여주는 것도 가능하겠지만 '나'는 그렇게 할 수 없다는 뜻으로 해석하는 데서 실마리를 찾을 수 있다. 여기서의 '나'를, 이 장 1절에서 재차 인용한 옹야 편의 "자신이 처한 가까운 데서 널리 적용할 만한 것을 시적으로 포착할 수 있다면, 어짊을 실천할 줄 안다 할 것이다(能近取譬, 可謂仁之方也已)"를 상기하면서, 이승의 인간으로 넓히면, 체 제사의 절차가 천하 질서와 맺고 있을 신비로운 관계에 대한 이해를 바탕으로 평천하를 도모할 수는 없는 세상이 됐다는 이야기가 된다. 평천하가 될지를 점을 쳐서 미리 안다고 하는 것도 안 되는 세상이라는 이야기가 된다. 될지 안 될지 모르는데도 어짊에 떠밀려서, 그래서 기도하는 심정으로 삼가며 해야 하는 것이 평천하 정치라는 이야기가 된다. 그런데 인간의 뜻과 노력만으로 평천하를 이루는 데 한계가 있다는 이 말은 곧, 하늘의 뜻에 맞아떨어질 때 이루어지는 것이 평천하라는 말로 연결된다―공자 백 년 후의 맹자가 이야기한 대로, 천하는 하늘이 주는 것이다! 이렇게 보면, 어짊 체제의 종교적 공간은 평천하라는 어짊 체제의 궁극을 '온갖 노력을 다해 기필코 이뤄야 할 목표'에서 떼어 놓는 여백이 된다. 온갖 노력을 다해도 하늘의 뜻 없이는 이룰 수 없는 목표임을 명백히 하는 여백이 된다. 달리 말해, 어짊 체제의 으뜸 부사어인 '어질게'를 몸에 익혀 그 자체로 좋아하고 즐기게 되는 경지를 인간이 사는 동안에 나름의 노력을 통해 달할 수 있을 것으로 바랄 만한 경지 가운데 최고의 경지로 설정하는 것이 바로 이 여백이다. 하여 이 여백은 좋은 목적을 이루기 위해서는 무슨 수단을 동원해도 좋다는 식의 사고가 어짊 체제라는 부사어 체제를 흔들지 못하도록 지키는 해자가 된다. 그리고 이런 점들을 풍부하면서도 압축적으로 보여주는 대목이 다음이다:

공백료가 계손씨에게 자로를 모함했다. 자복경백이 이를 고하여, 가로되, "그분은 틀림없이 공백료를 의심하고 있을 터인데, 제 힘이면 아직 그놈 시체를 공공장소에 전시할 수 있습니다." 공자 가라사대, "도를 행하게 될 것인가? 천명이다. 도를 폐하게 될 것인가? 천명이다. 공백료가 천명을 어쩌겠는가?"

公伯寮愬子路於季孫。子服景伯以告, 曰:「夫子固有惑志於公伯寮, 吾力猶能肆諸市朝。」子曰:「道之將行也與? 命也。道之將廢也與? 命也。公伯寮其如命何!」(헌문)

나아가, 이 대목에서도 확인하게 되는 저 해자를 매개로, 귀신이 나에 대해 있도록 하는 제례 참여는 자신이 가입한 어짊 체제를 통해 바라는 바에 가까이 갈 때 '그래도 좋다'거나 '그래서는 안 된다'는 부사어 사용 지침을 어떤 경우에도 거스르지 못하게 자신을 돕고 격려할 신적 권위를 내면에 세우는 행위가 된다. 또 이는 다른 한편으로, 천하가 이런 신적 권위를 배반하는 자에게는 돌아갈 수 없다는 말이 된다. 신적 권위를 배반하는 자에게는 신적인 징벌이 기다리고 있다는 말도 되겠는데, 이런 종교적 시선의 원형은 요왈 편 첫 대목에 나오는, 걸이 용서할 수 없는 죄인임을 탕 임금이 으뜸 신에게 고하면서 잘잘못을 낱낱이 알고 있는 그에 대한 믿음을 고백하는 다음 대목에서 확인할 수 있다:

가로되, "저 소자 리,[55] 감히 검은 소를 써서, 위대하고도 위대하신 으뜸 신 제(帝)께 감히 밝게 고합니다: 죄인을 용서할 수 없나이다. 제의 신하는 감추지 않으니, 제의 마음에서 낱낱이 드러납니다. 저의 몸에 죄 있음, 세상과는 무관합니다; 세상에 죄가 있다면, 죄 있는 데는 저의 몸입니다."

曰: 「予小子履, 敢用玄牡, 敢昭告于皇皇后帝: 有罪不敢赦。帝臣不蔽, 簡在帝心。朕躬有罪, 無以萬方; 萬方有罪, 罪在朕躬。」(요왈)

어짊 체제로 돌아가 보다 추상적으로 말하면, 상황이 아무리 어려워도, 혹은 목표 성취가 아무리 간절해도, '어질게'를 늘 기억하며 언행을 함부로 하는 일이 없도록 해주는 일종의 해자가 바로 저 종교적 공간이라는 것인데, 이 해자는 그러나 텅 빈 것이 아니다. 바라는 바에 다가가느라 하는 언행을 삼가 늘 그렇게 하도록 애쓴다거나 어떤 경우에도 그렇게는 하지 않도록 애쓴다거나 하는 부사어 사용 기준에 대해 입법자이자 판관이 되는 신적 권위를 둘러싼 여백이기 때문이다—"내가 하지 말아야 할 짓을 했다면, 하늘이 버린다! 하늘이 버린다!(予所否者, 天厭之! 天厭之!)"[56] 하여 이런 신성한 기준의 연장선 위에서 공자가 영영 결별한 부사어가, 이 장 1절에서 인용한 자한 편 한 대목에 나오는 대로 넷이다: 마음대로, 기필코, 고집스럽게, 자기중심적으로(毋意,毋必,毋固,毋我).

---

55 "리(履)"는 탕 임금의 이름.

56 4장 3절에서 인용한, 공자가 남자(南子)와 만난 뒤 힐난을 듣고 하늘에 맹세하는 대목으로 옹야 편에 있다.

자한 편 이 대목에서 보는 바와 같은 자기 초월을 낳는 저 여백의 공간은 심지어는 죽음을 무릅쓰고라도 지켜야 할 언행의 테두리를 지정해 주는 어짊 체제의 시원적 플랫폼이다—하늘을 우러르는 플랫폼이다. 바로 여기가 어짊 체제를 초월적으로 정초한 자리, 1장 맨 처음에 인용한 안연 편 한 대목의 '죽음을 넘어가는 믿음'을 사람들 사이로 널리 퍼뜨리는 자리다. 그리고, 체 제사 같은 제례들 속의 노래와 춤이 표상했을, 하늘이 주재하고 조상의 신령이 매개하는 질서에 대한 믿음을 정치에 대한, '나'의 죽음을 넘어가는 믿음과 하나로 잇는 바로 이 자리를 제 자리 삼아 삼가는 군자는 하늘에서 내려온 특정 부사어 사용 금지 요구만큼은 어떤 경우에도 들어 따르는 지도자다. 그럼으로써 백성의 정치에 대한 믿음을 북돋는 지도자다. 또다시 인용하건대, '나'는 누구나 죽게 마련이지만 이런 유한한 '나'의, 영원한 하늘에 대한 믿음을 매개로 성립한 것이 사람들 사이의 정치다:

자공이 정치를 물었다. 공자 가라사대, "충분한 식량. 충분한 군비. 백성이 정치를 믿는 것이다." 자공 가로되, "어쩔 수 없이 꼭 버려야 한다면, 이 셋 중 무엇이 먼저입니까?" 가라사대, "군비를 버린다." 가로되, "어쩔 수 없이 꼭 버려야 한다면, 이 둘 중 무엇이 먼저입니까?" 가라사대, "먹는 것을 버린다. 자고로 누구나 죽는 것인데, 백성이 믿지 않으면 서지 않는다."

子貢問政。子曰:「足食。足兵。民信之矣。」子貢曰:「必不得已而去, 於斯三者何先?」曰:「去兵。」子貢曰:「必不得已而去, 於斯二者何先?」曰:「去食。自古皆有死, 民無信不立。」(안연)

제 6장

세속화와 정명의 정치

바로 앞에서 논어의 이상적 정치 지도자를, '그렇게는 하지 말라'는 하늘의 명을 어떤 상황에서도 어기지 않음으로써 정치에 대한 믿음을 북돋는 군자로 그렸는데, 이 그림은 물론, 4장 3절에서 공자의 다음 발언을 "문명을 정초하는 시원적인 시적 발화라고 해도 과언이 아닐 발언"이라고까지 새롭게 부각한, 나름의 논어 해석을 토대로 한 것이다:

군자는 굳게 궁하지만, 소인은 궁하면 아무렇게나가 된다.

君子固窮, 小人窮斯濫矣。(위령공)

여기서 '굳다'고 옮긴 "고(固)"를 4장 3절의 해설에서 '굳게 지킨다'로 풀었는데, 이는, 역시 4장 3절에서 인용한 다음의 공자 발언에 나오는 "견(狷)"과 통한다고 본 때문이기도 하다:

상황 속의 법도에 맞게 만족을 향해 나아가는 이와 함께할 수 없을 때, 꼭 함께할 이는 드센 이, 굳은 이일 터! 드센 이는 만족으로 나아가 취하며, 굳은 이는 하지 않는 바가 있는 것이다.

不得中行而與之, 必也狂狷乎! 狂者進取, 狷者有所不爲也。(자로)

중용에 가까운 덕을 쌓은 군자라면 나아가 취할 여건이 되는 상황에서는 드센 이가 될 것이지만 나아가 취할 여건이 되지 않는 상황에서는 반드시, 그렇게는 하지 말아야 할 바를 하게 되는 경우가 없도록 할 터이다. 그런데 이 구절의 '하지 않는 바가 있다(有所不爲)'를,[57] 전 장에서 검

---

57 1장 4절에서 인용한 맹자 양혜왕(상) 편 구절에 따르면, "'하지 않음(不爲)'이 없음"은 사람이 항심을 잃었을 때 나타나는 증상의 하나다.

토한 '어짊 체제를 정초한 종교적 공간'에 놓고 보면 '하늘이 금지한 바를 하지 않는다' 혹은 '하늘의 명을 듣지 않고 아무렇게나 하는 일이 없다'가 된다. 궁지에 처하면 벗어나려고 애쓰는 것이 자연스럽지만 군자는 그렇게 할 때도 아무렇게나는 하지 않는다는 것이다. 애를 써도 하늘의 명에 귀를 열어놓은 채로, 도(道)를 떠나지 않은 채로 그렇게 한다는 것이다. 안연처럼, 궁한 처지에서도 도를 즐기는 것이 군자다운 군자다. 나아가, 죽음 앞에서도 '아무렇게나'는 피하고 '어질게'를 붙들어 이루는 것이 논어의 '종교적' 이상이다:

공자 가라사대, "뜻있는 선비와 어진 사람이라면, 목숨을 부지하자고 어짊을 해치는 일은 없고, 몸을 죽여 어짊을 이루는 일은 있다."

子曰: 「志士仁人, 無求生以害仁, 有殺身以成仁。」(위령공)

죽음과의 이런 종교적 대면은 다음 대목에서도 목격한다:

공자 가라사대, "아침에 도를 들었다면, 저녁에 죽어도 좋다."

子曰: 「朝聞道, 夕死可矣。」(이인)

죽음과 마주보는, 논어에 깃든 이런 종교성은, 앞에서 살펴본 바와 같이 어짊 체제를 낳고 조형한 종교성이지만, 그것을 낳았던 자리와는 거리를 두게 된 종교성이다. 이 장은 이 거리와 데이터의 관계를 정명론에 결부하여 다룬다.

1 선왕지도(先王之道)의 세속화

저 충격적인 구절, "아침에 도를 들으면 저녁에 죽어도 좋다"에 나오는 도(道)가 본받아야 할 정치적 선례로서 구체적으로 실현되었던 바가 다름 아닌 선왕지도(先王之道)인 것인데, 그 신성한 계보는 1장 2절과 5장 5절에서 일부를 인용했던 요왈 편 첫 대목에서 더듬어 볼 수 있다:

요임금 왈, "아! 너 순! 하늘의 역수가 네 몸에 있도다. 처한 상황 속에서 법도를 진실로 잘 잡아라. 세상이 곤궁하면, 천록은 영영 끊어지나니." 이렇게 순임금도 우임금에게 명했다. (탕 임금이 하늘에 고한다) "소자 리, 감히 검은 소를 써서, 위대하고도 위대하신 으뜸 신 제(帝)께 감히 밝게 고합니다: 죄인을 용서할 수 없나이다. 제의 신하는 감추지 않으니, 제의 마음에서 낱낱이 드러납니다. 저의 몸에 죄 있음, 세상과는 무관합니다; 세상에 죄가 있다면, 죄 있는 데는 저의 몸입니다." 주나라에 큰 은사가 있어, 선인이 부했다. (주 무왕이 말하기를) "비록 매우 친한 이들이 있어도, 어진 이들만 못하다. 백성에게 허물 있다면, 있는 데는 나 한 사람이다." 도량형에 신중하고, 예악의 법도를 살피며, 없어진 관직을 살리니, 사방 다스리는 일이 제대로 돌아간다. 없어진 제후국을 일으키고, 끊어진 대를 잇고, 숨은 인재를 발탁하니, 천하 백성의 마음이 그에게로 돌아온다. 백성을 중하게 여겨 우선인 바: 그들이 먹는 것, 상 치르는 것, 제사 지내는 것. 너그러우면 많은 이가 따르고, 믿음직하면 백성이 그에게 일을 맡기는데, 재빠르면 공을 세우고, 공변되면 (백성이) 기뻐한다.

堯曰:「咨! 爾舜! 天之曆數在爾躬。允執其中。四海困窮, 天祿

永終。」舜亦以命禹。曰:「予小子履, 敢用玄牡, 敢昭告于皇皇
后帝: 有罪不敢赦。帝臣不蔽, 簡在帝心。朕躬有罪, 無以萬方;
萬方有罪, 罪在朕躬。」周有大賚, 善人是富。「雖有周親, 不如
仁人。百姓有過, 在予一人。」謹權量, 審法度, 修廢官, 四方之
政行焉。興滅國, 繼絕世, 舉逸民, 天下之民歸心焉。所重民:
食、喪、祭。[58] 寬則得眾, 信則民任焉, 敏則有功, 公則說。(요왈)

이 책 1장 2절에서, 공자가 자장에게 가르친, 어짊 체제의 으뜸 부사
어 '어질게'의 내용을 이루는 다섯 부사어, "삼가, 관대하게, 믿음직하
게, 재빠르게, 은혜롭게(恭, 寬, 信, 敏, 惠)"가 상기 구절에서 비롯하였을 것
이라고 보았는데,[59] 이 대목 끝에 있는 "공즉열(公則說)"을 '혜즉열(惠則說)'
로 바꾸어 읽는 경우도 있다.[60] 그러나 이렇게 글자를 바꾸어 읽지 않더
라도, 백성들이 각자 바라는 더 큰 만족을, 그것을 함께할 때 그것을 함
께하지 않을 때보다 한층 편안히 잘 이룰 수 있게 해 줄 어짊 체제의, 메
타(상급) 데이터에 근거하여 치우치지 않게 두루 살피는 중용지도의 통
치가 "공(公)"의 내용이라고 보면 "공즉열(公則說)"을 '혜즉열(惠則說)'로 바
꾸어 읽는 것과 크게 다를 바가 없는 해석이 된다. 그리고 이렇게 푼,
"공(公)"이 가져올 만족스러운 상태는 3장 4절에서 인용한 대목의, 번지
의 농사일 질문에 대한 공자의 논평에 잘 표현돼 있다:

---

58 끊어 읽기를, 이 책이 그대로 답습한 온라인상(https://ctext.org/zh)의 '중국철학서전자화계획((中國哲
學書電子化計劃)'의 것(所重 : 民、食、喪、祭。)과 다르게 했다.

59 자장의 물음에 '어질게'를 다섯 개 부사어로 나누어 푼 공자의 양화 편 관련 발언은 다음과 같다: "경건히
삼가면 후회하지 않고, 관대하면 따르는 이가 많고, 믿음직하면 사람들이 그에게 일을 맡기는데, 재빠르면 공
을 세우고, 은혜롭게 베풀면 타인을 이끌기에 충분한 권위가 생긴다(恭則不侮, 寬則得眾, 信則人任焉, 敏則
有功, 惠則足以使人)."

60 미야자키 이치사다(2001)의 책 307쪽.

소인이로다, 번지는! 지배자가 예를 좋아하면, 백성은 매사 받들어 감히 아무렇게나 굴지 않고; 지배자가 의를 좋아하면, 감히 불복하지 않고; 지배자가 믿음직함을 좋아하면, 감히 꾀부리지 않는다. 무릇 이와 같다 면, 온 사방에서 백성들이 제 자식을 강보에 싸 업고 올 터인데, 곡물 재 배법은 어디 쓰겠는가?

小人哉, 樊須也! 上好禮, 則民莫敢不敬; 上好義, 則民莫敢不服; 上好信, 則民莫敢不用情。夫如是, 則四方之民襁負其子而至矣, 焉用稼? (자로)

나아가 이렇게 푼 "공즉열(公則說)"의 '열'은 다음 대목의 "열(說)"을 참조 하면 뜻하는 바가 더욱 선명해진다:

섭공이 정치를 물었다. 공자 가라사대, "가까운 데 있으면 기쁘게, 먼 데 있으면 오도록 하는 것입니다."

葉公問政。子曰: 「近者說, 遠者來。」(자로)

가까운 곳에 있는 이들을 기쁘게 하면 멀리서도 어린 자식을 강보에 싸 업고 올 것이다. 그리고 이렇게 관련 구절을 한데 모아 놓고 보면, 요 왈 편 첫 대목의 마지막 세 자 "공즉열(公則說)"의 '공'은 메타(상급) 데이 터를 제대로 붙든 어진 지배자라면 좋아해 마땅한 예(禮), 의(義), 신(信)에 서 힘을 받는 통치가 그럴 수밖에 없을 바의 치우치지 않음이 된다. 나 아가 이런 '치우치지 않음'을 통치의 '은혜로움'에 다름 아닌 것으로 본 데서 공자의 통찰력을 확인하게 된다. 다른 한편, 공자의 '어질게'를 구 성하는 다섯 부사어[61] "삼가, 관대하게, 믿음직하게, 재빠르게, 은혜롭 게(恭, 寬, 信, 敏, 惠)"중 제일의 위치에 있다고 해도 과언이 아닐 부사어 '삼가'에 상응하는 무엇을 요왈 편 첫 대목에서 찾으면, 그것은 이 대목의 전반적 분위기를 지배하는, 임금 자리의 죄인을 내치고 대신 덕 있는 자에게 천하를 주어 돌보게 하는 하늘에 고하고 다짐하는 데서 오게 마련인 경건함일 수밖에 없겠다. 즉, 저 종교적 경건함을 부사어 하나로 요약한 것이 공(恭)이라고 보게 된다. 나아가, 편안함 같은 만족으로 어찌하여 나아가건 간에 늘 취해야 할 '삼가는 자세'를 뜻하는 '공(恭)'이나 '경(敬)'이, 인간의 잘잘못을 낱낱이 아는 신령을, 그에게 바치는 제례에 참여하여 제 앞에 있도록 함으로써 몸에 익히게 된 자세라고 보게 된다. 이렇게 보는 것은 물론, 5장 5절에서, '제사 참여로 스스로에 대해 귀신이 있도록 하는 것'이 갖는 바로 이런 의미를 팔일 편 한 대목을 부각하여 짚어 보았기 때문이기도 하다.[62]

그런데, 요왈 편 첫 대목을 논어 전체와의 환유적 연관 속에서 푼 이런 해석의 아래위를 뒤집으면, 논어의 어짊 체제가 천신을 비롯한 여러 귀신들을 섬기던 전통이 세속화된 결과라는 이야기가 된다. 그리고 이 세속화의 요점은 저 요왈 편 첫 대목의 선왕지도(先王之道) 계보에도 나타나 있는데, 요컨대, 하늘의 뜻을 헤아리느라, 이를테면, 점을 치는 쪽에서 공동체가 처한 상황 속의 법도를 구체적으로 발견하여 백성이 중히 여기는 문제를 제도적으로 해결하는 쪽으로 통치술의 중점이 이동했다는 것이다. 이런 변화는, 나온 원천이 요왈 편 첫 대목과 같을 상서 한 대목에서 보다 분명하게 확인할 수 있는데, 주목할 것은 요왈 편에는 없

---

61 여기에 관한 공자의 발언은 각주59에 있고, 양화 편의 관련 대목 전체는 1장 2절에 인용되어 있음.

62 다음은 팔일 편에서 인용한 대목:
제사 모셔지면 재하는 것과 같고, 천지와 산천의 신을 제사 모시는 것은 모시는 신이 재한다는 것과 같다. 공자 가사사대, "내가 제사에 참여하지 않으면, 제사 지낸 것과 같다."
祭如在, 祭神如神在。子曰 :「吾不與祭, 如不祭。」

으나 상서 주서의 태서(중) 편에는 있는 부분이다:

비록 매우 가까운 이들이 있어도, 어진 이들만 못하다. 하늘은 우리 인
민이 보는 것에서 보고, 하늘은 우리 인민이 듣는 것에서 듣는다. 백성
에게 허물 있다면, 있는 데는 나 한 사람이다. 이제 나는 반드시 간다.

雖有周親, 不如仁人。天視自我民視, 天聽自我民聽。百姓有過,
在予一人, 今朕必往。

태서 편에는 있으나 요왈 편에는 없는 '이제 나는 반드시 간다'는 은
나라를 치러 반드시 간다는 뜻이다. 그래서 "백성에게 허물 있다면, 있
는 데는 나 한 사람이다"로 옮긴 구절의 문맥상 의미는 백성에게 허물
이 생기도록 한 상황을 바로잡는 행동에 앞장서야 할 사람은 나뿐이라
는 것이 된다. 즉, 천하를 앓게 만든 은나라를 무왕 자신이 아니면 누가
정벌하겠느냐는 말이 된다. 사실 태서 편의 이 구절은 주나라는 은나라
를 이긴다는 취지의 이를테면 '사기 진작 연설'의 일부인데, 요왈 편 저
구절에 대해 새로운 것은 백성이 '하늘의 감각 기관'이라는 주장이다.
즉, 하늘이 그것을 보고 들어 판단할 바나 명할 바를, 점을 치는 것과 같
은 종교적 절차를 통해 알아내는 것이 아니라, 백성이 보고 듣는 바를
통해 알아낸다는 것이 주나라가 은나라에 대해 갖는 비교 우위로 제시
되어 있다는 점이 새롭다. 그런데 이것이 데이터를 얻는 방식이 남다르
다는 자랑이라고 해석하는 이유는 백성이 보고 듣는 바가 대체한 것이
하늘이 보고 듣는 바이기 때문이다. 즉, 이런 대체의 전제가 되는 '변화
의 출발선'이 주관적 요소를 원천적으로 배제한 객관적 데이터에 근거
하여 다스린다는 원칙이라고 보기 때문이다.

사실, '신의 눈'이 객관적 데이터를 담보해 준다는 식의 생각은 구약

가운데, 전심전력을 다해 숨넘어가도록 주를 사랑하라는 대계명이 나오는 신명기에서도 그 예를 찾을 수 있는데, 구체적으로 신명기 12장 8절의, '우리 모두 제 욕망에 따라 행함'으로 의역되곤 하는 '각자 제 눈에 바른 바를 행함'과 신명기 6장 18절, 12장 25절과 28절에 나오는 '주의 눈에 바르고 좋은 바를 행함'의 대조가 그것이다. 이기심에 연결된 주관적 편향에 좌우되기 쉬운 제 눈에 맺힌 상이 유도하는 바를 좇지 않고 주의 눈에 비친 바르고 좋은 바를 좇는 것이, 자기를 비운 자리에 주를 모시고 전심전력을 다해 숨넘어가도록 사랑하는 길이라고 새길 수 있을 대조인데, 마음대로 부리는 '자기 탐닉의 언어'와 그렇게 부릴 수 없는 '정명의 객관 언어' 사이의 대조로 대체해 봐도 좋겠다. '제 눈'에 대조되는 '신의 눈'과 마찬가지로 마음이 세계와 공적으로 만나는 길로서 이야기될 수 있는 것이 자기 탐닉의 언어에 대조되는 정명의 객관 언어라서다. 다시 상서 태서 편의 저 구절로 돌아가 묻건대, 다스리는 자가 마음대로 다스리는 것이 아니라 하늘이 보고 듣는 바에 맞추어 다스려야 한다는 요구가 변화의 출발선이라고 볼 때 백성이 보고 듣는 바에 맞추어 다스리는 것이 어떤 점에서 은나라에 대해 비교 우위를 제공하는 변화일 수 있는가? 추리하건대, 그것은 하늘이 보고 듣는 바의 데이터에 접근하는 것이 어렵고, 또 그런 만큼, 다스리는 자나 하늘을 매개하는 역할을 하는, 점술사 같은 이들의 주관적 원망이 작용할 소지가 크다는 점뿐 아니라 공적이어야 할 데이터가 불확실하고 모호하다는 보다 근본적인 모순을 넘어설 변화이기 때문이다. 나아가, 지상의 눈과 귀가 하늘의 눈과 귀를 통하는 것보다 한층 더 믿고 의지할 만한 방식으로, 통치 결과가 통치 대상의 그에 대한 평가로 되먹임되기 마련인 세속적 통치가 그 근거로 삼을 만큼 타당한 데이터를 산출하게 될 변화라는 이런 점에 직결되는, 무왕이 자랑한 변화가 가져왔을 긍정적 결과 가운데 하나로 피치자의 판단이 통치 척도에 녹아 들 것이라는 점을 들 수 있겠는데, 여기에 대한 공자의 평가는 다음 대목에서 엿볼 수 있다:

> 자장이 공자에게 여쭈어 가로되, "어찌 하면 다스리는 일에 종사할 수 있겠습니까?" 공자 가라사대, "아름다움 다섯을 좇고, 네 가지 악을 막는다면, 그렇게 할 수 있다." 자장 가로되, "아름다움 다섯은 무엇을 이릅니까?" 공자 가라사대, "군자가 베푸는데 낭비가 없음, 일을 시키는데 원이 없음, 욕심을 내는데 탐하지 않음, 큰데도 교만하지 않음, 위엄 있는데 사납지 않음이다" 자장 가로되, "베푸는데 낭비가 없다는 것이 무슨 말입니까?" 공자 가라사대, "백성이 이롭다고 여기는 바에 근거하여 백성을 이롭게 한다면, 이 또한 '베푸는데 낭비가 없음'이 아니겠는가? 시켜도 좋을 일을 시킨다면, 또 누가 원을 하겠느냐?"…(하략)

> 子張問於孔子曰:「何如斯可以從政矣?」子曰:「尊五美, 屛四惡, 斯可以從政矣。」子張曰:「何謂五美?」子曰:「君子惠而不費, 勞而不怨, 欲而不貪, 泰而不驕, 威而不猛。」子張曰:「何謂惠而不費?」子曰:「因民之所利而利之, 斯不亦惠而不費乎? 擇可勞而勞之, 又誰怨? … (요왈)

이 대목의 '낭비 없는 베풂', '불평 없는 사역', '탐하지 않는 욕심', '교만하지 않고 큼', '사납지 않은 위엄'이 하나 같이 상기하는 것이 중용의 이상이다. 그런데 군자의 베풂이 낭비 없는 베풂이 되는 이유는 수혜자 백성이 이롭다고 여기는 바에 근거한 베풂이기 때문이라는 것이고 노역에 동원된 백성이 불평하지 않는 것은 백성도 필요한 일이라고 인정하기 때문이라는 것이다. 필요와 이로움에 대한 피치자 판단의 척도를 통치의 근거로 삼는 것이 베풂과 낭비, 힘듦과 불평, 욕심과 탐함, 위대함과 교만함, 위엄과 사나움을 혼동하게 만들기 십상인 사태의 양단을 잡고 도(道)를 트는 중용지도의 통치를 실현하는 좋은 길을 이룬다는 것인데, 이는 민심의 향방에 정권의 명운이 달려 있다는, 요왈 편 첫 대목에서도 목격하게 되는, 아래에서 곧 이야기할 '공자식 군주론'과 통한다. 사실, 요왈 편 첫 대목에서 수미쌍관적으로 두드러지는 측면이 바로, 백성의 필요와 요구에 근거하고 거기에 적절히 맞추는 정치다.

한편, 바로 그 앞의 '관계의 친소가 아니라 어진 이의 등용이 체제 옹위의 축'이라는 점은 요왈 편에서도 이야기된 주나라의 비교 우위다. 그리고 이들 비교 우위를 총론 수준에서 일반적으로 표현한 요왈 편 구절이 "주나라에 큰 은사가 있어서, 선인이 부했다"인데, 이 구절의 뜻은, 나아가 '부하다'는 말의 뜻은, 다음과 같이 이중적으로 해석될 수 있겠다: 주나라의 통치가 훌륭해서, 맡은 바를 잘 해내는 사람, 선인이 많이 모였는데; 주나라에 선인들이 이렇게 '부하게' 된 것은, 주나라에서는 제 기량을 발휘하여 맡은 일을 잘 해내면 응당 '부해지기' 때문이다. 그리고 이렇게, '주나라의 보다 우수한 통치'라는 맥락에 놓인 "백성에게 허물 있다면, 있는 데는 나 한 사람이다"는 '주나라의 우수한 통치가 결국 나 한 사람의, 허물 닦는 수신에서 비롯된다'로 해석하게 된다. 나아가 통치자 개인의 수신에 대한 강조를 5장 2절에서 살핀 '공자식 개인주의'에 비추어 일반화하면, 어짊 체제에 가입한 군자 개개인의 노력 여하와 덕 크기에 바람직한 평천하의 여부가 달렸다는 말이 된다. 그런데 이렇게 우수한 통치, 은나라 정벌의 성공 가능성, 나아가 군자 개개인의 수신 노력이 평천하에 대해 갖는 의미에 연결된 "백성에게 허물 있다면, 있는 데는 나 한 사람이다"는, 탕 임금이 고축하면서 한 비슷한 말, '자신의 죄는 세상에 물을 것이 없으나, 세상에 죄가 있다면, 그 죄 있는 데는 자신임'과는 질적으로 달라 보인다. 탕 임금의 말은 모든 죄상을 다 알고 있는 으뜸 신 제(帝)에게 검은 소 희생을 바치면서 한 말인즉, 세상의 죄를 없애려면 자신을 없애라는 말 내지 자신이 덮어쓴 세상의 죄를 용서하는 대신 희생을 받아 달라는 말로 들린다.

금문상서와 청대 고증학이 위작임을 보였다는 고문상서, 둘 모두에 있는 주서 홍범 편은 통치에 대한 주나라의 세속적 접근과는 선명하게 대조되는 은나라의 종교적 접근도 헤아릴 수 있게 해 주는데, 단적으로, 통치하다가 의문이 생기면 점을 쳐서 밝히라는 대목을 포함하는 것이, 하나라 시조 우임금의 치수 이야기에 그 기원이 있고 은나라 기자가 주나라 무왕에게 전했다는 홍범이다. 대체로 임금, 관리, 백성의 판단보다 거북점과 시초점을 친 결과를 따르는 것이 길하다고 돼 있는 홍범 편에는, 심지어, 임금, 관리, 백성의 판단이 하나같이 점술사 셋 중 둘의 말과 어긋나는 때에도, 그 둘의 말이 무엇인가 적극적으로 하라는 경우면 따르지 않는 것이 좋지만, 가만히 있으라는 경우면 그 둘의 말을 따르는 것이 좋다고 돼 있다. 이렇게 상서를 요왈 편 첫 대목 해석에 참조하는 것은 요임금의 "천하의 역수가 네 몸에 있도다"에서 "세상이 곤궁하면, 천록이 영영 끊어지나니"는 상서 대우모 편에서, 탕 임금의 "소자 리(履), 감히 검은 소를 써서"에서 "세상에 죄가 있다면, 죄 있는 데는 저의 몸입니다"는 탕고 편에서, 주 무왕의 "비록 매우 가까운 이들이 있어도, 어진 이들만 못하다"와 "백성에게 허물 있다면, 있는 데는 나 한 사람이다"는 태서(중) 편에서, 각각 같거나 비슷한 표현을 발견할 수 있기 때문이기도 한데, 대우모 편, 탕고 편, 태서 편은 모두 고문 상서에만 있다. 나아가 금문 상서에는 없는 이들 편언들이 요왈 편에 들어 있다는 사실은 공자가 제자들에게 그에 대해 실천적으로 해설해 준 문헌 중에 금문 상서 이후에 만들어진 고문 상서에 들어간 자료가 있었을 것이라고 추리하게 만든다. 그런데 방금 '공자가 그에 대한 실천적 해석을 가르친 문헌'이라고 한 것은 특히 다음 대목에 근거한 것이다:

> 공자는 넷으로 가르쳤다—문헌, 행함, 진실되게, 믿음직하게.
>
> 子以四教: 文, 行, 忠, 信。(술이)

즉, 공자의 가르침은 첫째, 옛 문헌에서 온 것인데, 둘째, 옛 문헌에 있는 말이 지금 행해질 때 어떤 모습이 되는지를 가르쳤고, 셋째, 그 행함을 안으로는 진실되게 하도록 가르쳤고, 넷째, 밖으로는 믿음직하게 하도록 가르쳤다는 말이다. 전체적으로는, 침묵하는 문헌이 제기하는 해석학적 도전을 실천적 관점에서 풀어낸 것이 공자의 가르침이었다는 말이다. 나아가, 문헌 속 옛 말을, 몸으로 하는 진실되고 믿음직한 실천으로 번역하는 데 따르는 어려움은 다음 구절에 잘 표현되어 있다:

> 공자 가라사대, "문헌이라면, 내가 어느 누구 못지 않다. 몸으로 행하는 군자인즉, 내가 아직 달하지 못했다."
>
> 子曰: 「文, 莫吾猶人也。躬行君子, 則吾未之有得。」(술이)

결론적으로 지금 살피고 있는 요왈 편 첫 대목은, 고문 상서에 들어간 옛 말을 포함하여, 공자가 실천을 염두에 두고 그것들을 해석하여 끌어낸 바를 현재 진실되고 믿음직하게 행하려면 어떻게 해야 하는지를 가르친 옛 말들 중에서 특히 중요하다고 평가된 것을 역시 공자의 가르침을 기준으로 편집해 놓은 것에 속한다고 보는 것이 그에 대한 온당한 위상 평가일 터이다.

다른 한편, 요왈 편 첫 대목에서 저 무왕 연설 인용에 이어지는 것이 백성의 눈과 귀를 통해 포착한 데이터에서 부각된 문제를 제도적으로 해결하여 민심을 얻었다는 이야기인데, 이는 열거된 제도적 방책들 역시, 점을 치는 것과 같은 종교적 절차를 통해 하늘이 명하는 바로서 알아낸 것이 아니라, 피지배 계급의 눈과 귀를 통해 포착한 데이터에서 더 큰 만족을 향한 윤리적 실천으로서의 행함을 구체적으로 도출할 수 있게 해 주기 때문에 따르지 않을 수 없는 도(道)가 명하는 것들이었다는 말이다. 즉, 요왈 편 서두에 있는 '처한 상황 속에서 법도를 진실로 잘 잡아 세상이 곤궁해지는 일이 없도록 하라'의 '상황 속 법도'가 명하는 것들이었다는 말이다. 사실, 세상이 곤궁해지면 왕위를 잃게 되니 상황에 들어맞는 법도를 따름으로써 세상이 곤궁해지는 일이 없도록 하여 왕위를 잘 지키라라는 저 훈시는 동아시아의 토착적 '마키아벨리(Machiavelli, Niccolò)류 군주론'의 시원이라고 해도 좋을 것인데, 요임금이 순임금에게 하고 순임금이 우임금에게 되풀이했다는 저 훈시를 이런 맥락에서 번역하면, '포르투나가 네게로 왔으니 중용의 덕으로 확고히 붙들어 왕위를 지키라'는 말이 된다. 나아가 선왕지도(先王之道)의 세속화는 마키아벨리의 '포르투나'를 다루는 인간의 실천적 덕이 한층 강조되는 쪽으로의 변화에 다름 아니겠다. 주서 태서 편에서 인용한 저 관련 구절은 이런 변화가 하늘과 백성의 '부분적 치환'을 매개로 하는 것임을 알려주고 있다고 하겠는데, 여기에 대한 언급이 태서 편에는 명백히 보이는 반면 논어 요왈 편에서는 '잘 보이지 않는' 것은 이런 치환을 일종의 선이해로서 전제하고 있는 것이 논어의 어짊 체제였기 때문이기도 할 터이다. 그런데 방금 요왈 편에는 '잘 보이지 않는다'고 한 까닭은 '사해가 곤궁해지면 왕위를 잃는다'는 저 훈시가 암묵적으로 전제하고 있는 것이 왕위를 주는 하늘과 그에 대한 통치의 결과가 나쁘면 왕위를 잃게 되는 백성의 등가적 상응 관계이기 때문에 '요왈 편에는 없다'고까지 할 수 없어서다. 또 '부분적 치환'이라고 한 것은 세속화에도 불구하고 종교성이 유지되는 측면이 있어서다. 되풀이하거니와, 이런 마키아벨리적 논어 해석은 요왈 편 첫 대목을 논어 전체와 연관시킬 때 한층 확고해진다 할 것인데, 다음은 이런 환유적 연관 속에서 저 선이해를 짚어 볼 수 있게 해주는 한 대목이다:

> 공자 가라사대, "사람이 도를 넓힐 수 있는 것이지, 도가 사람을 넓히는 것이 아니다."
>
> 子曰: 「人能弘道, 非道弘人。」(위령공)

백성의 눈과 귀를 통해 포착한 데이터의 실천적 함의를 드러내는 도 (道)가 사람이 스스로의 노력으로 넓히는 길이지, 이 길 내지 도가 사람을 넓히는 것이 아니라는 이 언명은, '귀신 숭배'에서 '인간 스스로 쌓은 덕의 발휘'로 통치술의 중점을 옮긴, 하늘의 뜻과 명을 백성이 바라는 바에 연결한 숨은 전제를 짚을 수 있게 해준다. 같은 맥락에서 상기하게 되는 또 다른 발언이, '나라 다스리는 데 귀신을 멀리하는 대신에 스스로가 잘 다스리기 위해 노력한다면 안다 할 수 있다'고 한, 5장 4절에서 재차 인용한 발언인데, 선왕지도(先王之道) 세속화의 윤곽을 단적으로 보여주고 있다 하겠다:

> 백성을 의롭게 하는 데 힘쓰고, 조상신과 천지의 신령을 공경하되 멀리 한다면, 안다 할 수 있다.
>
> 務民之義, 敬鬼神而遠之, 可謂知矣。(옹야)

즉, 지배 대상을 잘 다스리려는 인간의 세속적 노력이 중요하기는 하지만, 이런 노력도 귀신을 공경하는 가운데 삼가며 경주할 바라는 것이다. 잘 다스리려 애쓰되, 제자 자공의 질문에 공자가 '어질게'를 이루는 것으로 나열한 부사어 '삼가, 관대하게, 믿음직하게, 재빠르게, 은혜롭게(恭, 寬, 信, 敏, 惠)' 중의 수위 부사어라 할 '삼가'의 공경하는 자세로 애써야 한다는 것이다. 바로 이 요구가 '조상신과 천지의 신령을 공경하되 멀리하라'를 '백성을 의롭게 하는 데 힘쓰라'에 이어 말한, 전자를 소극적으로 '조상신과 천지의 신령을 무서워하고 멀리하라'로 새길 때는 잡을 수 없는 적극적인 뜻일 터이다. 나아가, 귀신을 삼가 의식하며 백성을 의롭게 하려고 애서 마땅한 이유 하나는 통치를 잘 하자면 따라야 할 하늘의 눈과 귀의 역할을 하는 것이 이제는, 주나라에서는, 백성이기 때문이다. 그래서 이제는 구체적 시책 꾸미기의 근거가 되는 데이터가 그 산출자인 백성이 불의해서 왜곡되는 경우가 없도록 하기 위해서도 백성이 의롭도록 삼가 애써야만 하게 된 것이다. 한편, 백성이 하늘의 눈과 귀의 역할을 하는 나라라고, 주서 태서 편에서 무왕이 자랑한 주나라에 대한 공자의 평가가 어떠했는지는 다음 구절에서 역연하다:

> 공자 가라사대, "주나라는 하나라와 은나라를 살펴, 제도가 완숙하고도 완숙하도다! 나는 주나라를 따른다."
>
> 子曰:「周監於二代, 郁郁乎文哉! 吾從周。」(팔일)

하나라와 은나라의 제도를 보고 완성한 주나라의 제도가 어떤 모습이었는지를 요왈 편 첫 대목이 그 대강을 보여주고 있음은 방금 본 대로다. 나아가 주나라 무왕이 은나라에 대해 주나라를 차별화한 지점 하나가 하늘의 눈과 귀를 백성의 눈과 귀로 대신한 점이라는 데 유의하면서 '나는 주나라 제도를 따르겠다'는 공자의 발언이 위치한 팔일 편의 전후 문맥을 2장 서두에서 추정한 논어 편집의 논리에 따라 살피면, 역시, 세속화된 종교로서의 예에 주목하게 된다. 유의할 것은, 아무리 세속화되었다 하더라도 어디까지나 신적인 존재를 의식하며 어떤 경우에도 마땅히 삼가야 할 바의 기준이라는 측면에서는 그것이 나온 자리의 종교성이 유지되었다는 점이다. 우선, 저 구절이 나오기 전에 언급된 주제들이 이루는 흐름은 다음과 같다: 하나라와 은나라 예를 정확히는 알 수 없다는 언명, 체 제사 관련 대목 둘, 제사에 참여하는 것이 모시는 신령이 제 앞에 있도록 하는 일이라는 구절, 그리고 하늘에 죄를 지으면 빌 데가 없다는 공자의 언명. 여기에 이어 저 구절이 등장한 이후의 흐름은 다음과 같다: 노나라 대묘에서 매사를 묻는데 예를 안다고 할 수 있느냐는 힐난에 거기서는 묻는 것이 예라는 공자의 응수, 활쏘기는 가죽 과녁을 위주로 하지 않고 노력 동원은 각자 형편에 맞게 하는 것이 "옛 길(古之道)"이었다는 언명, 제례에 쓰는 양을 아끼기보다는 예를 중시한다는 발언, 임금 섬기는 데 예를 다하는 것을 아첨하는 것이라고 여기는 시속 묘사, 임금은 예로 신하를 부리고 신하는 성심으로 임금을 섬기는 것이라는 공자의 대답, 시경 주남의 시 '관저'에 대한 공자의 평가. 이렇게 그 전후를 살필 때, 주나라 제도를 평가한 저 구절은 논어 팔일 편의 화제가 주나라 이전의 종교적 제례에서 주나라의 세속적인 예악 제도로 옮겨가는 흐름 속에 배치돼 있음을 보게 된다. 그러나, 그럼에도 불구하고 이런 세속화가 앞에서 논의한 어짊 체제의 종교적 차원에 의해 결정적으로 규정되었던 것임은 새삼 재론할 필요가 없겠다. 하여, 정치에 대한 믿음은 죽음을 넘어가는 믿음이어야 했던 것이다.

2 동아시아 보통 교육의 시원

방금, 백성이 부패하도록 방치하면, 주나라 들어 새로, 백성이 하늘을 대신하여 수행하게 된 역할을 할 수 없게 된다는 이야기를 했는데, 이는 백성을 의롭게 만드는 것이 중용지도를 좇아 백성을 기쁘게 함으로써 하늘이 준 왕위를 유지하는 데 꼭 충족해야 할 통치 조건이 되었다는 이야기가 된다. 물론, 백성 자신도 의롭도록 통치되는 것이, 통치자의 온전한 데이터 인식과 그에 바탕한 중용지도적 시책을 매개로, 자신을 기쁘게 하는 결과를 가져오게 될 터이다. 백성이 믿음직한 군자를 좇는 것은 이렇게 하는 것이 결국, 특히 자신도 중히 여기고 있을 먹고 상 치르고 제사 지내는 세 가지 일과 관련하여, 더 큰 만족을 가져오리라는 것을, 이해하지는 못하더라도, 굳게 믿기 때문일 터이다.[63] 그런데 백성이 의롭게 되는 것이 정치 공동체 성원 모두에게 더 큰 만족을 가져오리라는 믿음은 과연 어떻게 제도화될 수 있을 것인가? 사실 이것이 문제다. 그리고 여기에 대한 공자의 궁극적 대답은, 물론, 가르치는 것이다:

공자가 위나라로 갔는데, 염유가 그를 위해 수레를 몰았다. 공자 가라사대, "사람이 많구나!" 염유 가로되, "인구가 이미 많습니다. 여기에 또 무엇을 더해야겠습니까?" 가라사대, "그들을 부유하게 한다." 가로되, "이미 부유해졌다면, 여기에 또 무엇을 더해야겠습니까?" 가라사대, "그들을 가르친다."

---

63 "더 큰 만족을 가져오리라는 것을, 이해하지는 못하더라도, 믿기 때문이다"는 1장 3절의, 태백 편에 있는 다음 공자 발언의 해석에 연관된 표현이다: "백성은 선왕지도(先王之道)의 옛 길을 말미암게는 할 수 있으나, 그것을 알게 할 수는 없다(民可使由之, 不可使知之)." 또 그 앞의 "(백성) 자신도 중히 여기고 있을 먹고 상 치르고 제사 지내는 세 가지 일"은 이 장 1절에서 분석한 요왈 편 첫 대목에서 온 것이다: 백성을 중하게 여겨 우선인 바―그들이 먹는 것, 상 치르는 것, 제사 지내는 것(所重民 : 食, 喪, 祭).

子適衛，冉有僕。子曰：「庶矣哉！」冉有曰：「既庶矣。又何加焉？」曰：「富之。」曰：「既富矣，又何加焉？」曰：「教之。」

(자로)

사람이 많다는 공자의 평은 위나라에 좋은 정치가 있어 사람들이 몰려든다는 판단을 함축한다고 보는 것이 논어 전체와, 특히 앞 절에서 인용한 '가까운 데 있는 이를 기쁘게 하여 먼 데 있는 이를 오게 만드는 것이 정치'라고 한 자로 편 한 대목과, 맞아떨어지는 해석일 터이다. 사람이 많이 모이면 그 다음으로 해야 할 일이 부유하게 만드는 일이라고 했는데, 이는, 정치를 백성을 지키고 먹이고 믿게 하는 것이라고 한, 이 책처음에 인용한 다음 대목 그 옆에 놓고 보면, 잘 먹는 것 이상으로 풍요로운 부를 누리게 하는 것이, 인구를 불려 안보 역량을 제고한 다음 성취해야 할 목표라는 이야기에 가까워진다:

자공이 정치를 물었다. 공자 가라사대, "충분한 식량. 충분한 군비. 백성이 정치를 믿는 것이다." 자공 가로되, "어쩔 수 없이 꼭 버려야 한다면, 이 셋 중 무엇이 먼저입니까?" 가라사대, "군비를 버린다." 가로되, "어쩔 수 없이 꼭 버려야 한다면, 이 둘 중 무엇이 먼저입니까?" 가라사대, "먹는 것을 버린다. 자고로 누구나 죽는 것인데, 백성이 믿지 않으면 서지 않는다."

子貢問政。子曰：「足食。足兵。民信之矣。」子貢曰：「必不得已而去，於斯三者何先？」曰：「去兵。」子貢曰：「必不得已而去，於斯二者何先？」曰：「去食。自古皆有死，民無信不立。」 (안연)

한편, 자로 편의 저 구절에서 백성들을 부유하게 만든 다음에는 가르친다고 하였는데, 안연 편에서 거듭 인용한 위 대목을 참조하건대, 이는 무엇보다 믿도록 가르친다는 말일 터이다. 무엇을 믿도록 가르칠 것인가? 지금까지 논어를 두고 이야기해온 바에 비추건대, 만물에 혜택을 주는 하늘의 통치에 가까운 통치가 실현되어 그 혜택을 만세에 누리게 될 길을 믿도록 가르쳐야 할 것이다. 이런 통치를 모범적으로 구현했던 선왕지도(先王之道)를 따라 의롭게 되는 것이 자신에게도 더 큰 만족을 가져올 이로운 길임을 가르쳐야 할 것이다. 그런데 이 가르침은 지금 경험하는 통치가 바로 이런 통치임을 가르치는 이를테면 '세뇌'와는 다른데, 단적으로 말해, 이를 제대로 배운 백성이라면 과거 어느 시기의 통치가 바로 이런 통치였는지의 여부뿐 아니라 현재 경험하는 통치가 바로 이런 통치인지의 여부를 판단할 수 있을 것이기 때문이다. 하여 아니라고 판단한다면, 그 다름의 정도가 얼마나 심한지도 비판적으로 판단할 수 있을 터이다. 그런데 공자의 다음 발언에 따르면 당대 백성들이 바로 이런 비판적 능력을 갖춘 백성이어서 그 앞에서 근거 없는 칭찬이나 비난을 할 수 없다:

> 공자 가라사대, "내가 남을 평가하면서, 누구를 낮추고 누구를 높이는가? 높이는 데가 있는 인물이라면, 그것은 내가 그를 시험한 적이 있다는 말이다. 이 백성들로 말할 것 같으면, 이들로 하여 하·은·주 삼대가 도를 곧게 하고 그에 입각해 바라는 바를 좇았다."
>
> 子曰: 「吾之於人也, 誰毀誰譽? 如有所譽者, 其有所試矣。斯民也, 三代之所以直道而行也。」 (위령공)

이 대목은 아래에서 정명론과 중용지도의 맥락에서 다시 거론할 곳이거니와, 바로 이 부근이 지금도 유효한 동아시아 보통 교육의 이상이 유래한 연원이라 할 만한 곳이다. 바른 도(道)를 중용지도의 담지자인 대중, 바로 이들 사이로 닦고 넓혀 어짊 체제를 제도화한다는 생각에 닿아 있는 논어판 보통 교육의 내용에는 전쟁에 나가 싸우는 법, 일하는 법에 관한 것도 있다. 우선, 지도자의 권위를 인정할 줄 알게 하는 것을 포함하는, 저 이로운 길에 대한 일반적인 보통 교육의 필요에 이어 직업 교육을 언급한 대목을 선왕지도(先王之道) 가설을 반영한, 2장 2절의 졸역으로 읽어 보자:

> 계강자가 물었다, "백성이 삼가 충실하게 맡은 일에 애쓰도록 하려면, 어찌하여야 하겠습니까?" 공자 가라사대, "선왕지도에 의젓하게 임하면 삼갈 것이고, 선왕들처럼 효성스럽고 자애로우면 충실할 것이며, 선왕들처럼 일 잘하는 이를 등용해서 일 못하는 이들을 가르치면, 애쓸 것입니다."
>
> 季康子問：「使民敬、忠以勸，如之何？」 子曰：「臨之以莊則敬，孝慈則忠，舉善而教不能，則勸。」(위정)

지도자의 모범을 따라 마음을 잘 닦은 근면한 인민이 부를 만족스럽게 창출하고 쌓는 나라를 그리게 되는 장면인데, 양질의 노동력 역시 교육을 통해 길러진다는 점을 이야기하고 있다. 나아가, 군대다운 군대를 만드는 것도 교육이라는 점에 대한 공자의 생각은 다음 대목에서 확인할 수 있다:

> 공자 가라사대, "백성을 선인이 칠 년 가르치면, 참전 역시 가능해진다."
>
> 子曰：「善人教民七年，亦可以即戎矣。」(자로)

선한 이가 선하기 때문에 가르치는 것에는[64] 전쟁에 필요한 용기와 기술도 있는데, 이를 배워 실제 쓸 수 있는 단계에 이르는 데는 칠 년이라는 세월이 걸린다는 말이다. 즉, 천하 혹은 나라가 편안하자면 반드시 보장되어야 할 것이 평화인데, 선한 이는 이런 평화를 자신이 선한 고로 반드시 보장하려 할 것이나, 이런 평화는 단순히, 선하다고 해서 보장되는 것이 아니라 멀리 내다보며 백성을 가르쳐 전쟁에 대비할 때 보장된다는 것이다. 결론적으로, 다스리는 이가 선한 이라면 장기적인 안목으로 백성을 꾸준히 잘 가르쳐서, 생업에 충실히 임하고 모여서 더불어 사는 데 탁월할 뿐 아니라 전쟁 역시 잘 하는 백성으로 변화시킬 것이라는 말이다. 그리고 여기에 곧바로 이어지는 것이 다음 대목이다:

> 공자 가라사대, "백성을 가르치지 않고 전쟁하는 것, 이를 백성을 버리는 것이라 한다."
>
> 子曰: 「以不教民戰, 是謂棄之。」 (자로)

이로써 논어의 부국강병론을 일별했는데, 여기서도 단연 돋보이는 것이 교육에 대한 강조다. 한마디로, 논어의 부국강병은 '교육을 통한 부국강병'이다. 더 나아가 평천하 방략의 핵심에 해당하는 것이 교육이다. 그리고 여기에는 앞에서 살핀 군자 교육은 물론이고 일반 백성을 대상으로 하는 보통 교육도 포함되는데, 3장 4절에서 인용한 다음 구절에서 보는 것처럼, 어짊 체제의 평천하로 이끄는 것이 전자라면 어짊 체제의 평천하를 완성하는 것이 후자다:

---

64 선인의 이런 모습은 3장 4절에서 인용한, 같은 자로 편의 다음 구절에서 가져온 것이다:
공자 가라사대, "선인이 나라 다스린 지 백 년이 되면, 또한 잔인함을 극복할 수 있게 되어 사형으로 다스려야 할 일이 없을 터.' 이 말이 참으로 참이로고!"
子曰: 「善人為邦百年, 亦可以勝殘去殺矣。誠哉是言也!」

공자 가라사대, "왕다운 왕이 다스리게 되더라도, 일 세는 꼭 지나고 나서야 어질어진다."

子曰: 「如有王者, 必世而後仁。」(자로)

3 말로 하는 정치의 근원적 난문

어떻게 나라나 천하를 어질도록 할 것인가? 예악 플랫폼 상 교육을 통해 백성의 어짊 체제 가입을 촉진하고 가입 충실도를 심화함으로써 그렇게 할 것이다. 그런데 교육을 통해 천하가 어질어지는 것은, 방금 인용한 자로 편 한 구절에서 보는 것처럼, 꾸준히 밀고 나가야 성사될 일이다. 세대 교체에 걸리는 정도의 시간은 지나야 어질어진다는 것인데, 다음은 나라나 천하를 어짊으로 돌려 편안하게 만들 목적으로 하는 일을 연장 사용하는 일에 비긴, 4장 2절에서 인용한 대목이다:

자공이 어짊을 목표로 한 실천을 물었다. 공자 가라사대, "장인이 제 일 잘 하기를 원하면, 먼저 제 연장을 버린다. 어느 나라에 머물건 간에, 그 나라 대부 가운데 현명한 이를 섬기고, 그 나라 선비 가운데 어진 이를 벗하라."

子貢問為仁。子曰: 「工欲善其事, 必先利其器。居是邦也, 事其 大夫之賢者, 友其士之仁者。」(위령공)

1장 1절에서 정치는 말로 하는 것이라고 했는데, 말은 또한 사람이, 말 없는 연장이 아닌 사람과 하는 것이다. 그래서 정치는 사람이 사람과 하는 것일 수밖에 없다. 하여 위 구절은, 아무렇게나 아무하고나 일을 도모하지는 않는 군자가 뜻할 법한 일에 관해 말이 통하여 그 일을 함께 이루자고 더불어 나아갈 만한 현명한 대부와 어진 선비와 관계 맺는 것이 군자로서 어짊 실천을 준비할 때 우선적으로 해야 할 일이라 하고 있다. 물론, 이들 대부와 선비는 어짊 실천의 대상이 되는 나라에 대해서도 구체적으로 잘 알기 때문에 어짊을 실천하려는 이가 '상황 속 법도'를 잡아 바라는 바를 이루자면 관계맺지 않을 수 없을 인물들일 터이다. 나아가 말없는 연장을 부려 바라는 바를 이루는 장인의 데이터와, 어짊 때문에 자임한 평천하 같은 일을 말로 도모하는 군자의 실천 근거인 메타(상급) 데이터는 다를 수밖에 없다. 역시 1장 1절에서 인용한 자하의 다음 발언을 상기하건대, 장인의 데이터는 물화되어 일터 안으로 조직될 수 있고 또 조직되는 것이 전형적인 반면, 그래서 대체로, 데이터를 품은 일터에 평안하게 자리 잡으면 일터에 모여 이루고자 하는 바를 해당 데이터를 굳이 의식하지 않아도 자연히 이룰 수 있게 되는 반면, 일터와 일터, 그리고 문밖 일터와 문안을 연결하는 길에 있는, 군자의 데이터는 장인의 경우 같이 일정한 공간 속에 한정된 형태로 주어지는 것이 아니다:

> 자하 가로되, "기술 가진 자 모두는 그 기술이 실현되도록 꾸며진 일터에서 평안하게 머물면서 자신이 맡은 일을 이루고, 군자는 자신이 맡은 길을 배움을 통해 최선의 길로 만든다."
>
> 子夏曰: 「百工居肆以成其事, 君子學以致其道。」 (자장)

군자의, 사람들이 오가는 길에 있는 데이터는 또한, 1장 5절에서 해설한 정명론을 상기하건대, 보다 큰 만족을 향한 실천을 전제하는 말이, 일터로 나왔다가 돌아갈 문안이나 일터가 서로 다른 사람들 사이로도,

오가는 길에 있다. 1장 1절에서 살핀 대로, 선왕지도(先王之道)를 모범적 선례로 하는 이 길을 최선의 것으로 만들어 지키는 것이 군자의 일인데, 자하의 저 발언에 따르면, 이는 배우지 않고는 이룰 수 없을 과업이다. 뭔가를 배워 한다는 것은 대개 누군가 그렇게 하는 것을 가르친다는 것이고, 가르친다는 것은 그렇게 하면 바라는 쪽으로 일이 '어찌하여' 이루어지는지를 누군가에게 배웠거나 스스로 알게 됐다는 뜻이다. 논어가 상정하는 경우를 포함시키면, 후자에는 나면서 아는 경우도 속하겠다.[65] 그런데 최선의 길을 만드는 정치적 실천을 이렇게 가르치고 배우게 됐다는 것은 실행의 맥락에 묻혀 의식되지 않았던 원리를 끄집어내서 대상화하는 데 성공했다는 이야기다. 논어에 따르면, 이런 성공은 주로 가까운 곳에서 일어나는 것인데, 이를 다른 먼 맥락에도 성공적으로 적용할 수 있게 되는 것은, 부분적으로는, 가르칠 만한 원리의 대상화가 당초부터 어짊 체제의 어짊으로 말미암은, 무도한 세상을 하루빨리 온전히 어짊으로 되돌리려는 간절한 것이었기 때문이기도 하다. 지금까지 이야기해온 '말길'은 이런 간절한 어짊에서 동력을 얻는 맥락 이동이 그를 통해 일어나는 길이라고도 할 것인데, 바로 이 점에서 예컨대 공방의 장인이 다루는 데이터와 어진 군자가 다루는 메타(상급) 데이터의 서로 다른 성격은 이들 데이터가 자리한 장소의 서로 다른 성격과 맺어져 있다. 그런데 유래한 맥락 혹은 조회하는 데이터가 서로 다른 다양한 말이 오가는 길의 메타(상급) 데이터에 근거하여 그 길을 최선의 길로 만드는 데 필요한 배움 역시 더불어 말하는 데 어려움이 없어야 가능할 터여서, 선왕지도를 좇는 저 길을 환유하는 말길로 소통하지 못하는 경우에는, '선왕지도의 평천하 지향 정치'를 실천하는 것은 물론이고, 그에 대

---

65 술이 편과 계씨 편에 있는 "나면서 안다(生而知之)"를 포함하는 구절은, 차례로 각각, 1장 2절과 1장 1절에 인용돼 있다. 술이 편에 있는 구절의 번역은 2장 1절에서도 찾을 수 있다.

해 배우는 것조차 어려울 것이다. 다음은 함께할 말길이 놓여 있지 않다고 여겨진 이가 공자에게 배우러 왔을 때 벌어진 일을 알게 해주는 논어한 대목이다:

> 호향 사람이 말을 함께하기 어려운데, 그곳 동자가 나타나서, 문인들이 당황했다. 공자 가라사대, "그 나아감을 함께하는 것이고, 그 물러남을 함께하는 것이 아니니, 어찌 심하게 할 것이냐! 사람이 자기를 깨끗이 해서 앞으로 나아갈 때, 함께하는 것은 그 깨끗함이니, 그 과거까지 떠안는 것이 아니다."
>
> 互鄕難與言, 童子見, 門人惑。子曰: 「與其進也, 不與其退也, 唯何甚! 人潔己以進, 與其潔也, 不保其往也。」 (술이)

3장 2절에서 부각했던 '평천하를 위해 가리지 않고 가르친 공자'의 상을 확인해주는 대목이기도 하거니와, 지금 주목할 것은 말을 함께하기가 어렵다고 여겨진다는 것이 공자의 제자가 되느냐 마느냐를 가르는 변수로 고려됐었다는 점이다. 하여, 평천하 천명을 달성하기 위해 공자가 택한 길이 결국은 교육이었다는 점을 나란히 놓고 볼 때, 더불어 같은 말을 함께할 수 있음이 정치적으로 중요한 의미를 갖는 입문 조건이었다는 것을 깨닫게 된다. 정명에서 출발하는 말을 행하여 평천하에 달할 군자를 기르는 것이 공자식 교육의 궁극이었기 때문에 말을 함께할 수 없다고 판단되는 지원자는 공자 문하의 일원이 되기가 어려웠던 것이라고 이해하게 된다. 나아가 타인과 통하는 말길이 넓어진다는 것이 한 개인에게 얼마나 중대한 진보라 여겨졌을지를 짐작하게 된다. 다음은 시를 배우는 이유를 이야기하는 대목이다:

공자 가라사대, "자네들! 어찌 시를 배우지 않을 것인가? 시를 하면, 일어날 수 있고, 살필 수 있고, 모일 수 있고, 원을 할 수 있다. 시를 통해 가까이는 아버지를 섬기고, 멀리는 임금을 섬긴다. 날짐승, 길짐승, 풀과 나무의 이름을 많이 기억하게 된다."

子曰: 「小子! 何莫學夫詩? 詩, 可以興, 可以觀, 可以群, 可以怨。邇之事父, 遠之事君。多識於鳥獸草木之名。」(양화)

시는 사람을 일으켜 사람됨의 완성을 기하도록 해 주고, 사회적 질서의 근본에 있는, 사람들이 그것으로 말미암는 혹은 그것을 말미암는 바를 파악할 수 있을 정도의 관찰력을[66] 갖도록 도와 주고, 사람들이 모듬살이를 함께하는 데 문제가 없도록 해 주며, 그래도 모듬살이에 문제가 생겼을 때는 그 문제를 공적으로 표출할 수 있도록 해 준다는 것이다. 이렇게, 개인적 수신은 물론이고 사회 생활의 영위에도 중대한 도움을 주는 것이 시이기 때문에 배우는 것이 사람으로서 사람 사이의 관계를 잘 해 나가는 데 큰 도움이 될 것인바, 그 중 일신을 기준으로 가까운 쪽에 있는 혈연 관계도 먼 쪽에 있는 군신 관계도 잘 해나갈 수 있게 해 주는 것이 시 학습이라는 이야기다. 덧붙여, 이런 사회적 관계, 그 바깥을 채우는 자연적 존재들의 이름까지 잘 기억하도록 돕는 것이 또한 시 학습이라는 것이다. 여기서 주목할 것은 시의 여러 측면 가운데서도 사

---

[66] "사람들이 그것으로 말미암는 혹은 그것을 말미암는 바를 파악할 수 있을 정도의 관찰력"은 5장 5절에서 해설한 위정 편 다음 대목의, 특히 "볼 시(視)"에 대비되는, "볼 관(觀)"에 대한 해석에서 온 것이다:
공자 가라사대, "편안해 하는 바에 비추면 수단으로 드러날 행동을 보고, 그것을 어찌하여 하는지를 면밀하게 보고, 편안해 하는 바를 종합적으로 면밀하게 본다. 사람이면 숨을 수 있겠는가? 사람이면 숨을 수 있겠는가?"
子曰: 「視其所以, 觀其所由, 察其所安。人焉廋哉? 人焉廋哉?」

람들이 모여 사는 데 따르는 문제를 풀어 함께 잘 살 수 있도록 하는 데 도움을 주는 측면이 크게 부각되어 있다는 점이다. 자연스럽게도, 이 대목에 이어 나오는 구절이 바로 1장 5절에서 인용하면서 문안과 문밖을 구분하는 담벼락을 뚫어 길을 내는 것이 시라는 뜻으로 새긴 다음 구절이다:

> 백어를 일러 공자 가라사대, "너는 정풍(正風)을 했느냐? 사람이 정풍을 하지 않으면, 그 처지가 담벼락을 바로 마주하고 서 있는 것 같을 것이다."
>
> 子謂伯魚曰:「女爲《周南》、《召南》矣乎? 人而不爲《周南》、《召南》, 其猶正牆面而立也與?」(양화)

여기서 그리게 되는 '담벼락을 바로 마주하고 서 있는 듯한 사람'은 말길이 막힌 사람, 예를 들면 저 "호향" 사람이다. 시는 군자가 말을 잘하자면 배워야 할 필수 교양이라는 점은 앞에서 이미 짚은 바 있거니와, 시를 배우라는 것은 말길을 잘 통하도록 열고 또 넓혀 모듬살이를 잘 영위하라는 말, 또 모듬살이가 잘 영위되도록 자신의 말부터 보살피라는 말이다. 그리고 이런 관점에서 본, 천하 편안케 하는 평천하는 결국 군자의 말길을 넓혀 만인의 말길을 넓히는 일이다. 나아가 이런 평천하가 어짊 체제의 궁극이라는 관점에서 살필 때, 말하는 능력이 남의 말을 듣고 평가하여 덕 있는 인재를 등용하는, 어짊으로 말미암고 어짊을 말미암는 정치적 능력에 직결되어 있다는 이야기의 맥락을 보다 심층적으로 이해하게 된다:

공자 가라사대, "명할 줄 모르면, 어떻게도 군자 역할을 할 수 없다. 예를 행할 줄 모르면, 어떻게도 설 수 없다. 말할 줄 모르면, 어떻게도 사람을 알아볼 수 없다."

子曰: 「不知命, 無以爲君子也。不知禮, 無以立也。不知言, 無以知人也。」 (요왈)

졸역은 여기서 이야기된 앎이 실천적 앎이라는 것을 전제로 해석한 결과인데, 그래서 '명을, 예를, 말을 안다'를 '명할 줄, 예 행할 줄, 말할 줄 안다'로 옮겼다. '사람을 안다'도 사람을 등용하는 실천적 능력에 중점을 두고 옮겼다. 우선, 논어에서 '군자 역할을 한다'는 무엇보다도 지배한다는 것인데, 명백히, 지배는 명할 줄 알아야 할 수 있는 일이다. 이는, 같은 요왈 편 첫 대목에 있는 선왕의 선례에서 보는 것과 같이, 후계자에게 명할 줄 앎을 포함한다:

아! 너 순! 하늘의 역수가 네 몸에 있도다. 처한 상황 속에서 법도를 진실로 잘 잡아라. 세상이 곤궁하면, 천록은 영영 끊어지나니.

咨! 爾舜! 天之曆數在爾躬。允執其中。四海困窮, 天祿永終。 (요왈)

그 다음, 예에 관한 언명은, 이 책의 해석으로는, 자신의 언행을 어짊 체제의 적절한 부사어로 한정할 수 있어야 사람들 사이에서 평천하 같은 보다 큰 만족을 추구하는 인격적 주체로 더불어 설 수 있다는 뜻이다. 끝으로, 말에 관한 언명은 말할 줄 아는 능력이 있어야만 남을 알아본다는 이야기인데, 지금 이 대목에서 특히 주목하려는 것은 '말할 줄 앎'에 '타인을 알아볼 줄 앎'을 연결시킨 점이다. 말할 줄 알아야 타인의 말을 듣고 그 덕을 잴 수 있다는 것인데, 고대 희랍의 헤라클레이토스를 연상케하는 해석학적 통찰이 아니고는 할 수 없었을 발언이다. 즉, 타인의 말로 그 덕을 잴 수 있음은 정명론의 '바른 이름'들을 엮어 하는 타인의 말이 그 실행의 근거로 삼았을 데이터 내지 메타(상급) 데이터와 자신이 할 줄 아는, 역시 '바른 이름'들을 엮은 말이 그 실행의 근거로 삼는 데이터 내지 메타(상급) 데이터가 동일한 데이터라는 정명론적 전제를 넣어 읽을 때 그 의미가 명확히 통한다. 1장 5절에서 해석한 자로 편의 정명론에 따르면 군자가 이름하면 말이 되고 말을 하면 실행할 수 있는 법인데, 이렇게 군자답게 말할 줄 안다면 남이 한 말에 대해서도 그 말이 실행에 옮겨졌을 때 얼마나 순조로울지를 가늠함으로써 그 발화자의 덕을 측정할 수 있을 터이다. 이런 측정은, 본성상 누구나의 밖에 있는, 공통의 단일 데이터일 수밖에 없는 데이터에 조회하는 측정이면서 개별 발화가 그 징표가 되는 덕의 측정이다. 나아가, 공자가, 말하는 능력에 해석학적으로 방금 결부한 인재 등용 능력을 평천하 달성에 불가결한 어짊의 능력으로 여겼다는 점은 2장 2절에서 이미 짚어 본 바 있다:

> 번지가 인을 여쭈었다. 공자 가라사대, "타인을 사랑하는 것이다." 앎을 여쭈었다. 공자 가라사대, "타인을 아는 것이다." 번지가 알아듣지 못했다. 공자 가라사대, "곧은 것을 들어올려 굽은 것에 놓으면, 굽은 경우를 바로잡을 수 있다." 번지가 물러나, 자하를 보았다. 가로되, "방금 내가 선생님을 뵙고 앎을 묻자, 선생님께서 '곧은 것을 들어올려 굽은 것에 놓으면 굽은 경우를 바로잡을 수 있다'고 하셨는데, 무슨 말씀인가?" 자하 가로되, "풍부하구나 그 말씀! 순이 천하를 차지하고, 무리 가운데서 고요를 들어올리자, 어질지 못한 자들이 멀리 피했네. 탕이 천하를 차지하고, 무리 가운데서 이윤을 들어올리자, 어질지 못한 자들이 멀리 피했네."

樊遲問仁。子曰：「愛人。」問知。子曰：「知人。」樊遲未達。
子曰：「舉直錯諸枉，能使枉者直。」樊遲退，見子夏。曰：「鄉
也吾見於夫子而問知，子曰，『舉直錯諸枉，能使枉者直』，何謂
也？」子夏曰：「富哉言乎！舜有天下，選於眾，舉皋陶，不仁者
遠矣。湯有天下，選於眾，舉伊尹，不仁者遠矣。」(안연)

논어 마지막에 실려 있는 요왈 편 저 구절에 이어 보는 안연 편 이 구
절에서 다시 한번 확인할 수 있듯이, 공자의 앎은, 무도한 세상에서는
어짊으로 돌아가는 평천하를 지향하고 평천하 이후에는 백성을 가르쳐
어질게 할 군자 지배자를 위한 앎이라는 성격이 짙다. 3장 2절에서 살
펴본 대로, 그가 해결하려 했던 문제는 도(道)가 사라져서 세상을 바꾸는
데 필요한 덕이 있는 군자도 무도한 세상을 바꾸려고 감히 나서지 않는
다는 것이었다. 혹은, 이런 군자는 그런 덕이 있기 때문에, 바로 그래서,
치러야 할 희생을 내다보고 현명하게도 나서지 않는다는 것이었다. 그
러나 이렇게 무도한 시세라는 판단에도 불구하고 공자는, 궁극적으로는
둘이 아닐 정치 실천과 교육 실천을 통해 세상을 바꾸려고 끈질기게 노
력했다. 사람들이 편안히 함께하는 모듬살이의 도를 잃어버린 세상에
바로 그런 도의 모범 사례였던 선왕지도(先王之道)를 되돌려 주려고 무진
애를 썼다. 그리고 여기서 새삼 떠올리게 되는 바가, 역시 3장 2절에서
인용한 바 있는 다음의 공자 발언에서 부각되어 있는, 말길을 넓히라는
요구가 환유하는 '사람은 사람과 함께해야 한다'다:

조수와는 한 무리가 될 수 없는 것, 이 세상 사람 무리와 함께하지 않는
다면 내가 누구와 함께하겠느냐? 천하에 도가 있다면, 그렇다면 내가 바

꾸자는 쪽과 함께하지 않는다.

鳥獸不可與同群, 吾非斯人之徒與而誰與? 天下有道, 丘不與易
也。(미자)

사실, 평천하의 도는 바로 이런, 사람은 사람과 함께할 수밖에 없다는 원초적 요구를 항구적으로 편안하게 충족하는 길에 다름 아니다. 그리고 이런 도의 대표가 순조로운 모듬살이를 위해 꼭 넓혀야 할 저 말길인 것이다. 이렇게 볼 때 말을 함께하기 어렵다는 것은 단지 말이 달라 의사소통이 잘 되지 않는다는 정도의 뜻이 아니다. 총체적으로 보아 모듬살이를 함께하기 어려운 사람이라는 뜻이다. 그런데 이런 말길을 함께하여 사회를 함께 살 만하도록 재구성하는 것이, 혹은 도를 되찾는 것이 어려운 까닭은 어디에 있는가? 그 이전에, 함께할 말길을 내서 모여 살다가도, 뿔뿔이 흩어지는 까닭은 무엇인가? 세상이 무도해지는 까닭은 무엇인가?

3장 1절에서 인용한 미자 편 한 대목의 악관들이 흩어진 이유는, 선왕지도(先王之道)에 따른 예악 제도가 무너졌기 때문인데, 천하 질서가 무너지고 사람들이 흩어지는 것 역시, 다른 무엇보다도, 함께 모여 더욱 잘 살 수 있도록 예로 묶어 악으로 북돋던 말길이 희미해졌기 때문이다. 그리고 이런 말길이 희미해져 백성이 흩어진 지 오래되면 전형적으로 어떤 일이 벌어지는지는 5장 도입부에서 인용한 증자의 다음 발언에서 짚어 볼 수 있다:

다스리는 자가 선왕이 물려준 도를 잃어, 백성이 흩어진 지 오래다. 이런 사정을 헤아린다면, 범죄를 불쌍히 여기지 (그 처단을 정의랍시고) 반기지 않는다.

上失其道，民散久矣。如得其情，則哀矜而勿喜。(자장)

여기서 보듯, 백성이 뿔뿔이 흩어지는 까닭은 저 말길이 환유하는 도(道)를, 특히 지배자가, 잃었기 때문이다. 그래서 평천하 이전에 교육으로 성취하려는 바는 무엇보다도 잃었던 말길을 복원하는 것이 된다. 반면 복원된 말길을 따라 평천하를 성취한 이후의 교육은, 즉, 흩어졌던 사람들이 다시 모여 평안하게 살게 된 이후의 교육은, 이런 말길을 선명하게 보존하는 데 중점이 있을 터이다. 공자가 한 일을 몇 마디 말로 줄이면 선왕지도(先王之道)를 믿고 좋아하여 옛 문헌 데이터와 사람들 사이에 남은 흔적에 근거하여 복원하고 이를 믿음직하게 충심으로 행하고 또 즐길 수 있는 형태로 후세에 물려주려는 것이었다 하겠고, 그가 풀려 했던 실천적 과제는 그가 이렇게 해서 물려주려 했던 도가 널리 공유되도록 할 플랫폼을 평천하 동지들과 시범적인 형태로 만드는 것이었다고 하겠다. 그런데 여기서 제기되는 근본 문제가, 사람이 사람과 함께하는 것이 성인 공자도 풀지 못해, 방금 인용한 자장 편 한 대목에서 보듯이, 제자 세대로 물려 주고 말았을 정도로 어려운 문제가 되는 까닭이 무엇이냐는 것이다. 단적으로, 왜 무정부 상태가 자연 상태냐는 것이다. 즉, 사람이 사람과 함께하기 좋은 상태가, 왜 그대로 두면 처하게 될 자연 상태를 극복한 인공 상태여야만 하는 것이냐.

장자 열어구 편에 이런 말이 있다:

성인에게 기필코는 기필코가 아니라서, 그래서 전쟁하는 법이 없다; 기필코가 아닌데도 기필코라고 많은 사람이 여겨, 그래서 전쟁을 많이 한다. 전쟁 논리를 따르니, 행할 바를 행하는 것이 전쟁으로 구하는 바에 쏠린다. 전쟁 무력이란, 기대면 망하는 것이다.

聖人以必不必, 故無兵; 衆人以不必必之, 故多兵。順於兵, 故行
有求。兵, 恃之則亡。

그런데 여기 나오는 것과 같은 '기필코(必)'는 1장 5절에서 인용한 순자 한 대목에도 나오는 말이거니와,[67] 논어에서, 후대가 이처럼 주목하여 쓰게 될 '기필코'의 원형에 보다 가까운 형태를 관찰할 수 있는 곳이 다음 대목이다:

자공이 물어 가로되, "어찌 하면 선비라 합니까?" 공자 가라사대, "자기를 움직여 바라는 바로 나아감을 한정함에 부끄러움이 있어, 사방에 외교 사절로 파견됐을 때, 나라님 외교를 욕되지 않게 하면, 선비라 할 수 있다." 가로되, "감히 그 다음을 여쭙습니다." 가라사대, "피붙이는 그를 일러 효도하는 이라 일컫고, 마을에서는 우애가 좋다고 일컫는 것이다." 가로되, "감히 그 다음을 여쭙습니다." 가라사대, "약속은 기필코 지키고, 바라는 바에 바르게 다가가서 기필코 이루는데, 안달하는 모습이 소인 같도다! 그래도 또한 그 다음이라 할 만하다."…(하략)

子貢問曰:「何如斯可謂之士矣?」子曰:「行己有恥, 使於四方, 不辱君命, 可謂士矣。」曰:「敢問其次。」曰:「宗族稱孝焉, 鄉黨稱弟焉。」曰:「敢問其次。」曰:「言必信, 行必果, 硜硜然小人哉! 抑亦可以為次矣。」… (자로)

4장 5절에서 전부를 인용한 바 있는 이 대목에 따르면 '기필코' 신용 지

---

67 다음은 1장 5절에서 인용한, '기필코'가 들어 있는 순자의 말이다: "앎은 의심하지 않게 되는 것이 제일이고, 만족으로 바르게 나아감은 도덕적 과오가 없도록 하는 것이 제일이며, 일은 후회가 없도록 하는 것이 제일이고, 일에 후회가 없는 데 이르러서는 더 나아가지 않고 멈추는데, 이루어지는 것이 기필코는 될 수 없기 때문이다(知莫大乎棄疑, 行莫大乎無過, 事莫大乎無悔, 事至無悔而止矣, 成不可必也)."

키고 '기필코' 이루는 선비는 삼류인데, 이런 선비를 장자 열어구 편의 저 구절에 대입하면 무력에 의존해서라도 바라는 바를 기필코 이루자고 할 것이 뻔한 다중과 별 차이 없는 선비라는, 공자가 한 것보다는 좀 과격한 이야기가 된다. 논어에 이어 순자와 장자에서도 발견하게 되는 이런 '기필코'는 5장 1절과 5절에서 인용한 다음 대목에서도 볼 수 있다:

> 공자가 끊어버린 부사어가 넷이다—마음대로, 기필코, 고집스럽게, 자기중심적으로.
>
> 子絶四: 毋意, 毋必, 毋固, 毋我。(자한)

기필코 이루려고 덤비는 것을 천박하다고 여긴 것이 공자만의 생각이 아니었다는 점은 4장 5절에서 짚은 바 있거니와, 기존의 이런 귀족적 가치 기준을 나름으로 전유하여 부사어 '기필코'를, 전쟁 같은 무정부 상태를 극복한 평천하로 안내할 말길을 재정립하려는 어진 뜻의 반대편에 놓고 있는 것이 공자의 어짊 체제다. 하여 갖게 된, 이 체제의 역설적 특징이, 4장과 5장 곳곳에서 짚어 본 대로, 이 체제에서는 자신을 낳은 궁극적 지향점이라고 할 평천하마저도 '기필코' 이룰 바가 아니라는 데 있다. 기필코 이루겠다고 아무렇게나 이루어서는 안 될 목표로 평천하를 설정한 데 있다. 기필코 이루고야 말겠다며 아무렇게나 이룬 평천하는 어짊 체제 안에 차지할 자리가 없도록 안배한 데 있다. 아무렇게라도 기필코 이루는 평천하는, 장자 열어구 편의 저 구절을 참조하건대, 전쟁과 무정부 상태를 반복하는 쪽으로 흐를 것이 뻔하기 때문에 도모하지 말아야 할 평천하이다. 그리고 이런 관점에서 읽으면 전혀 새로운 뜻이 나타나는 구절이 다음이다:

공자 가라사대, "대군의 장수는 뺏을 수 있으나, 필부의 뜻은 뺏지 못한다."

子曰: 「三軍可奪帥也, 匹夫不可奪志也。」(자한)

어짊 체제의 이상이라 할 평천하 실현은, 제가 가진 나름의 뜻은 대군 앞에서도 고수할 필부가 만인이 만인에 대해 전쟁하는 무도한 무정부 상태를 벗어날 수 있도록 하는 것이겠는데, 그래서 공자가 뜻했던 평천하를 실현하는 문제는, 이 대목의 공자가 부각한 필부 개개인의, 수신과 교육 이전의 자연 상태라면 마음대로 기필코 고집스럽게 자기중심적으로 이루려고 할 뜻들을 '어찌하여야' 타인과 더불어 하는 모듬살이 속에서 조화롭도록, 살벌하게가 아니라 바람이 풀 눕히듯[68] 자연스럽게 눕힐 수 있을 것이냐의 문제가 된다. 그리고 바로 이 문제를 실천적으로 해결하는 데 근거로 삼아야 할 바가, 논어를 '데이터'로 풀건대, 문밖의 서로 다른 일터로 통하는 길 위에서 발견하는 메타(상급) 데이터이고, 같은 문제를 해결하는 데 기초로 삼아야 할 바가 시 교육, 예악 교육, 보통 교육이다. 결론적으로 이 같은 맥락에서 자한 편의 위 발언은, 뺏을 수 없는 뜻을 가진 자유로운 개인에 대한 예찬이 아니라, 공자가 해결하고자 했던 문제가 유래하는 근원을 짚은 언명이라고 보는 것인데, 이를 논어 전체로 환유하면, 뺏을 수 없는 필부의 뜻을 그냥 그대로 둔 자연 상태는 선왕들의 모범이 남긴 흔적들에서 건져올린 도(道)로 극복해야 할 무정부적 전쟁 상태라는 냉엄한 인식이 된다. 그리고 방금 논어에서

---

68 "살벌하게가 아니라 바람 풀 눕히듯"은 안연 편의 다음 대목에서 온 것이다:

계강자가 다스림을 공자에게 물어 가로되, "무도한 자를 죽여 도를 찾는다면 어떻습니까? 공자 대하여 가라사대, "귀하가 나라를 다스리는 데 사람 죽임을 어디 쓰겠습니까? 귀하가 선(善)을 원하면 백성도 선해집니다. 군자의 덕은 바람이고 소인의 덕은 풀입니다. 풀은 그 위로 바람이 불면 반드시 눕습니다."

季康子問政於孔子曰: 「如殺無道, 以就有道, 何如?」孔子對曰: 「子爲政, 焉用殺?子欲善, 而民善矣。君子之德風, 小人之德草。草上之風, 必偃。」

추출한 이런 홉스(Hobbes, Thomas)적 인식은 금문상서에는 없고 고문상서에만 있는 오자지가 편의 다음 한 대목에서 특히 확연하다:

위대한 조상의 훈시에, 백성을 가까이 하는 것은 좋지만, 하대할 수는 없으니, 백성이 나라의 근본이고, 근본이 확실하면 나라가 편안하다고 했다. 내가 천하를 보니 어리석은 지아비 지어미 한 사람도 능히 나 한 사람을 이길 터, 한 사람이 그르치고 그르치고 또 그르치는데, 어찌 원이 드러나도록 두는가, 드러나기 전이 수를 낼 때다. 내가 수많은 백성에 임하는데, 썩은 새끼줄로 여섯 마리 말을 모는 것처럼 두려워하는데, 사람 다스리는 자리에 있으면서, 어찌 삼가지 않는가?

皇祖有訓, 民可近, 不可下, 民惟邦本, 本固邦寧。予視天下愚夫愚婦一能勝予, 一人三失, 怨豈在明, 不見是圖。予臨兆民, 懍乎若朽索之馭六馬, 為人上者, 奈何不敬?

왕이어도 어리석은 백성 한 사람 감당하기 어려울 자연 상태가 오지 않도록, 거듭되는 잘못으로 공분이 쌓여 폭발하기 전에 수습을 꾀해야 하는 동시에, 백성 다수를 한 사람이 다스리는 상태가 자칫 잘못하면 자연 상태로 빠지기 쉬운 극히 위태로운 인공 상태임을 깨달아 지극히 삼가며 다스려야 한다는 것이다. 그리고 공자가 어짊 체제로써 해결하려고 했던 정치의 근본 문제가 바로, 여기서 보는 바와 같은 자연 상태를 극복하자면 어찌하여야 할 것이냐, 사람이 사람과 함께하는 인공 상태가 불안하지 않고 편안하자면, 어찌하여야 할 것이냐였던 것이다.

4 차별적 어짊 체제의 시대 구별

'자연 상태를 인공적으로 극복한 상태로서의 평천하'를 염두에 두고 논어를 읽을 때 눈에 띄는 대목이 다음이다:

> 공자 가라사대, "오랑캐에게 임금이 있어, 중국에 없는 것과 다르다."
>
> 子曰: 「夷狄之有君，不如諸夏之亡也。」(팔일)

공자의 이 말씀은 '오랑캐에게 임금이 있어도, 임금 없는 중국만 못하다'로도 해석해 왔다. 그러나 공자가 해결하려고 했던 문제가 일종의 무정부 상태에 빠진 천하를 구하는 것이었다는 점을 상기하고 보면, 역시 임금이 있는 오랑캐의 처지가 그렇지 못한 중국보다 낫다고 해석하는 쪽이 온당해 보인다. 그렇지만 임금이 무도하다면 차라리 없는 쪽이 낫지 않을까? 나아가, 도(道)가 있고 없고의 차이에 대한 인식 자체가 없다면 지금이 극복해야 할 자연 상태라는 진단 자체가 아예 불가능해서 나라의 무도함이 임금 이하 아무에게도 의식되지 않을 터인데, 이런 관점에서 보면, 비록 무도한 상태에 빠져 있다 하더라도 무정부적 자연 상태가 문제라는 인식을 가능케 하는 척도로서의 도는 살아 있는 쪽이 도가 있고 없고의 차이를 아예 모르기 때문에 이런 유의 문제 의식을 갖는 것조차 불가능한 쪽보다는 낫다고 할 수 있겠다. 그래서 궁금해지는 것이 공자가 오랑캐를 이런 문제 의식을 갖는 것조차 불가능한 수준에 있는 집단이라고 보았을지인데, 중국과 달리 변방이 누추하다는 일반의 인식은 다음 구절에서 엿볼 수 있다:

> 공자가 동쪽 변방에 가서 지낼 것을 원했다. 누군가 가로되, "누추함, 어쩔 것인가!" 공자 가라사대, "군자가 거기서 지내는데, 누추함이 어떻다

는 것이냐?"

子欲居九夷。或曰:「陋，如之何!」子曰:「君子居之，何陋之
有?」(자한)

공자에게 그렇게 큰 문제가 아니었던 누추함을 넘어 도(道) 유무를
분별하는 문화적 능력을 둘러싼 보다 심각한 차이가 있다는 인식을 암
시하는 대목으로는 2장 3절에서 인용한 다음이 있다:

> 번지가 어짊을 여쭈었다. 공자 가라사대, "안에서는 경건하게, 바깥 일
> 에 착수하면 삼가, 사람과 더불어는 진실하게. 오랑캐에게 가더라도, 잊
> 을 수 없는 것이다."
>
> 樊遲問仁。子曰:「居處恭，執事敬，與人忠。雖之夷狄，不可棄
> 也。」(자로)

그런데 문안과 문밖에서, 또 타인과 함께하는 장면에서 발휘되는 어짊
에서 비롯하는 덕이, 어딜 가나, 어떤 상황에서도, 법도를 잊지 않고 늘
행할 줄 아는 예 실천 능력 정도에 그치는 것이 아니라, 평천하라는 시
대적 과제를 자신의 과제로 떠안아 해결에 달할 길을 모색할 수 있도록
해 주는, 오랑캐의 모듬살이에 비출 때 특히 두드러지는 문화적 능력이
라는 점이 다음 구절에서 드러난다:

> 자공 가로되, "관중은 어진 이가 아니었지요? 환공이 공자 규를 죽였는
> 데, 죽지 못하고, 오히려 그를 도왔습니다." 공자 가라사대, "관중이 환
> 공의 패업을 도와, 천하를 한번 바로잡으니, 백성이 지금까지 그 혜택을
> 본다. 관중이 아니었다면, 나는 오랑캐처럼 머리를 풀고 옷섶을 왼편으

로 여밀 터이다. 어찌 같겠느냐 의리 지킨다는 필부필부와, 도랑에서 스스로 목매 죽어, 아무도 모르게 된 경우와.”

子貢曰: 「管仲非仁者與? 桓公殺公子糾, 不能死, 又相之。」子曰: 「管仲相桓公霸諸侯,[69] 一匡天下, 民到于今受其賜。微管仲, 吾其被髮左袵矣。豈若匹夫匹婦之為諒也, 自經於溝瀆, 而莫之知也。」 (헌문)

공자는 여기서 필부필부의 의식 세계와 관중 같은 지도자의 의식 세계는 안팎으로 적용되는 척도 자체가 다르다는 이야기를 하고 있는데, 어짊에서 비롯한 탁월한 덕을 발휘한 관중의 은혜가 공자 당대까지 미치고 있으며 덕분에 자신은 오랑캐가 되는 것을 면했다는 발언으로 미루어 볼 때, 오랑캐와 ‘중국’의 주민 사이에도 이런 척도상 차이가 만들어 넓히는 간격이 있다고 보았을 터이다. 또한 관중과 필부필부는 행위와 평가의 척도가 다르다는 이런 발언에서 상기하게 되는 것이 3장 3절에서 인용한 다음 발언이다:

군자가 어질지 않은 경우는 있었으나, 소인인데 어진 경우는 없었다.

君子而不仁者有矣夫, 未有小人而仁者也。 (헌문)

어질 수 있느냐의 여부가 그에 따라 갈리는 계급적 차이를, 천하에 도(道)가 있고 없고를 의식하고 표현하는 집단과 그렇게 하지 못하는 집단의 차이로, 천하가 곤궁에 빠졌을 때 그 원인을 도의 유무와 행해지는

---

69 끊어 읽기를, 이 책이 그대로 답습한 온라인상(https://ctext.org/zh)의 ‘중국철학서전자화계획((中國哲學書電子化計劃)’의 것(管仲相桓公, 霸諸侯,)과 다르게 했다.

정도에서 찾을 줄 아는 집단과 그렇게 할 줄 모르는 집단의 차이로, 이런 진단을 처방으로 옮겨 도의 폭을 인간의 노력으로 넓히는 집단과 그렇게 하지 못하는 집단의 차이로 이어 놓은 것이 또한 어짊 체제인데, 이렇게 어짊에 주욱 연결되는 차이들은 예악이 꾸미는, 군자 계급과 소인 계급 사이의 차별뿐 아니라, 무정부적 자연 상태와 군자다운 군자가 다스리는 인공 상태의 차별, 중국과 오랑캐의 차별, 중국 안에서도 위나라와 형제인 노나라와 제나라 사이의 차별,[70] 주어진 문제를 점괘 데이터에 의존하여 풀던 주나라 이전과 세속화된 데이터에 근거하여 제도로 풀게 된 주나라 이후의 차별을 어짊 체제가 정당화하는 근거가 된다. 그리고 이런 관점에서 읽을 때 새로운 해석이 가능해지는 것이 1장에서 인용한 다음 구절이다:

> 공자 가라사대, "남쪽 사람들 말에 '늘 그런 데가 없는 사람, 무당 의생을 삼을 수 없다'는 것이 있다. 좋은 말이다." (주역에 이르기를) '제 덕을 늘 유지하지 않으면, 누군가 수치를 안긴다.' 공자 가라사대, "점치지 않으면 그것으로 그만인 것이다."
>
> 子曰: 「南人有言曰: 『人而無恆, 不可以作巫醫。』善夫! 」「不恆其德, 或承之羞。」子曰: 「不占而已矣。」(자로)

이 대목에 대한 "새로운 해석"이라 함은 주역에서 인용한 구절 다음에 있는 "점치지 않으면 그것으로 그만인 것이다"를, 하늘의 뜻을 점술

---

70 공자의, "제나라가 일변하면 노나라에 이르고, 노나라가 일변하면 도에 이른다(齊一變, 至於魯; 魯一變, 至於道)"고 한 옹야 편 발언과 자로 편 다음 발언을 참조: "노나라와 위나라의 다스림은 형제다(魯衛之政, 兄弟也)."

로 짐작해 통치하던 이전과는 달리, 땅 위의 사람들이 겪는 어려움을 백성의 눈과 귀에 잡힌 데이터에 근거하여 제도로 풀기 시작했다는 자기 인식이 있던 주나라의 주공을 주요 모델로 하는 어짊 체제에 가입하여, 점치지 않아도 그만이라 여기면서 요행을 바라지 않고 끊임없이 <u>스스로</u> <u>노력하고 분투함으로써, 늘 푸른</u>[71] 덕을 정직하게 쌓아 길을 넓히겠다는, '주나라의 통치 세속화 이후'로 불거졌을 자의식을 표현하는 언명으로 보는 것이다. 나아가 신적인 덕을 지닌 성인과 탁월한 선인이 돌보던 세계에서 꾸준한 수신으로 덕 쌓은 군자와 꾸준한 수신으로 늘 그런 데가 있는 이가 돌보는 인간적인 세계로의, 주나라의 평천하를 계기로 하는 산문적 전환과 그에 대한 재귀적 인식을 보는 것이다:

> 공자 가라사대, "성인이라면, 내가 보지 못했는데; 군자를 본다면, 그것으로 만족하겠다." 공자 가라사대, "선인이라면, 내가 보지 못했는데; 늘 그런 데가 있는 이를 본다면, 그것으로 만족하겠다. 없으면서 있다하고, 비었는데 찼다 하고, 빈약한데 크다 하면, 늘 그런 데가 있기 어렵다."

> 子曰: 「聖人, 吾不得而見之矣; 得見君子者, 斯可矣。」子曰: 「善人, 吾不得而見之矣; 得見有恆者, 斯可矣。亡而爲有, 虛而爲盈, 約而爲泰, 難乎有恆矣。」(술이)

세속화에 결부된 이런 산문적 전환에도 불구하고, 인간적인 세계를 초월하는 신적인 높이가 어짊 체제에 보존되어 핵심적 역할을 맡고 있음은 앞에서 본 바와 같다. 그런데 여기에서 주목해야 할 점이 허장성세

---

71 "늘 푸른"은 자한 편에 있는 공자의 다음 언명에서 연상한 형용 어구다: "날이 추워져서야, 소나무 잣나무가 늦게 시든다는 것을 안다(歲寒, 然後知松柏之後彫也)."

의 배격이다. 그리고 이런 정신은 예의 본질을 짚은 다음 대목에서도 확인할 수 있다:

> 임방이 예의 근본을 물었다. 공자 가라사대, "크구나 질문이! 예, 사치한 것보다는, 검소함이 낫고; 상, 매끄럽게 치르는 것보다는, 슬퍼하는 것이 낫다."
>
> 林放問禮之本。子曰:「大哉問! 禮, 與其奢也, 寧儉; 喪, 與其易也, 寧戚。」(팔일)

3장 3절에서 인용한 바 있는 이 대목에 깃든, 허례허식을 배격하고 예의 근본으로 돌아가려는 정신과 둘이 아닌 것이, 평천하를 이룰 덕을 쌓고 다져 높이고 넓힌 정도를 삼태기 단위로 재는, 5장 2절에서 인용한 다음 대목에서 발견할 수 있는 데이터 지향적 태도다:

> 공자 가라사대, "비유하여 산을 만든다고 하면, 한 삼태기가 모자랄 때, 그때 멈추어도, 내가 멈춘 것이고; 비유하여 땅을 평평하게 한다고 하면, 비록 한 삼태기를 메워도, 앞으로 나갔으면, 내가 간 것이다."
>
> 子曰:「譬如為山, 未成一簣, 止, 吾止也; 譬如平地, 雖覆一簣, 進, 吾往也。」(자한)

요컨대, 이렇게 한 삼태기 한 삼태기 쌓고 다지는 덕은 평천하 실현 가능성을 기준으로 완성도를 잴 수 있는 덕, 따라서 데이터화가 되는 덕이다. 데이터화가 된다는 것은 어디에 얼마나 더 많은 시간과 노력을 투자해야 부족한 점을 보완할 수 있을지에 대한 이해를 바탕으로 수신을 실천하는 것이 가능하다는 말이다. 반면, 옛 성인의 덕은 일컫는 것조차

어려운, 인민 공통의 척도로 재는 것을 허용하지 않는 초인적인 것이었다:

공자 가라사대, "태백, 그를 지극한 덕이라 해도 좋을 것이다! 세 번 천하를 사양하여, 백성들이 그 덕을 무엇이라 일컫지 못했다."

子曰: 「泰伯, 其可謂至德也已矣! 三以天下讓, 民無得而稱焉。」 (태백)

요임금에 대해서는 이렇게 말했다:

공자 가라사대, "크구나, 요임금의 임금 노릇하심은! 매우 높고도 크구나! 하늘이 크다는데, 요임금이 하늘을 본받았다. 광대하고 광대하구나! 백성이 이름할 도리가 없다. 매우 높고 크구나! 공 이룬바; 빛나는구나, 제도 밝힘이!"

子曰: 「大哉, 堯之為君也! 巍巍乎! 唯天為大, 唯堯則之。蕩蕩乎! 民無能名焉。巍巍乎! 其有成功也; 煥乎, 其有文章! (태백)

하늘의 통치를 좇아 모범적 제도를 남긴, 이름하거나 크기 재는 것을 허용하지 않는 이런 초인적인 덕은 아니지만, 또한 후세의 일컬음을 받을 만한 덕으로 남은 백이숙제의 사후를, 일컬을 만한 덕을 쌓지 못한 채 죽음을 맞은 제나라 경공의 최후와 대조한 것이 5장 2절에서 인용한 다음 구절이다:

제나라 경공에게 4천 필의 말이 있었지만, 죽는 날, 백성이 일컬을 덕은 없었다. 백이숙제는 수양산 아래에서 굶주렸으나, 백성들이 지금에 이르도록 일컫는다. 그것이[72] 이를 말함인가?

齊景公有馬千駟，死之日，民無德而稱焉。伯夷叔齊餓于首陽之下，民到于今稱之。其斯之謂與?〔계씨〕

5   데이터 정명론

방금 인용한 대목에서, 최후의 크기를 재려고 할 필요조차 없던 그의 적덕이 말 4천 마리의 크기로 잰 그의 물질적 유산에 견주어진 제나라 경공과 관련해서는, 면담 후 말을 바꾸고 채용하지 않아 공자가 떠났다는 미자 편 기사를 4장 2절에서 인용한 바 있는데, 다음은 그가 공자와 주고 받은 유명한 문답이다:

제나라 경공이 공자에게 정치를 물었다. 공자 대하여 가라사대, "임금은 임금이고, 신하는 신하이며, 아버지는 아버지이고, 아들은 아들인 것입니다." 공이 가로되, "좋도다! 진실로 임금이 임금 아니고, 신하가 신하 아니고, 아버지가 아버지 아니고, 아들이 아들 아니라면, 비록 곡식이 있어도, 내가 그것을 먹을 수 있겠는가?"

齊景公問政於孔子。孔子對曰：「君君，臣臣，父父，子子。」公曰：「善哉! 信如君不君，臣不臣，父不父，子不子，雖有粟，吾得

---

72 여기서 "그것"은 안연 편에 있는 자장과 공자의, '덕을 높이 쌓는 법(崇德)'과 '감정에 판단이 흐려지는 것을 막는 법(辨惑)'에 관한 문답에 붙어 있는, 시경 소아 기부지십 편의 "아행기야"에 보이는 다음 구절을 가리킨다는 설이 유력하다: 부하다고 여겨지는 것은 결코 아니고, 단지 별나다고 여겨질 뿐(成不以富, 亦祇以異).

而食諸？」(안연)

여기에 있는 공자의 대답은 그의 정명론을 구체적으로 밝힌 경우로서 널리 알려져 있다. 그런데 임금이 임금이고 신하는 신하이고 아버지는 아버지이고 아들은 아들이라는 말은 무슨 뜻인가? 죽는 날 백성이 칭할 만한 덕을 쌓는 데 실패했다는 경공이 공자의 이 대답을 과연 제대로 이해했던 것일까? 공자의 대답과 반대인 상황에서는 있는 곡식도 먹을 수 없을 것이므로 있는 곡식만큼은 먹을 수 있는 상황의 조성이 정치로 이루어야 할 바라는 것이 경공의 이해였다고 하겠는데, 달리 말해, 가진 곡식도 먹지 못하는 자연 상태를, 마음 놓고 먹는 인공적 질서로 대체하는 것이 정치라는 뜻으로 경공은 이해한 것이겠는데, 이런 인공적 질서를 기준으로 자기 재산도 마음대로 누리지 못할 자연 상태를 재면 임금은 임금 아니고 신하는 신하 아니고 아버지는 아버지 아니고 아들은 아들 아닐 것이라는 말이다. 논어주소에 따르면, 공자의 이 대답은 대부 손아귀에 있던 제나라의 정치 현실을 감안한 것이고 경공의 대답 또한 있는 곡식도 먹지 못하는 상황을 예견한 것이라고 한다. 사마천에 따르면, 공자는 경공의 임용 의향에도 불구하고 바로 이들 대부의 살해 위협을 받는 바람에 제나라를 떠났는데, 다음 대목에서 보듯, 제나라는 결국 대부가 임금을 시해하는 데 이른다:

진성자가 간공을 시해했다. 공자가 목욕하고 입조하여, 애공에게 고해 가라사대, "진항이 제 임금을 시해했으니, 그 토벌을 청합니다." 애공 가로되, "저 세 사람에게 고하시오!" 공자 가라사대, "대부 꽁무니에 있는 것이 내 처지, 감히 고하지 않을 수 없었다. 임금께서 '저 세 사람에게 고하라'고 하셨다." 세 사람에게 가서 고했으나, 불가라 했다. 공자 가라사대, "대부 꽁무니에 있는 것이 내 처지, 감히 고하지 않을 수 없었다."

陳成子弒簡公。孔子沐浴而朝, 告於哀公曰:「陳恆弒其君, 請討之。」公曰:「告夫三子!」孔子曰:「以吾從大夫之後, 不敢不告也。君曰『告夫三子』者。」之三子告, 不可。孔子曰:「以吾從大夫之後, 不敢不告也。」(헌문)

춘추좌전에 따르면, 공자는, 이 시해 사건을 두고 제나라가 반으로 갈라졌으니 그 반만 상대하면 되는 노나라가 수적으로 불리하지 않은 상황이라면서 칠 것을 청했다고 하는데, 헌문 편 저 대목은 공자의 청에 대한 애공의 답에서 "저 세 사람(夫三子)"이라고 지칭된 삼환 같은 대부들이 나라의 실권을 쥐어 자연 상태에 가까워진 당대를 파악할 수 있게 해준다. 그리고 이런 역사적 맥락에 놓고 보는, '임금', '신하', '아버지', '아들'의 정명이 곧 정치라는 공자의 주장은, 자연 상태에 가까운 현실을, 사람과 사람이 함께하는 것이 그 덕분에 편안할 도(道)로 바로잡는 것이 정치라는 말이 된다.

다시 경공의 저 응수로 돌아가건대, 공자가 정명을 주장한 뜻은 쌓아둔 곡식을 맨 먼저 떠올리고 그것을 중심으로 이해하면 온전히 이해될 성질의 것은 아니었을 법하다. 그래서 공자의 대답을 데이터로 풀면, 실제 임금 역을 맡아 임금이라 불리는 이를 임금다운 모습을 기준으로 쟀을 때 백 퍼센트 임금이고 실제 신하 역을 맡아 신하라 불리는 이를 신하다운 모습을 기준으로 쟀을 때 백 퍼센트 신하이고 실제 아버지 역을 맡아 아버지라 불리는 이를 아버지다운 모습을 기준으로 쟀을 때 백 퍼센트 아버지이고 실제 아들 역을 맡아 아들이라 불리는 이를 아들다운 모습을 기준으로 쟀을 때 백 퍼센트 아들인 상태를 실현하는 것이 정치라는 말이 된다. 이를 다시 형명(形名)으로 풀면 예컨대 '임금은 임금이다'의 주어가 되는 명(名)을 서술어 되는 형(形)과 백 퍼센트 일치하게끔 하는 것이 그가 생각하는 정치, 정명의 정치라는 것이다. 여기서 1장 5 절과 4장 2절에서 발췌 인용한, 정명론이 나오는 대목 전체를 살펴보자:

> 자로 가로되, "위나라 임금이 선생님을 정치에 기용하면, 무엇부터 하시겠습니까?" 공자 가라사대, "그것은 반드시 이름을 바르게 하는 정명이야!" 자로 가로되, "이러합니다, 선생님의 우원하심이! 이름이 바르게 된다고 뭐가 어떻게 됩니까?" 공자 가라사대, "촌스럽다 유는! 군자는 모르면, 건너뛰는 법이다. 이름이 바르지 않으면, 말이 순조롭지 않고; 말이 순조롭지 않으면, 일이 이루어지지 않는다; 일이 이루어지지 않으면, 예악이 일어나지 않게 되고; 이렇게 되면, 형벌이 균형을 잃고 예측할 수 없게 된다; 행동 기준이 되는 형벌이 균형을 잃어 예측할 수 없게 되면, 백성의 손발 둘 곳이 없다. 그래서 군자는 무엇을 이름하면 반드시 말할 수 있어야 하고, 말을 하면 반드시 행할 수 있어야 한다. 군자가 말을 하면, 구차하게 막히는 데가 없을 따름인 것이다."

> 子路曰：「衛君待子而爲政，子將奚先？」子曰：「必也正名乎！」 子路曰：「有是哉，子之迂也！奚其正？」子曰：「野哉由也！君子 於其所不知，蓋闕如也。名不正，則言不順；言不順，則事不成； 事不成，則禮樂不興；禮樂不興，則刑罰不中；刑罰不中，則民無 所措手足。故君子名之必可言也，言之必可行也。君子於其言，無 所苟而已矣。」(자로)

여기서의 위나라 임금은 아버지가 망명한 상태에서 할아버지인 영공의 뒤를 이어 임금이 됨으로써 아버지와 대립하게 된 출공을 가리키는데, 이것이 안연 편의, 정치를 묻는 제나라 경공에게 준 공자의 저 대답을 여기에서 이야기된 정명론에 연결시켜 주는 역사적 고리다. 한편, 이 책 1장 5절에서 이 대목 일부를 놓고 '데이터 지향 정치 언어'를 풀어 다음과 같이 이야기했다:

방금 간략히 풀어본 논어 정명론에서 이야기하는 '말'은 이루고자 하는 일을 꾸미는, 이를테면, 매개이고, 이런 말의 기본 단위가 이름이다. 즉, 데이터에 충실한 이름을 순조롭게 연관시키면 말이 되는 말이 되고, 이렇게 말이 되는 말을 따라 행하면 꾸민 일이 기필코 이루어지지는 않는다 하더라도 후회는 없을 것이다. 그래서 말하는 동물, 인간이 인간과 더불어 하는 일은 특히 말로 된 일 꾸미기에서 시작한다. 특히, 정치는 말로 더불어 하는 일 중의 일인 것이다.

문제는, 실제 아닌 말로써 대체 어떻게 실제 일이 이루어지도록 일을 꾸밀 수 있느냐는 것이다. 여기에 대해 공자의, 정치가 무엇이냐는 경공의 물음에 대한 저 답이 시사하는 바는, 명(名)과 형(形)이 일치하도록 정명해 놓았기 때문에 함께하는 말로 사람 사이의 일을, 예컨대 백성과 임금 사이의 일을 임금과 신하 사이에서 치밀하게 꾸며 실천에 옮길 수 있다는 것이다. 무엇보다도, 이름 쓰는 사람에 따라 이름이 뜻하는 바가 다르지 않도록, 그리하여 말하는 사람에 따라 뜻하는 바가 다르지 않도록, 정명해 놓았기 때문에 그렇게 할 수 있다는 것이다. 그리고 정명의 객관 언어를 구사하는 군자가 실천으로 옮겨 놓은 이런 말은 이후, 좋아야 할 모범이 된다:

자공이 군자를 물었다. 공자 가라사대, "군자는 먼저 제 말을 실천하여 모범을 만들고, 이후에 그것을 좇는다.”

子貢問君子。子曰：「先行其言，而後從之。」(위정)

이 구절에 대해서는 행동을 먼저하고 말이 그것을 좇도록 하라는 것으로 해석해 왔지만, 자로 편의 정명론과 함께 놓고 보면 올바른 이름으로 이루어진 말을 행동으로 옮겨 이후에 좇을 만한 모범을 만드는 것이 군자라는 이야기로 해석하는 것이, 이 대목만 보아도 두 대목을 함께 보아도 논어 전체와 함께 보아도, 낫다. 즉, 군자가 이름하면 반드시 말할 수 있고, 말하면 반드시 행할 수 있는데, 군자는 이런 말을 다른 이들보다 먼저 행하여 모범적 실천 사례를 만드는 사람이다. 예기 중용 편에 이런 말이 있다: 군자가 움직이면 천하의 도(道)가 되고, 행하면 천하의 본이 되며, 말하면 천하의 법이 된다(君子動而世為天下道，行而世為天下法，言而世為天下則).

안연 편의 정명론 관련 구절로 돌아가면, ‘임금이 임금 아니다’는 이름이 올바르지 않아 말이 꼬인 경우라 할 것인데, 말이 이렇게 순조롭지 않게 되면 그런 말로 꾸미는 일 역시 실천에 옮겼을 때 꼬이게 될 것이고, 따라서 시범 사례의 형성도 불가능할 것이다. 예컨대 임금이 임금이면 말하지 않아도 따를 터이나, 임금이 임금 아니면 임금 자리를 실제 차지하고 있어 임금이라 불리는 자가 무슨 말을 해도 그 말이 제대로 시행되기 어려울 터이다. 그래서, 임금 역을 하는 것이 이런 것이라는 시범을 보인 선왕의 임금다움의 선례를 좇는 것이 임금이 말하지 않아도 잘 따르는 백성의 나라로 가는 지름길이 된다. ‘임금이 임금임’을 말미암아 이런 나라가 되는 것이기 때문이다. 여기서 보듯이, 일 꾸미는 말의 기본 단위인 이름을 바로잡는 일은, 이름과 그 뜻을 수록한 사전을 고친다거나 하는 것이 아니라, 예컨대 신하라 불리는 이가 자신의 직명과 직분에 그야말로 충실하도록 하여 나라 돌보는 자리에 있는 이의 바라는 바가 실현될 바탕을 만든다는 말이다. 이것이 불가능하다면 '신하' 대신 다른 걸맞는 이름으로 바꾸어 부르도록 한다는 말이다.

그런데 정명은, 방금 본 것처럼, 단순히 언어를 대상으로 하는 문제가 아니면서도 다른 한편으로는 언어의 문제인데, 예컨대 임금이라고 불리는 이가 '임금이게끔 한다'고 할 때의 따옴표 속 임금이, 임금이라고 불리는 자가 언어 밖에 실재하는 것처럼 실재하는 임금이 아니라, 하늘이 그 참모습을, 말하는 인간이 시로써 이름에 담을 수 있도록 해 준, 하여 임금이라 불리는 이가 몇 퍼센트짜리인지를 알게 해 주는 임금 데이터이기 때문이다. 임금을 정명한다는 것은 임금이라 불리는 이를 바로 이런 임금 데이터에 일치하게끔 하거나 그렇게 하는 것이 불가능할 때는, 인의의 적인 은나라 폭군 주는 임금이 아니라 한 사내에 지나지 않아서 주 무왕이 그를 죽인 것이 신하의 군주 시해에 해당하지 않는다고 맹자가 설한 것처럼,[73] 다른 이름으로 바꿔 부르는 것인데, 이렇게 하자면 임금 데이터와 임금이라 불리는 자를 비교해야 할 것이다. 그리고 이런 맥락에서의 정명은 누구나의—만인이 공유한—문밖에 공통으로 주어져 있는 데이터가 식별되어 담겼던 이름이 정치 현실에서 쓰이는 바가 정풍 같은 시가 이름에 담아 놓은 데이터와 갖는 거리를 재고 그 이격 정도가 다른 이름을 써야 할 정도인지를, 예컨대 군자라 불리는 자를 향원이라 해야 할 것인지를, 판단할 수 있게 해 주는 도(道)에서 시작하는 일이다. 그래서 정명의 기본적인 뜻은, 예컨대 임금이라 불리는 자의 진위를 확인하는 척도로서 정풍 같은 시가 현실의 담벼락을 뚫고 포착해 놓은 문밖 임금 데이터에 조회하는 말길을 밟아 질적 차이가 확인

---

73 다음 구절이 나오는 양혜왕(하) 편의 한 대목을 이른다: "한 사내 주를 벴다고는 들었으나, 임금을 시해했다고는 듣지 못한 것입니다(聞誅一夫紂矣, 未聞弑君也)."

되는 대로 바로잡는 것인데, 바로 이런 정명의 말길의 유무, 혹은 관련 경험을 가능케 할 문화적 역량의 보유 여부가 앞에서 살핀, 예컨대 오랑캐와 '중국'의 주민을 구분하는 차이다. 물론 자연 상태와 인공 상태 사이의 이런 차이는, 논어에 따르면, 선왕들의 어진 정치가 아니었다면 그런 것이 있는지도 몰랐기 십상인 차이, 선왕지도(先王之道)가 없었다면 재기 어려웠을 차이이다. 나아가 선왕이 그에 관한 모범을 만들어 놓은, 사람들이 함께하는 것이 편안한 인공 상태는, 선왕지도의 은유를 계속 기억하려는 노력 없이는 유지되지 않는다—공자의 기억 사업, 교육 사업이 무도한 세상이 아니더라도 반드시 필요한 이유다.

___ 6 어짊 체제의 본체와 메타(상급) 데이터

푸는 것이 자신에게 주어진 천명이라고 공자가 여겼던 평천하 문제는 어떤 물리력으로도 뺏지 못할 개개인의 뜻이 충돌하게 마련인 자연 상태를 '어찌하여야' 사람들이 조화롭게 함께하는 편안한 인공 상태로 바꿀 수 있겠느냐는 것이다. 공자의 '무도해진 지 오래된 천하'는 홉스(Hobbes, Thomas)적 자연 상태의 근저에 있는 고집스러운 개별 의지들을 강제력으로가 아니라 문덕으로 통합할 믿음직한 정치적 권위를 찾을 수 없게 된 지 오래된 천하다. 한마디로 중국에 임금이 없다는 것인데, 논어 한 대목에서, 무도해진 지 오래된 천하의 문제는, 비근한 일상적 상황에서도 늘 제기되는 다양한 사회적 문제의 양단을 잡고 때맞춰 도(道) 트는 능력이 백성들 사이에서 사라진 지 오래라는 말로도 표현된다:

공자 가라사대, "중용이 덕으로 실천된다면, 지극한 것일터! 백성들 사이에서 드물어진 지 오래다."

子曰: 「中庸之爲德也, 其至矣乎! 民鮮久矣。」(옹야)

비근한 것을 논어 독해의 중심으로 삼은 이토 진사이의 논어 해석에서 중심 되는 곳이라 할 만한 대목인데, 중용지도는 귀족적 인물의 고매한 성격이 나타나는 극적 위기에서도 상황 타개의 기준이 되어야 할 것이지만, 무엇보다도, 무명의 백성이 비근한 일상적 상황에서 나름의 덕을 발휘하여 살자면 한시도 떠날 수 없을 도의 지극한 모습이다.[74] 나아가 중용의 밝은 덕을 천하에 밝히려는 군자가, 거기에 이르면 더이상 정당화 근거를 캘 필요가 없어져서 캐묻기를 멈추고 편안하게 거기 의존하여 실천적 언행을 개시할 수 있을 궁극적 근거로 정의되는 데이터를 찾아 마땅한 곳이 백성의 비근한 일상이기 때문에,[75] 군자가 아니라 백성이, 중용을 이야기한 이 대목의 주인공이 된 것이다.

어짊 체제의 계급적 성격에도 불구하고 그것을 이루고 뒷받침하는 원리와 어짊 체제의 정치적 실천이 거기서 출발하는 데이터는 백성에게서 온다. 통치의 근거가 되는 데이터를 얻는 통로를 하늘의 눈과 귀에서 백성의 눈과 귀로 전환하여 새로운 통치 모범을 제시한 주나라는 이 장 1절에서 살펴본 바 있거니와, 거기서 더불어 이야기된 것이, 하늘의 모호하게 마련인 구체적 가치 판단을 대신하여 피치자 백성의 보다 분명한 일상적 가치 판단에 조회하는 쪽으로 통치 절차를 바꾸는 것이, 임금이 왕위를 지키는 데 중용지도를 구사하여 유리한 위치를 계속 점할 좋

---

74 '한시도 떠날 수 없는 일상적 도의 지극한 모습'은 예기 중용 편, 구체적으로는 예컨대 초두의 다음 구절을 참조한 표현이다: 도라는 것, 이는 한시도 떠날 수 없는 것이고, 떠날 수 있다면 도 아닌 것이다(道也者, 不可須臾離也, 可離非道也).

75 '밝은 덕을 밝히려는 군자가, 정당화 근거를 더이상 캘 필요 없이 편안하게 의존할 수 있을 실천적 근거를 백성의 비근한 일상에서 찾는다'는 예기 중용 편과 함께 예기 대학 편의 다음 구절을 참조한 표현이다: 배워서 행하는 통치의 큰 도(道)는, 밝은 덕을 밝힘에, 백성과 친해짐에, 지극한 선에서 멈춤에 있다(大學之道, 在明明德, 在親民, 在止於至善).

은 방도라는 점이었다. 여기서 한 걸음 더 나아가 이제, 중용지도의 산문적 일상이 체 제사 같은 신비로운 종교 행사를 대체함에 따라 더욱 부각되게 마련인 백성이 사실은 어짊 체제의, 주인공은 아니더라도, 본체라는 점을 이야기할 계제가 된 것인데, 이 점을 이야기하는 데 단초로 삼기 좋은 대목이 이 장 2절에서 보통 교육의 이상과 관련해 인용한 위령공 편 한 대목이다.[76] 이 대목의 언명을 5장 3절에서 인용하면서 "말을 할 때는 그것을 듣고 발화자의 인격까지 미루어 판단할 청중을 두려워하는 마음으로 삼가며 하는 것이 바람직하다"는 뜻으로 해석할 만하다고 했는데, 그것이 바람직한 것은, 남이 한, 공자의 인물평 같은 말의 청중이 되는 "이 백성들"이 하·은·주 삼대의 선왕지도(先王之道)로써 자신의 바라는 바에 다가가는 어짊 체제 내 실천을 오래 해 온, 따라서 남이 한 말을 엄정하게 판단할 수 있는 비판적 능력을 갖춘, 덕 있는 백성이기 때문이다. 그런데 이 백성들은, 공자의 말도 그것을 떠나서는 함께하는 말로 성립할 수 없을 역사적 언어 공동체의, 대다수를 이루는 본체이기도 하다. 달리 말해, 주남과 소남에 있는 것과 같은 시들이 길을 튼, 이름에서 데이터에 이르는 정명의 말길은 여기서 이야기된 바와 같은 백성들이 있어서 그나마 유지되어 온 선왕지도다. 누군가를 비판하거나 칭찬하는 일은 바로 이런 말길을 통해 '임금', '신하', '아버지', '아들' 같은 이름에 담긴 데이터에 조회하여, 같은 이름으로 부르는 비판 대상 혹은 칭찬 대상을 잰 결과를 공연히 말하는 일이라 할 것인데, 이런 관점에서 본 저 언명은 어짊 체제의 오랜 가입자인 '이 백성들'에게

---

76 문제의 대목:

공자 가라사대, "내가 남을 평가하면서, 누구를 낮추고 누구를 높이는가? 높이는 데가 있는 인물이라면, 그것은 내가 그를 시험한 적이 있다는 말이다. 이 백성들로 말할 것 같으면, 이들로 하여 하·은·주 삼대가 도를 곧게 하고 그에 입각해 바라는 바를 좇았다."

子曰：「吾之於人也，誰毀誰譽？如有所譽者，其有所試矣。斯民也，三代之所以直道而行也。」

도 이런 측정의 능력이 있기 때문에 공자 역시 같은 방식으로 데이터에 조회하여 잰 다음에야 누군가를 칭찬하거나 비판해 왔다는 말이다. 이런 백성들이 듣는데 측정 없이 함부로 비판하거나 칭찬할 수 없다는 말이다. 나아가 바로 이런 백성으로 정체를 구성하는 것이 지금도 유효하고 앞으로도 유효할 동아시아 보통 교육의 이상이라 하겠다. 상기하건대, 공자의 선왕지도 수집도 정명의 말길이 바로 거기로 난 '백성들 사이'에서 한 것이라는 점은 1장 3절과 3장 1절에서 인용한 바 있는, 공자가 누구에게 배웠느냐는 질문에 대한 제자 자공의 대답이 나오는 다음 대목에서도 짚을 수 있는데, 세상이 무도해졌다는 것은 백성들 사이로 난 이 길이 조각조각 끊어지고 희미해졌다는 뜻이니, 방금 이야기된 동아시아 보통 교육의 이상은 이런 일이 일어나지 않도록 하자는 뜻을 겸하는 것이겠다:

> 문왕 무왕의 도, 땅에 떨어지기 전에는, 사람들에게 있었습니다. 현명한 자는 그 큰 것을 기억하고, 현명하지 못한 자는 그 작은 것을 기억했기에, 문왕 무왕 같은 선왕의 도가 전혀 없는 사람은 없었던 것이지요. 선생님께서 누구에겐들 배우지 않았겠습니까? 그러니 늘 배운 스승이 어찌 있었겠습니까?

> 文武之道, 未墜於地, 在人。賢者識其大者, 不賢者識其小者, 莫不有文武之道焉。夫子焉不學? 而亦何常師之有? (자장)

이 장 1절에서 옹야 편에 있는 '백성을 의롭게 하는 데 힘쓴다(務民之義)'를 '하늘을 대신하여 데이터를 매개해 주는 존재가 된 백성을 의롭게 하는 데 힘쓴다'로 풀었는데, 그 사이의 논의 덕분에 이제, 같은 구절이, '무도한 지 오래인 천하'로 규정되었던 공자 당대의 맥락에서는 백성들 사이에서 파편화되고 희미해진 지 오래인 정명의 말길을 온전히 되살리는 데 힘쓴다는 뜻도 됨을 볼 수 있게 된 것이다. 그런데 방금 인용한 자공의 대답 가운데 현명한 자가 기억한 "그 큰 것"과 현명하지 못한 자가 기억한 "그 작은 것"은 각각 무엇을 가리키는 것일까? 지금까지의 논의는 큰 것을, 예컨대 장인의 다양한 일터 각각에 그 자체로 떨어져 있는 칸막이된 데이터를 하나의 연계망으로 엮어 전체적인 조화를 이루는 데 근거가 되는 메타(상급) 데이터에 조회하여 순조롭다고 판단되는 방식으로 바른 이름을 말로 엮어 이를 행하는 군자의 통합적 앎이라고 보게 해 준다. 그리고 여기에 대조되는 작은 것은 장인의 일터가 그것을 근거로 조직된 자체적으로 칸막이된 데이터에서 비롯한 분업적 앎이 은유하는 앎이라고 보게 된다. 그래서 '큰 것을 기억하는 현명한 자'는, 작은 것을 기억하는 저 현명하지 못한 자들이, 만인의, 더 큰 만족을 향한—하여 분업적 앎에 기초한 성취를 이루려고 애쓰게도 만드는—굽히기 어려운 뜻들을 바람이 풀 눕히듯[77] 조화롭게 눕힘으로써 자연 상태를 극복한 인공 상태에서 오히려 더더욱 큰 만족을 누리도록 해 주는 대덕을 발휘할 군자를 의미하는 표현이라고 보게 된다. 그런데, 이들 작은 것이 얽혀 큰 것이 되는 것이기는 하되 큰 것에 대한 앎이 곧 작은 것에 대한 앎을 포함하는 것은 아니다. 즉, 큰 것을 안다고 해서 작은 것도 아는 것은 아니다. 작은 것이 얽힌 큰 것에 대한 앎은 작은 것에 대한 앎과는 차원이 다른 앎이라는 것인데, 논어에서 이 점을 가장 선명하게 보여주는 곳은 역시 이 장 1절에서 부분적으로 인용한 다음 대목이다:

> 번지가 곡물 재배법 배우기를 청하자, 공자 가라사대, "나는 노련한 그
> 분야 농부만 못하다." 번지가 채소 재배법 배우기를 청했다. 가라사대,

---

[77] "바람이 풀 눕히듯"의 연원은 이 장 3절의 각주67.

"나는 노련한 그 분야 농부만 못하다." 번지가 나갔다. 공자 가라사대, "소인이로다, 번지는! 지배자가 예를 좋아하면, 백성은 매사 받들어 감히 아무렇게나 굴지 않고; 지배자가 의를 좋아하면, 감히 불복하지 않고; 지배자가 믿음직함을 좋아하면, 감히 꾀부리지 않는다. 무릇 이와 같다면, 온 사방에서 백성들이 제 자식을 강보에 싸 업고 올 터인데, 곡물 재배법은 어디 쓰겠는가?"

樊遲請學稼, 子曰:「吾不如老農。」請學為圃。曰:「吾不如老圃。」樊遲出。子曰:「小人哉, 樊須也! 上好禮, 則民莫敢不敬; 上好義, 則民莫敢不服; 上好信, 則民莫敢不用情。夫如是, 則四方之民襁負其子而至矣, 焉用稼?」(자로)

이 대목에서 보는 농부의 곡물 재배법은 칸막이된 데이터에 근거한 앎인 만큼 이런 데이터를 담은 이름은 그 자체로 완결적인 이름이다. 즉, 유를 달리하는 이름과 더불어, 행함의 근거로 삼을 만한 말을 이룰 필요가 예컨대 임금 같은 이름에 비해 별로 없을 이름이다. 반면, 임금은 임금 아닌 모든 것과 따로 떨어져서 홀로 임금인 것이 아니라, 아버지와 아들이 한 짝을 이루는 것처럼, 신하와 백성 곁의 임금이다. 잘 다스림으로써, 잘된 농사와는 차원이 다른 부국강병이나 평천하 같은 성취를 이루는 데 근거가 되는, 어짊 체제에서 군자 계급이 배타적으로 취급하는 메타(상급) 데이터는, 이런 '임금' 같은 이름에 고유한 데이터가 다른 이름에 고유한 데이터와 맺는 관계를 조회하는 말길을 밟아 달하는 차원에 있는 데이터다. 그리고 군자가 이런 메타(상급) 데이터에 조회하여 다른 이름들에 연결하는 이름은, 어짊 체제의, 상황에 들어맞는 부사어가 적절하게 한정하는, 더 큰 만족을 향한 실천으로 옮길 만한 말을 다른 이름들과 함께 이룬다. 그런데 '임금' 같은 이름에 이렇게 붙어서, 실천에 옮길 수 있는 말을 이루는 이름들은 과연 어떤 이름일 것인가? 그것은 그 형명(形名)이 닮았거나 가까운 이름이다. 그리고 이런 관점에서 5장 1절에서 거듭 인용한 대목 속에 있는 "능근취비(能近取譬)"를 분석하면, 형명이 닮거나 가까워서 은유나 환유로[78] 뜻할 수 있을 메타(상급) 데이터를 비근한 데서 취한다는 뜻이 된다:

> 자공 가로되, "백성에게 널리 베풀어 다수를 구할 수 있다면, 어떻겠습니까? 어질다 해도 좋겠습니까?" 공자 가라사대, "어찌 어질다는 정도겠느냐, 반드시 성인일 것이다! 요순도 그렇게 하기는 힘들어 앓았다! 무릇 어진 이라면, 자기가 서기를 바라면 남이 서도록 하고, 자기가 달하기를 바라면 남이 달하도록 한다. 자신이 처한 가까운 데서 널리 적용할 만한 것을 시적으로 포착할 수 있다면, 어짊을 실천할 줄 안다 할 것이다."
>
> 子貢曰: 「如有博施於民而能濟眾, 何如? 可謂仁乎? 」子曰: 「何事於仁, 必也聖乎! 堯舜其猶病諸! 夫仁者, 己欲立而立人, 己欲達而達人。能近取譬, 可謂仁之方也已。」 (옹야)

데이터의 칸막이 너머 여러 상황에 널리 적용할 법도를 은유와 환유의 그물로 비근한 데서 포착하여 푸는 시적인 서사의 능력을 어짊 덕분에 갖게 되어 그 덕으로 천하를 구제하는 것이 어진 것 이상으로 어진 성인이다. 그리고 이 과정에서 이름에서 데이터로 난 정명의 말길은 데

---

78 이 책의 '은유'와 '환유'는 가깝게는 언어학자 소쉬르, 멀리는 고대 희랍에 그 연원이 있는 언어 구조 분석의 양극으로, 이 책의 '은유와 환유를 씨줄과 날줄로 하는 언어 그물'의 이미지는 로만 야콥슨의 여러 글 가운데서도 실어증 유형을 분류한 글(로만 야콥슨, 1989)에서 선명한 원형을 볼 수 있다.

이터 사이의 칸막이를 넘나드는 대도로 화한다. 이렇게 정명 차원과는 또 다른 차원의 말길을 가리켜 이 장 3절에서는 '무도한 천하를 사람이 편안히 함께하는 천하로 되돌리려는 어짊의 간절함을 동력으로 맥락 이동이 일어나는 길'이라고 한 바 있거니와, 어짊으로 사(邪)를 이긴 시심이[79] 아니라면 닦아 넓힐 수 없었을 길이 바로 이 길이다. 그런데 여기서 상기해 두어야 할 중요한 역사적 사실이 공자가 아들 백어에게 배울 것을 권한 주남과 소남이 시경 가운데서도 국풍에 속한다는 사실이다. 즉, 공자가 아들에게 배우라고 권한 노래는 지배자의 노래가 아니라 백성의 민요였다는 사실이다. 그리고 바로 여기에 주목할 때, 군자의 저런 시적 능력이 어짊 체제의 본체를 이루는 백성과 친해질 때 효과적으로 배양되리라는 마땅한 기대를 갖게 된다—시심은 본래 민심이었던 것이다.

한편, 임금 데이터를 담은 이름 '임금'은, 다른 이름에 담긴 데이터와 임금 데이터가 맺는 관계에 조회하는 말로 모범적 선례를 꾸밀 수 있을 때 온전히 제 구실을 하게 된다. 정치를 일종의 기술이라고 한다면, 이 기술은 데이터를 담은 이름들을 관계의 메타(상급) 데이터에 근거하여 잇는, 어짊 체제의 부사어로 적절하게 한정되는 실천으로 매끄럽게 옮길 수 있게 꾸민 말을 하는 능력에서 출발하는 기술이다. 구체적으로, 이 기술은 덕 있는 이를 그 말로 알아볼 수 있어야 모르는 것은 아니라는, 어느 정도는 배워 안다는 평가를 받게 될 기술이고, 여기에 더해, 사람을 알아보는 이런 앎을 바탕으로 이런저런 덕인들을, 그들의 직명에 담긴 데이터들 각각의 자기 동일성을 유지하면서 아우르는 도(道)로 조직할 줄 알아야 쓸 줄 안다는 평가를 받게 될 기술이다. 바로 이런 도에 뜻을 두고 모범을 창조할 덕을 쌓지 않는다면 군자다운 군자는 될 수 없

---

79 "사(邪)를 이긴 시심"은 위정 편에 있는, 공자의 다음 언명에서 온 표현이다: "시경의 뜻은, 한마디로, '사무사'다(詩三百, 一言以蔽之, 曰『思無邪』)."

다는 것이 '어질게'를 으뜸 부사어로 하는 어짊 체제이다. 나아가, 이 체제 안의 군자는 어짊으로 말미암고 어짊을 말미암는 도와 덕의 예인이다. 5장에서도 살펴본 바 있거니와, 예악을 원래의 종교적 맥락에서 풀어 줘서 그 자체로 좋아하고 즐기는 것이 어짊 체제의 군자다:

> 공자 가라사대, "도에 뜻을 두고, 덕에 힘입고, 어짊을 말미암되, 내용을 떠나 형식을 놀아라."[80]
>
> 子曰: 「志於道, 據於德, 依於仁, 游於藝。」 (술이)

내용을 떠나 형식을 놀 때 시는, 은유와 환유의 그물이 되어 메타(상급) 데이터를 탐색하고 드러내는 말의 기능에 예술적 차원을 부여한다. 다른 한편, 어짊 체제가 체제라는 것은 데이터를 담은 이름들이 체제 내의 경중에 따라 조직된 것이라는 말도 되는데, 이들 가운데 가장 근본적인 요소가 되는 것이 예컨대 '이로움', '천명', '어짊'이다. 바로 이것이 자한 편의 난해한 첫 구절이 품고 있는 것으로, 이 책의 어짊 체제 논의가 조명해낸 뜻이다:

> 공자께서는 이로움, 천명, 어짊을 드물게 말씀하셨다.
>
> 子罕言利, 與命, 與仁。 (자한)

'이로움', '천명', '어짊'은 다른 이름이 거기 붙는 중심이지 다른 이름에 가서 붙는 이름이 아니기 때문에 입에 올린 경우가 드물었다는, 달리 말해 어짊 체제 성립의 전제가 되는 말을 이루는 이름들이기 때문에 명시

---

80   어떻게 해서 "유어예(游於藝)"를 '내용을 잊은 형식을 놀아라'로 옮겼는지는 같은 구절을 인용한 5장 3절의 각주52.

적으로 언급하지 않았다는 것이다. 한편, 자한 편 첫 대목에서는 공자가 드물게 이야기했다고 이야기된 어짊에 대해 그가 했던 이야기가 논어에 자주 나온다는 사실 자체가 논어는 공자가 한 언행의 기록을 어떤 기준에 따라 편집한 소산이라는 주장을 뒷받침하는 증거가 된다.

구체적으로, 논어에 인(仁) 자가 나오는 대목은 60곳이 넘고, 등장하는 대부분의 경우 해당 대목의 주제를 표시한다. 이에 반해 이(利) 자가 나오는 대목은 9곳이다. 이 가운데 연장을 벼린다거나 하는 맥락에서 날카로움과 연관된 뜻으로 쓰인 곳을 제외하면 7곳인데, 3장 2절에서 인용한 헌문 편 한 대목 속의 '이로움을 보면 의로움을 생각한다(見利思義)'나 이인 편의 '군자는 의로움에 밝고 소인은 이로움에 밝다(君子喩於義, 小人喩於利)' 정도의 말씀은 있으나, 논어 전반에서 맹자에서 보는 것과 같은 의로움과 이로움의 날카로운 대조는 보기 어렵다. 나아가, 어짊이 지배적인 주제로 이야기되고 있는 대목이기는 하지만, 어짊과 동렬에 놓인 이로움의 의미를 짚어볼 수 있는 곳으로는 다음 대목을 들 수 있다:

공자 가라사대, 어질지 못한 자는 어려운 상황을 오래 견디지 못하고, 즐거운 상황에 오래 머물지 못한다. 어진 자는 어짊을 편안한 것으로 대하고, 지자는 어짊을 이로운 것으로 대한다.

子曰：「不仁者不可以久處約，不可以長處樂。仁者安仁，知者利仁。」(이인)

다음으로, 문맥에 따라 다소 다양한 의미를 갖는 명(命) 자가 나오는 대목은 21곳이지만 어짊과 이로움의 동렬에 놓을 만한 의미를 전하면서 비중 있게 쓰였다고 볼 수 있는 곳은 5~6곳이다. 그리고 이들 대목에 쓰인 '명'의 뜻은 4장 3절에서 인용한 유명한 위정 편 한 대목의 '오십에 천명을 알았다(五十而知天命)'나 5장 5절에서 인용한 헌문 편 한 대목의 '도가 행해지는 것이나 폐해지는 것이나 다 천명이다(道之將行也與?命也。道之將廢也與?命也。)' 같은 구절을 통해 짚어 볼 수 있다.

이상의 인(仁)·이(利)·명(命) 자 통계로 짐작하건대, 요왈 편 첫 대목에서 보는 바와 같은 옛 문헌들을 해석하여 추출한, 어짊, 이로움, 천명 같은 요소들을 중심으로 분석되는 선왕들의 모범을 당대의 상황 속에서 어찌하면 진실되고 믿음직하게 모방할 수 있을 것인지에 관한 것이 주였을 공자의 가르침 가운데는 논어의 편집 과정에서 걸러지는 바람에 후세에 전해지지 못한 것도 꽤 있을 것이다. 거꾸로 말해, 논어에 이로움과 천명에 대한 언급보다 어짊에 대한 언급이 훨씬 잦다는 사실은 논어 편집에 참여한 이들이 공자의 가르침을 어짊 중심으로 이해했음을 함축한다. 나아가, 논어 편집의 이런 경향은 공자 후계자들 사이로 이어져 그의 가르침을 반성적으로 대상화했을 때 부각됐던 선왕지도(先王之道)를 문밖 의로움에 곧바로 이어진 문안 어짊의 우발적 표현이라고 보게 되는 큰 흐름을 일부 이루게 되었던 것이다. 이런 흐름 속의 어짊은 평천하 문제 해결의 왕도이면서 본질적으로는 옥을 세공하듯 갈고 닦지 않으면 죽어 버릴, 인류의 '내적' 본성이었던 것인데, 여기에는, 이들과 대립했던 후계자들의 지적대로, 문밖 데이터를 경시하게 될 위험, 1장 4절에서 이야기한 "태(殆)"의 위험이 있다. 1장 2절과 2장 2절에서 언급한, 제자 자공의 다음 회고에 따르면, 공자의 가르침은 인간 본성이나 천도에 관한 것이 아니라 선왕들이 만든 제도에 관한 외향적이고 실천적인 것이었다:

> 선생님께서 선왕들의 제도 밝히시는 것, 들을 수 있었다; 성(性)과 천도(天道)를 말씀하시는 것, 듣지 못했다."

夫子之文章, 可得而聞也; 夫子之言性與天道, 不可得而聞也。

(공야장)

다음은 2장 도입부에서 "공자 당대에서는 무조건적이던 선왕지도(先王之道)에 대한 믿음이 그 다음 세대에서는 반성 대상이 되기 시작했음을 알리는 신호라고 보아도 좋을 것"이라고 한, 논어에서 유일하게 선왕지도라는 표현이 나오는 대목인데, 어짊 체제에 대한 긴 논의를 거친 이제는 선왕지도를 모범적 선례로 하는 논어의 도(道)가, 사람들이 편안히 함께하도록 해 주는, 사람과 사람의 일을 나라와 나랏일로 조직하는 인공의 길이자, 칸막이된 이름과 이름을, 실천으로 매끄럽게 옮길 수 있는 말로 조직하는 인공의 길이라는 사실을 짚을 수 있게 됐다:

유자 가로되, "예를 적용할 때, 중요한 것은 어울림이다. 선왕지도에서는 이 말을 아름답다고 여겨, 크고 작은 일 모두 어울림이 기준이었다. 이 기준이 통하지 않는 경우도 있는데, 어울릴 줄 알아서 어울려도, 예로 절도 있게 매듭짓지 않으면, 또한 행할 수 없는 것이다."

有子曰: 「禮之用, 和為貴。先王之道斯為美, 小大由之。有所不行, 知和而和, 不以禮節之, 亦不可行也。」 (학이)

나아가, 지금까지 읽은 논어를 종합하여 이제 이 구절을, '이름들을 조화롭게 연결하여 말하되 이름에 담긴 데이터에 조회하여 문장을 적절히 끊어 읽고 쓰고 말하고 듣지 않으면, 표출되고 수용되는 순간 곧 실천으로 옮겨도 좋을 문장, 군자의 문장이 되지 않는다'는 뜻으로 새길 수 있게 된 것이다. 하여 돌아보건대, 어짊 체제 속 군자는, 각자 바라는 대로 이루는 데서 오는 만족이 다른 것들과 어울려 극대화되는 인공 상태를,

데이터 지향 정치 언어를 구사하여, 자연 상태를 극복해낸 바탕 위에 조성할 덕을 어짊으로 말미암아 한 삼태기 한 삼태기 차근차근 쌓은 정치가, 그러나 쌓은 덕이 현실에서 실제로 낳을 결과에 대해서는 무심하게, 어짊으로 말미암아 쌓은 덕의 높이에서 어짊을 말미암아 아무런 원 없이—하늘에 대해서도 사람에 대해서도 아무런 원 없이—내용을 잊은 채로 형식을 노는 정치가이다. 그리고 수신의 데이터가 주어졌던 종교적 맥락을 떠나 수신 데이터가 덕의 구성적 형식으로 독립한 측면을 이렇게 노는, 기회가 주어진다면 무위의 정치를 펼칠 어짊 체제 속 군자가 죽는 순간까지 자문할 물음은 '나는 족히 어진 것이냐'일 터이다. 다른 모든 것을 놓아 자유롭게 된 그가 끝까지 붙들어 자신을 엄정하게 잴 데이터는 어짊 데이터일 터이다.

제 7장

결론

데이터 지향 정치 언어의 고전이라는 관점에서 논어를 해석한 이 책에서 부각한 어짊 체제는 여기저기 흩어져 있는 선왕지도(先王之道)를 수집한 공자가 그에 대한 기억, 특히 세대간의 가르침과 배워 익힘을 통하는 집단적 기억이 이어지도록, 그리고 이런 기억과 둘이 아닐 실천이 생생하게 이루어지도록, 그래서 종국에는 공자가 바라는 평천하가 이루어지고 유지되도록 체계화한 결과다. 수집한 선왕지도가 흩어진 지 오래라서 수집된 형태 그대로는 적절한 부사어가 꾸며 한정해 주는 실천으로 옮기기도 다음 세대로 물려주기도 어려웠다는 점은 1장 2절에서 인용한 다음 대목에서도 느낄 수 있다:

> 공자 가라사대, "활쏘기는 가죽 과녁을 위주로 하지 않기, 노력 동원에서는 개별적인 여건을 고려하여 일률적으로 같은 부담을 지우지 않기, 옛 길인 것이다."
>
> 子曰: 「射不主皮, 為力不同科, 古之道也。」(팔일)

1장 2절에서 이 대목을 풀면서, 흩어진 옛 길 데이터를 어짊 한길로 이어 옛 길이 어짊으로 말미암고 어짊을 말미암는 길이었다는 이야기를 하고 있다고 보았는데, 활쏘기의 옛 모범과 노력 동원의 옛 모범을 연속시킨 말로 이들이 어짊에서 닮았음을 깨닫게 해 주는 것이 또한 도(道)의 모범, 옛 길의 데이터이다. 달리 말해, 공자는 '활쏘기 데이터'와 '노력 동원 데이터'를 "옛 길인 것이다(古之道也)"라는 간단하기 그지없는, 메타(상급) 수준의 서술어로 연속시켜 이들을 잇는 도의 데이터, 어짊 한길을 드러낸다. 한편, 이 책은, 흩어진 지 오래된 선왕지도 데이터를 공자가 서(恕) 하나로 다시 꿰어 어짊 체제로 체계화함으로써 가르침·배움을 통한 이상적 평천하를 도모한 것과 비슷하게, 논어를 '데이터 지향 정치 언어'로 다시 꿰으로써 한반도 안팎의 질서가 한층 편안해지는 쪽으로의 진전을 도모한 결과인데, 이렇게 꿰어 새로 이을 때, 출현한 지 오래된 논어의 난해함이 걷히면서 지금도 유효한 정치적 진실이 드러난다는 것을 잘 보여주는 대목이 다음이다:

> 제후 나라 임금의 처는, 임금이 부를 때는 '부인', 임금의 처가 자칭할 때는 '소동', 같은 나라의 사람들이 칭할 때는 '군부인', 다른 나라에 가서 이방인 앞에서 그를 칭할 때는 '과소군', 다른 나라 사람이 그를 칭할 때는 역시 '군부인'이라 한다.
>
> 邦君之妻，君稱之曰夫人，夫人自稱曰小童；邦人稱之曰君夫人，稱諸異邦曰寡小君；異邦人稱之亦曰君夫人。(계씨)

논어에서 이런 호칭 예절이 적용될 만한 인물을 찾으면 위나라 영공의 처, 남자다. 논어에서 그가 언급된 대목은 4장 3절에서 인용한 바 있는데,[81] 공자는 그를 군부인이라고 불렀을 것이다. 한편, 이런 명칭 이야기가 도대체 왜 논어에 실렸는지에 대해, 논어 등장 이래 지금까지의 장구한 해석사에도 불구하고, 어떤 속시원한 설명이 있었는지 의문이다.[82] 그런데 1장 5절에서 제시하고 6장 5절과 6절에서 부연한 '정명의 정치 언어'로 풀면 이 대목에 분명한 뜻을 부여하여 논어 전체와의 연관을 새롭게 파악할 수 있다. 즉, 데이터 지향 정치 언어의 관점에서 볼 때 '제후

---

81 4장 3절에서 인용된 대목:
공자가 남자를 보자, 자로가 불만스러워 했다. 선생께서 맹세코 가라사대, "내가 하지 말아야 할 짓을 했다면, 하늘이 버린다! 하늘이 버린다!"
子見南子，子路不說。夫子矢之曰：「予所否者，天厭之！天厭之！」

82 예컨대, 오규 소라이(2010, 55쪽)에 다음과 같은 구절이 있다: 『논어』가 정밀하게 편찬되었다고 말하는데 그 내용에 "나라 임금의 처를 소군(小君)이라고 한다"는[ ]데 이르면 할 말이 없게 된다.

의 처'는 관계의 메타(상급) 데이터를 제외하면 데이터상으로 별 내용이 없기 때문에, 타자와 맺는 관계만 조회해도 적절한 이름이 도출된다는 것이고, 나아가 그 관계가 분류되어 나뉘는 가지 수 만큼의 다른 이름들로 불리는, 그림자 같은 존재라는 것이다. 위나라에서 벼슬자리를 찾던 공자에게 면담을 요구하여 성사시킨 남자가 논어에서 이런 호칭 분류가 적용되는 유일한 사례라는 점을 함께 놓고 생각하면 '제후의 처'는 그것이 어떤 빛에 의해 무엇의 그림자로 비치느냐에 따라 달라지는 고로 정명의 대상조차 되지 않는다는 야유로도 여겨질 수 있겠다. 그런데 논어 전체와의 연관을 이해하기 어려웠던 이 같은 대목에 대해 이런 명료한 새 해석을 할 수 있게 된 것이 근본적으로는, '천하가 무도한 지 오래'라는 공자의 문제 의식을 늘 염두에 두고 논어를 해석한 결과다. 그리고 공자의 이런 문제 의식이 인류의 모듬살이가 늘 당면해 왔고 또 당면할 문제를 짚고 있다는, 따라서 21세기 한반도 안팎의 보다 나은 새 질서를 도모하는 입장에서도 핵심적 문제를 짚고 있다는 시각에서 해석한 결과이다. 난해하다고 여겨져 온 자한 편 첫 대목을 위시한 여러 대목들에 대해 명료한 새 해석을 제시할 수 있었던 것도 공자가 해결하려고 했던 시대적 과제에 도사린 근본 문제가 사람들이 함께하기 어려워 흩어지는 자연 상태에 처한 지 오래인 천하를 사람들이 함께하는 것이 편안한 인공 상태로 전환시키는 것이었다는 점에 대한 유별난 주목 덕분이었다고 하겠다—다른 무엇보다도, 이 책이 논어의 으뜸 데이터라고 한 선왕지도(先王之道)는 이런 전환의 시도에서 모방해 마땅한 실천적 선례로 여겨졌기 때문에 공자의 으뜸 데이터가 되었던 것이다. 혹은, 난무하는 그림자가 쥐고 흔드는 무도한 세상을 원래의 어짊으로 되돌리는 데 시발점이 되어야 할 진본 데이터의 가장 선명한 상을 보여주는 복제 데이터가 선왕지도였다고도 말할 수 있겠다.

한편으로는, 이름이 담고 있는 데이터에서 말과 메타(상급) 데이터를 거쳐 실천에 새로 달하는 위험을 무릅쓰기보다는 이런 과정의 모범적 선례라고 할 선왕지도(先王之道)를 으뜸 데이터 삼는 것이 당면한 시대적 과제에 대한 실용적 접근이기도 했을 터이다. 그러나 다른 한편으로는, 데이터에서 실천에 이르는 저런 과정을 어짊으로 말미암아, 노나라 밖을 포함하는 문밖으로 나서서 추체험하지 않고는 흩어진 선왕지도를 하나의 체제로 조직할 수 없었을 것인데, 이런 추체험은 '누구나의 문밖에 있는 공통의 데이터'를 마땅히 전제하는 것이다. 각자의 주관적인 눈에 비친 서로 다른 그림자들의 원본이 되는 객관적 하나를 전제하는 것이다. 특히, 이 객관적 하나가 전제되지 않는 모듬살이는 공자가 회피하고자 한 자연 상태로 전락하기 십상이라는 점을 생각할 때, 이 해석학적 전제의 중요성은 아무리 강조해도 지나치지 않겠다. 덧붙여, 이는, 베르그송풍으로 말해, 텍스트가 유통된 긴 역사를 통해 켜켜이 쌓인 얼음 아래의, 대대손손 이어가는 인간 생명의 전위로서 냉엄한 현실을 헤쳐 나가던 공자 집단을 논어에서 직접 산 채로 건져, 옛 문헌을 풀어 당대의 진실되고 믿음직한 실천으로 살린 공자가 생명의 전위로서 스스로가 속한 문명을 이끌었던 것과 평행하게, 논어 읽는 일이 21세기 한반도 안팎의 주어진 현실을 헤쳐 나가는 인간 생명의 운동과 하나되게끔 하겠다는 원을 세워 쓴 이 책이 결정적으로 의존한 전제이기도 하다.

나아가, 공자의 배움, 수신, 교육 활동을 관통하는 것이, 흩어져 있기 때문에 망각될 위험에 처한 선왕지도(先王之道) 데이터의 파편들을 체계적으로 이어 즐겁게 배워 익힐 수 있는 실천적 형태로 자신이 나서서 구해 놓지 않으면 무도한 천하를 영영 구할 수 없게 될 수 있다는 위기 의식이다. 그리고 이것과 한 짝을 이루는 것이 공자의, 천하의 안위와 향방에 대한 소명 의식 내지 천명 의식이다. 바로 이런 위기 의식과 천명

의식을 바탕으로 정치적 참여를 통해 선왕의 모범을 당대의 상황에 들어맞는 형태로 재생하여 후대가 좇을 만한 정치적 모범을 남기려고 제자 동지들과 천하를 주유했으나 뜻을 이루지 못하고 노나라로 돌아가기로 할 즈음에는 현실 정치에서 후세 교육으로 방향을 전환했던 것인데, 이 전환이 어질게 이루어졌다는 이야기는 4장 이하 곳곳에서 한 바 있다. 그리고 이런 관점에서 논어를 요약하면, 무도한 데 오래 처해 흩어진 지 오래인 백성들이 함께하기가 편안할 천하를 구축하는 데 함께 나설 덕 있는 군자가 많아져야겠다는 문제 의식을 바탕으로, 열다섯에 배움에 뜻을 둔 이래, 천하가 그로 인해 한때 편안했으나 무도해진 지 오래인 지금은 흩어져 있는 선왕지도를 수집하여 하나로 꿴 결과 그 모습을 드러낸 어짊 체제의 모범적 실천 플랫폼을, 무엇보다도 군자 개개인의 수신을 통해, 세울 방도를 꾸준히 널리 가르침으로써 천하가 편안해지는 후일을 기약하려 했던 공자의 언행을 후대가 본받아야 할 모범으로 제시한 책이다. 원래 정초됐던 자리의 종교적 성격을 주나라 건국을 계기로 지양하면서 특히 데이터 측면에서 세속화된 선왕지도의 흩어진 파편들을 하나로 꿰어 체계화한, '어질게'를 으뜸 부사어로 하는 어짊 체제의 노선을 따라 '새 동주'를 세우려고 했던 공자의 정치적 시도가 무위로 돌아가면서 군자 교육을[83] 무정부적 자연 상태에 빠진 천하를 구할 유일한 길로 여기게 되었으나 수제자 안연의 때 이른 죽음으로 이 길마저 불확실해졌던 것임은 앞에서 주욱 살펴본 바이거니와, 특히 '어짊 체제'를 처음 도입한 2장 3절에 이어지는 3장 1절에서 파편화된 선왕지도를 그것으로 꿴 하나가 서(恕)였음을 지적하면서 '공자의 어짊 체제가

---

83 5장 3절과 6장 6절에서 인용한 술이 편 한 대목에서 보는 바와 같이, 도(道)에 뜻을 두고 덕에 의지하며 어짊을 말미암고 수신으로 쌓은 높이에서 초월적으로 형식을 노는 경지에 어짊으로 말미암아 달하는 것이 공자가 제자들이 그렇게 되기를 바란 군자의 이상적인 모습, 즉 공자식 군자 교육의 목표라 하겠다.

하필 서(恕) 하나로 연속돼 있는 이유를 흩어진 선왕지도의 온전한 보존과 전승을 위한 기억술에 결부된 측면 이외로도 캐려면 논어에 나타난 시대적 과제를 자세히 뜯어볼 필요가 있다'고 했었는데, 이제 뜯어본 결과를 종합할 때가 되었다.

　어짊 체제가 일종의 체제라는 것은 선왕지도(先王之道)를 '어질게'를 중심으로 체계화했다는 뜻에 그치지 않는다. 예컨대 이 으뜸 부사어를 중심으로 조직된 부사어들이 보다 큰 만족을 꾀하는 사람들의 언행을 지배적으로 꾸며 한정하게 될 때 어짊 체제의 궁극이 달성되어 사람들이 함께하는 것이 편안한 천하가 될 것이라는 뜻에 그치지 않는다. 방금 '사람들의 언행을 지배적으로 꾸며 한정하게 된다면 평천하될 것'이라고 한 데서도 짚어 볼 수 있듯이, 이 어짊 체제는 가입자들이 다수 있어야 그 존재 의의가 충족될 수 있기 때문에도 일종의 체제이다. 이 책에서 말길을 선왕지도의 도(道)를 대표적으로 환유하는 길이라고 해 온 것 역시, 복수의 언어 사용자들이 자신의 소통망 속에서 함께하는 말을 써서 더 큰 만족을 얻을 때 그 말이 말로서 제대로 서고 또 번창하는 것처럼, 어짊 체제 가입자들이 어짊 체제를 함께하여 각자의 더 큰 만족을 향한 언행을 이 부사어 체제가 제공하는 부사어로 적절히 잘 꾸며 한정하게 될 때, 이렇게 해서 타인의 것과 잘 조율된 언행을 통해 한층 더 큰 만족으로 나아갈 수 있게 될 때, 바로 이럴 때 확고해지고 번창하는 것이 선왕지도의 흩어진 파편을 하나로 꿴 어짊 체제이기 때문이다. 사실, '예'는 이런 올바른 부사어 구사를 묶어 가리키는 총칭에 다름 아니고, 예 역시 그것을 배워 자신의 언행에 적용하는 사람들이 다수 있어야 예다. 말이 말을 배워 쓰는 발화자들 사이에 있는 것과 마찬가지로 예는 예를 배워 행하는 사람들 사이에 있다. 어짊 체제도 어짊 체제 가입자들이 함께해야 어짊 체제인 것이기 때문에, 6장 6절에서 지적한 대로, 가입자 대다수를 이루는 백성이 어짊 체제의 다양한 부사어 구사법을 실천적으로 기억하는 본체가 된다. 그런데 이 본체를 낳는 것이 배움이다. 즉 어짊 체제 부사어 구사법을 기존 가입자에게 배우지 않으면 할 수 없는 것이 어짊 체제 가입인데, 기존 가입자 중에서도 부사어 구사에 탁월한 쪽의 모범을 배우는 것이 이상적이겠다. 어짊 체제에서 수신으로 덕을 쌓은 군자는 부사어 구사의 탁월한 모범을 보임으로써, 어짊 체제 전반의 부사어 구사 수준을 높여, 사람들이 함께하는 것이 한층 편안한 천하로 이끈다. 안전하고 풍요로운 천하, 보다 근본적으로는 죽음마저 넘어가는 믿음이 확고하게 뿌리내린 천하로 이끈다. 어짊 체제의 궁극으로서의 평천하는 이 체제의 모범적 부사어 구사법을 배워 익혀 즐겨 쓰는 어짊 체제 가입자로 천하가 가득하면 자연히 이루어질 일이기 때문에, 부사어 구사의 모범이 되도록 수신하는 것이 군자다운 군자의 최고급 우선 과제가 되는 것이다.

생물 중에 사람만이 말을 배워 구사하는 것처럼 어짊 체제의 부사어를 구사하는 것 역시 사람만이 배워 익혀서 한다. 그리고 논어에서 이런 기본적 사실을 확인할 수 있는 곳이 다음 대목이다:

자유가 효를 물었다. 공자 가라사대, "요즘에 효라고 하는 것은, 보살필 수 있으면 효성스럽다고 한다. 개나 말의 경우라도, 보살핌은 다 있을 수 있다; 사람이 삼가 보살피지 않는다면, 무엇으로 짐승과 구분하겠는가?

子游問孝。子曰:「今之孝者,是謂能養。至於犬馬,皆能有養; 不敬,何以別乎?」(위정)

개나 말이 아닌 사람이 사람답게 행하는 효가 되자면 부사어 '삼가'로 꾸미고 한정하는 부모 보살핌이지 않으면 안 된다는 말이다. 나아가, 말도 그렇지만, 어짊 체제의 부사어 구사도 잘 하는 사람이 있고 잘 하지 못하는 사람이 있겠는데, 잘 하는 사람들이 많을 때 어짊 체제가 번성하게 될 것임은 한눈에도 명백하다. 논어의 다음 대목 역시 효의 경우를 통해서, 부사어 구사를 잘 하는 사람과 그렇게 하지 못하는 사람의 차이를, 부사어 구사를 배워 하는 사람과 배우지 못해 하지 않는 짐승의 차이를 방금 이야기한 것처럼, 이야기한 곳이다:

> 자하가 효를 물었다. 공자 가라사대, "기색이 어렵다. 일이 있으면 나이 어린 사람이 수고를 하고, 술과 음식은 나이 많은 이가 드시도록 한다, 이것만으로 효라 하기에 충분하겠는가?"
>
> 子夏問孝。子曰: 「色難。有事弟子服其勞, 有酒食先生饌, 曾是 以爲孝乎? 」(위정)

자식이 부모 섬기는 효행을 꾸며 한정하는 부사어는 연소자가 연장자를 대접하는 언행을 꾸며 한정하는 데 쓰이는 부사어와 다르다는 것이다. 이 차이를 공자는 "기색이 어렵다(色難)"로 표현하고 있는데, 연장자 대접과 효행의 차이 역시 실천적으로 잘 아는 이와 잘 모르는 이가 있을 터이다. 즉, 부모를 섬김에 연장자 대접에서와는 달리 써야 할 부사어를, 색난의 어려움에도 불구하고 잘 분별하여 구사하는 이가 있고, 어렵기 때문에 그렇게 하지 못하는 이가 있을 터이다. 그런데 군자다운 군자는 이런 부사어 구사에서 탁월한 모범을 보여 다른 어짊 체제 가입자들을 이끄는 이다. 임금이 부모에게 효성스럽고 자녀에게 자애로우면 충성스러운 신민이 난다는, 논어에서—특정하자면, 위정 편의 "효성스럽고 자애로우면 (신민이) 충실할 것(孝慈則忠)"에서—비롯했을 법한 전통적인 생각은 이런 맥락에서 한층 선명하게 이해할 수 있겠거니와, 덕으로 다스리는 군자는 뭇사람이 공경할 만한 모범이 됨으로써 가만히, 별로 하는 일도 없이 다스린다:

> 공자 가라사대, "덕으로 다스림, 비유하면 북극성 같은데, 그 자리에 가만히 있어도 뭇별이 공히 그것을 중심 삼아 움직인다."[84]
>
> 子曰：「爲政以德，譬如北辰，居其所而衆星共之。」(위정)

순임금이 별로 하는 일 없이 남면하는 것만으로 다스린 것, 증석이 무우로 소풍 다니는, 벼슬 아닌 벼슬을 하고 싶다고 한 것도 바로 이런 맥락에서 이해될 수 있을 것이다. 논어 최고의 정치는, 가령 임금이 수신으로 쌓은 덕에 의지하여 부사어 구사의 탁월한 모범을 보이고서 나머지가 그것을 배워 익히고 실천함으로써 모방하는 것을 가만히 지켜보는 것이다. 달리 말해, 모범을 만든 이가, 혹은 모범의 계승자가 삼가 남면하고 있다는 것을 의식하는 것만으로도 나머지 가입자들이 모범 모방에 성의를 다하게 되어 모듬살이가 모범 담지자 있는 곳을 중심으로 조화롭게 영위되는 것이 어짊 체제 최고의 다스림, 무위의 다스림이 꾀하는 바라 하겠다.

한편, '정명의 객관 언어'가 탁월하게 구사된 발화의 모범적 예(例) 하나하나가 서로 다른 사람들이 함께하는 말을 살리는 것처럼 탁월한 부사어 구사의 모범적 예 하나하나가 어짊 체제의 수준을 한 삼태기 한 삼태기 쌓아 높인다. 반대로 '자기 탐닉의 언어'를 구사한 발화 사례 하나

---

84 5장 1절에서 인용한 대목.

하나가 쌓여 말과 그것이 환유하는 문명 전반을 쇠락하게 하는 것처럼, 보다 큰 만족으로 나아가는 언행을 아무렇게나 하는 사례 하나하나가 모여 어짊 체제, 나아가 문명을 쇠락하게 만든다.[85] 즉, 사람들 사이의 말과 행위로 보다 큰 만족으로 나아가되 아무렇게나가 아니라 적절한 부사어로 꾸며 한정하면서 그렇게 해야 한다는 윤리적 요구를, 예컨대 이기적 탐욕 때문에, 망각하는 일이 없어야 어짊 체제의 건강을 유지할 수 있겠다는 것이다. 그래서 적절한 부사어 구사는 스스로가 어질어서 소속 문명 전체의 건강 상태에까지 관심이 뻗칠 때 한층 주의깊게 충족하게 될 윤리적 의무인데, 물론, 이렇게 뻗친 관심은 부사어 구사의 조건이 되는 윤리적 환경에 대한 재귀적 관심을 겸하는 것이다. 그리하여, 어짊 체제 가입자로서 보다 큰 만족으로 나아가며 그 나아감을 적절한 부사어로 꾸며 한정함에 있어, 주어진 것으로서 강제되는 올바름을 맹목적으로 추종해서나 강제된 올바름과 어긋났을 때의 후과가 두려워서 삼가는 것이 아니라, 어짊으로 말미암는 자기 초월의 객관적 시야 없이는 재귀적으로 쉬 인지할 수 없을, 부사어 구사의 윤리적 조건을 의식하여 반성적으로 삼갈 때, 어짊 체제 부사어의 구사는 이름해야 할 새 차원을 얻게 된다. 예컨대, 논어에서 공자가 부끄러움이라는 이름으로 부른 바가 이렇게 해서 얻게 되었을 법한 차원이다:

> 공자 가라사대, "법령으로 이끌고, 형벌로 가지런히 하면, 반듯해진 백성들이 잘못은 피하겠지만 부끄러움이 없다; 덕으로 이끌고, 예로 가지런히 하면, 반듯함에 더해 부끄러움도 있게 된다."

---

85 '자기 탐닉의 언어'와 '정명의 객관 언어' 사이의 대조는 6장 1절의, 구약의 신명기를 인용한 통치 데이터 논의에 붙어 있는 것을 가져온 것이다. 그 앞의 "한 삼태기 한 삼태기"라는 표현은 6장 4절에서 인용한 자한 편 한 대목에서 가져온 것이다.

子曰：「道之以政，齊之以刑，民免而無恥；道之以德，齊之以禮，有恥且格。」(위정)

사람들이 함께하는 데 문제가 없도록 하는 두 가지 길 가운데, 형벌이 두려워서 법령 아래 일사불란해지는 것을 꾀하는 쪽보다는, 닮으려고 노력할 만한 덕 있는 지도자가 제시하는 부사어 구사법의 모범에서 멀어질 때는 부끄러움을 느껴 스스로 돌아서도록 이끌어 모듬살이의 조화를 꾀하는 쪽이 윗길이라는 것이다. 그리고 이 같은 맥락에서 한층 분명해지는 점이, 부사어 구사의 윤리는 어떤 궁한 상황에서도 굳게 견지해야 군자임을 천명한 다음 발언이 4장 3절에서 이야기한 대로, 과연, "문명을 정초하는 시원적인 시적 발화라고 해도 과언이 아닐 발언"이라는 것이다:

진나라에 있을 때 식량이 떨어지고, 종자가 병에 걸려, 아무도 일어나지 못했다. 자로가 화난 얼굴로 가로되, "군자 또한 궁해지는 것입니까?" 공자 가라사대, "군자는 굳게 궁하지만, 소인은 궁하면 아무렇게나 된다."

在陳絕糧，從者病，莫能興。子路慍見曰：「君子亦有窮乎？」子曰：「君子固窮，小人窮斯濫矣。」(위령공)

방금 한 논의를 종합하여, 따지고 드는 자로에게 준 공자의 대답을 풀면, 어진 군자가 부사어를 구사할 때 염려하는 바는 제 한 몸의 안위에 그치지 않고 어짊 체제 전체의 안위, 천하의 안위에 이르는 것이기 때문에 명이 위태로운 상황에 몰려 궁할 때도 부사어 구사의 윤리를 굳게 지키며 궁할 수밖에 없지 않겠느냐는 이야기가 된다. 한편, 이 대답이 나오는 저 대목을 크게 부각한 4장 3절에서 "온갖 시련 속에서 단련된 정치 언어가 절망을 제치고, 채택해도 좋은 부사어와 채택해서는 안 될 부사어 사이의 간극을 번개처럼 비추는 대목"이라고 평가한 데 이어 이런 "정치 언어의 시적이고도 문명사적 탄생"은 "공자가 끌어 모은 어짊의 문화 유산, 선왕지도(先王之道)를 서(恕) 하나로 꿰어 익히고 산전수전을 겪으며 벼린 결과"로 된 것이라고 하면서 이렇게 부연했다:

> … 하나 분석적으로 주목해야 할 점이 '그래서는 안 될 바는 결코 그리 하지 않음'이, 도(道)가 있어 천하가 편안한 상황은 물론이고 무도한 천하를 편안한 천하로 바꾸려는 어려운 상황에서도 지켜야 할 규범적 요구로 놓여 있다는 것이다. 특별히, 이 요구를 어짊 체제 전반을 관통하는 원리로 정립했다는 데 공자의 문명사적 공헌이 있다. 바로 그래서, 저 위기의 순간에 화난 자로에게 한 공자의 응수는, 하늘이 낸 덕이나 주 문왕의 문화 유산이 자신에게 있다는 식의 격정적 토로를 넘어선 발언임은 명백한 것이고, 문명다운 문명의 시원에 해당하는 시적 토로라고 해도 좋을 발언이라고 보는 것이다.

그렇다면 여기서 이야기된, 어짊 체제 전반을 관통하는 '어떤 상황에서도 하지 말아야 할 바'는 무엇을 가리키는가? 그것은, 적어도 이 책에서는, 선왕지도를 하나로 꿴 서의 요구일 수밖에 없다:

> 자공이 물어 가로되, "그 한마디만 명심하면 죽을 때까지 보다 큰 만족으로 바르게 나아갈 수 있는 말이 있습니까? 공자 가라사대, "그것은 서 일 터! 스스로 원치 않는 바, 타인에게 입히지 말라."

子貢問曰：「有一言而可以終身行之者乎？」子曰：「其恕乎！己
所不欲，勿施於人。」(위령공)

스스로 입기를 원치 않는 바를, 이를테면 원치 않는 피해를, 타인에게
입히지 말라는 부정적 형태의 황금률로 서를 풀고 있는, 3장 1절에서 인
용한 대목인데, 이를 어짊 체제를 관통하는 저 '어떤 상황에서도 하지
말아야 할 바'에 적용하면 자기가 입기 싫은 바를 다른 이에게 입히는
언행은 어떤 상황에서도 삼가라는 것이 어짊 체제의, 보다 큰 만족을 향
한 모든 언행을 통틀어 규제하는 최상위 부사어 구사 규범이라는 말이
된다. 즉, 더 큰 만족을 향한 언행이 올바르도록 삼가되 무엇보다도 자
기가 당하기 싫은 바를 다른 이가 당하지 않도록 삼가야 한다는 것이다.
꾀하던 만족을 얻지 못하는 한이 있더라도 이런 일은 없도록 삼가야 한
다는 것이다. 그런데 이렇게 삼가고 또 삼가더라도 그렇게 되기 어려운
것이 또한 세상사라는 점은 다음 구절에서 짚어볼 수 있다:

> 자공 가로되, "다른 이가 그것을 저에게 입히는 것을 제가 원치 않으면,
> 저 또한 그것을 다른 이에게 입히는 일이 없도록 하고 싶습니다." 공자
> 가라사대, "사야, 그것은 네가 미치는 바가 아닌 것이다."
>
> 子貢曰：「我不欲人之加諸我也，吾亦欲無加諸人。」子曰：「賜
> 也，非爾所及也。」(공야장)

아무리 삼가도 남에게 피해를 입히는 사태를 완전히 피하기는 어려운
것인데, 이런 사태를 실로 자유자재로 피하면서 자신의 더 큰 만족을 추
구하거나, 그것이 불가능하다면, 이런 사태를 피해 자신의 만족 추구를
상황에 맞추어 조절할 수 있는 경지는 부사어 '삼가'를 구사하는 데 도

가 트지 않으면 달할 수 없다는 것이다. 그리고 이렇게 삼가는 데—공
㈜하고 경㈔하는 데—도가 트이면 공자와 마찬가지로 다음 네 개의 부
사어와 결별하게 될 것이다:

공자가 끊어버린 부사어가 넷이다—마음대로, 기필코, 고집스럽게, 자
기중심적으로.

子絶四: 毋意, 毋必, 毋固, 毋我。 (자한)

그런데 6장 3절에서 재차 인용한 이 구절은 역시 6장 3절에서 인용
한 다음 대목의 "뜻㈗"을 어짊 체제 정반대 쪽에서 은유한다:

공자 가라사대, "대군의 장수는 뺏을 수 있으나, 필부의 뜻은 뺏지 못한다."

子曰: 「三軍可奪帥也, 匹夫不可奪志也。」 (자한)

6장 3절에서 무정부 상태를 야기하는 근원으로 해석한 이 '뺏지 못할
뜻'을 가지런히 함으로써 모듬살이를 편안하게 만드는 것이 예인데, 예
가 총칭하는 부사어 구사법을 하나로 관통하는 서㈘의 부정적 황금률
을 늘 명심하여 삼가고 또 삼가는 데 공자를 모범으로 하는 노력을 멈추
지 않는다면 저 네 개의 부사어를 완전히 잊게 되는 날이 올 터이다. 반
대로, 네 가지 부사어 '마음대로', '기필코', '고집스럽게', '자기중심적으
로'에 재갈을 물리지 않은 채로 바라는 일 이루려는 몇몇 사람들이 저런
'뺏지 못할 뜻'을 같이하는 경우에는 다음에 묘사된 것 같은 광경을 보
게 될 터이다:

공자 가라사대, "모여 하루 종일 지내면서, 함께하는 말이 의에 미치지
않고, 작은 꾀로 만족 추구하기를 좋아하는 것, 참 곤란하다!"

子曰：「群居終日，言不及義，好行小慧，難矣哉！」(위령공)

반대로 군자는 이런 작당과는 인연이 없는 사람이다:

공자 가라사대, "군자는 씩씩하되 싸우지 않고, 모이되 당파를 짓지 않는다."

子曰：「君子矜而不爭，群而不黨。」(위령공)

대조적으로, 소인이 뜻을 같이하면 당파를 짓게 된다. 이런 당파에 속하면 같은 편에 치우치게 마련이다:

공자 가라사대, "군자는 사람들과 두루 어울리면서 자기 쪽에 치우치지 않고, 소인은 자기 쪽에 치우쳐 어울리지 두루 어울리지 않는다."

子曰：「君子周而不比，小人比而不周。」(위정)

작당하지 않는 군자는 다름을 조화시키지 거부하지 않고, 자기와 다른 이에게 같은 편이 되라고 강요하지 않는다. 소인은 이와 반대다:

공자 가라사대, "군자는 다름을 조화시키지 같게 만들지 않고, 소인은 다름을 같게 만들지 조화시키지 않는다."

子曰：「君子和而不同，小人同而不和。」(자로)

그런데 뺏지 못할 뜻을 같이하여 뭉친 파당이, 역시 뺏지 못할, 그러나 다른 뜻을 가진 개인이나 파당을 만나면 결국 피를 보게 마련이다. 프랑스 혁명은 대표적인 사례이겠는데, 피비린내가 자연 상태보다 더했으면 더했지 덜하지 않을 파국으로 치닫기 쉬운 당파 정치를 지양하는 군자다운 군자의 평천하 정치는 서(恕)의 부정적 황금률을 선왕지도(先王之道) 전체를 관통하는 최고의 규범, 정당화 근거를 그 이상으로는 더 캘 필요가 없는 규범으로 삼을 때 할 수 있다는 뜻으로 이 책이 해석하는 이야기를 공자는 프랑스 혁명의 피비린내가 제기한 지적 도전에 대한 칸트(Kant, Immanuel) 윤리학의 첫 기념비적 응답이 나오기[86] 훨씬 전에 개진했던 것이다. 결론적으로, 논어의 핵심적 전언은, 공자가, 그것 앞에서는 그것이 근거한 바는 또한 무엇이냐는 물음을 더이상 제기할 필요가 없어지는 '데이터 중의 데이터'라고 할 서 하나로 흩어진 선왕지도를 꿰어 체계화하고 실천한 부사어 구사법을 모방함으로써, '뺏지 못할 뜻'들이 서로 충돌하는 자연 상태나 이런 자연 상태와 둘이 아닌 당파적 투쟁 상태를 극복하고 모듬살이가 어짊에 닿아 편안한 인공 상태를 조성하여 널리 함께 누리라는 것이다. 그리고 이런 평천하 상태에 도달한다면, 삼가 부사어 구사법에 대해 하는 염려, 서를 최종 근거로 하는 예의 중용지도에서 멀어지는 것이 아닌지에 대한 염려, 그 바깥의 나머지에 관해서는 누가 뭘 해도 문제 삼지 않는, 남면하였을 뿐 별 하는 일 없던 순임금이 다스리는 듯한 세계가 다시 열릴 것이다:

> 공자 가라사대, "하는 일 없이 다스린 이, 그것은 바로 순임금이 아닌가? 하기는 뭘 하셨던가, 스스로를 삼가며 남면했을 뿐이다."[87]
>
> 子曰:「無爲而治者, 其舜也與? 夫何爲哉, 恭己正南面而已矣。」(위령공)

물론, 무위이치의 이런 인공 상태는 이상적으로도 고정불변의 것이

---

86 칸트 윤리학이 가진 이런 역사적 의의는 Pinkard(1996)의 208쪽을, 프랑스 혁명이 공포 정치로 귀결했던 경위는 같은 책 185쪽을 참조.

87 5장 3절에서 인용한 대목.

아니다. 본질적으로 그것은 3장 3절에서 인용한 다음 대목에서 보는 것처럼 상황에 따라 변하는 것이고, 선왕지도(先王之道) 데이터의 데이터로서 갖는 형이상학적 지위는 상황 속 법도의 의심할 바 없는 모범으로서 갖는 그것에 그치는 것이다:

> 공자 가라사대, "머리에 쓰는 관은 삼베, 그것이 예였다; 지금은 명주실로 짜는데, 검소하다. 그래서 다수가 택하는 쪽을 나도 택한다. 당하에서 절하는 것, 그것이 예였다; 지금은 당상에서 하는데, 건방지다. 비록 다수가 하는 대로가 아니지만, 나는 당하 쪽을 택한다."
>
> 子曰：「麻冕，禮也；今也純，儉。吾從眾。拜下，禮也；今拜乎上，泰也。雖違眾，吾從下。」 (자한)

어짊 체제 속 군자에게는 부사법 구사의 변화 양상을 서(恕)를 최종의 근거로 검토하여 그때그때의 상황에 들어맞는 중용지도의 새로운 모범을, 끊임없이 변하는 언어의 전위에 있는 시인처럼, 제시할 책무가 있다. 나아가, 21세기 법치 국가의 정치 지도자들에게도 동일한 책무가 있다 하겠는데, '데이터 지향 정치 언어'로 푼 논어에 따르면, 이런 책무는 천하를 편안케 하겠다는 어짊으로 말미암고 어짊을 말미암는 어짊 한길을 대표하는, 데이터와 그 사이로 난 말길을 따라—정명에서 비롯하여 은유와 환유로 신천지를 여는 말길을 따라—이행되는 것이 최선이다. 그런데 이런 말길이 난다면 결국 어디에 나겠는가? 어디에 나야겠는가? 바로 이래서, 데이터 지향 정치 언어의 고전으로 푼 논어를 모두 함께 보자고 초대하는 것이다. 인류를 초대하는 것이다.

___후기: 저술 의도와 요지[88]

    서문에 나와 있는 대로, 한반도 안팎의 정치 질서가 보다 편안하고 더 크게 번영하는 쪽으로 나아지려면 양질의 정치 언어를 구사하는 정치가 필요하겠다는 생각에 쓴 것이 본 저술이다. 예컨대 군사력을 앞세운 나폴레옹(Napoleon Bonaparte)을 극복한 19세기 유럽의 긴 평화를 가져온 역사적 바탕으로 데이터 지향의 말로 하는 정치의 실천적 전통을 낳은, 기독교로 귀의한 지중해 문명의 살아 있는 유산을 꼽는다면, 군사력이나 엄벌주의의 폭력을 뒤로 물리는 대신 정명과 어짊을 앞세운 공자가 대표적으로 환유하는 동아시아 정치 전통을 시세에 맞게 되살리는 것이 한반도 안팎의 정치 질서를 새로운 차원으로 이끄는 데 필수적이지 않겠느냐는 생각으로 쓴 것이 본 저술이다. 나아가, 더 나은 정치 질서의 창출 조건이라는 측면에서 볼 때, 이 지역 전통이, 어떻게 되살리느냐에 달린 문제이기는 하나, 저 지중해 전통과 '유교적 자유주의'라는 표현을 써도 좋을 정도로 서로 잘 통한다는 가설을 검증하면서 논어를

---

88 이 책의 거친 초고가, 필자 판단에, 출판사에 보내 검토를 의뢰할 만한 꼴이 된 것이 2020년 8월 초였는데, 동년 12월에 미디어연구소 봄의 자체 출판을 결정하기까지 몇몇 출판사를 알아보는 동안에 일종의 해제를 써야 했다. 그래서 쓰게 된, 이 책의 집필 목적, 접근법, 개략 등을 밝힌 소개글을, 책을 이해하는 데 적지 않은 도움이 되리라고 여겨, 여기 책 말미에 덧붙여 둔다. 차제에 밝혀 두건대, 이 책을 '미디어연구소 봄'이 자체적으로 출간하는 가장 큰 이유는 이미 착수한 후속작들을, 10년에 걸쳐 발간하려는 '봄 데이터 총서'로 잘 묶기 위해서다.

해독한 결과다. 사실, 동아시아 가운데서도 한반도에서 특히 내발적으로 수용한, 지중해 태생의 기독교 전통과 동아시아의 정치 전통이 서로 맞들어 지역의 더 나은 정치 질서를 형성할 수 있으리라는 기대가 동아시아 정치 문법의 원형을 제시한 고전에 대한 새 해석이라고 할 본 저술의 밑바닥에 깔려 있다.

그런데 전통적인 정치 언어를 새롭게 세워 한반도 내외의 정치 질서를 질적으로 향상시키는 데 기여한다는 목적을 염두에 두면서 논어를 해독할 때 두드러지게 마련인 측면이 공자 당대의 자기 이해가 부각했던 정치적 난문, 무도해진 이 세계를 어떻게 도에 따르는 저 세계로 되돌릴 것인가로 요약되는 난문에 대해 공자가 제출한 대답으로서의 '가르침과 배움'이다. 특정하여, 언어와 행위의 문법에 대한 가르침과 배움이 없으면 역사도 전통도 없다는 공자의 대답이다. 이는 물론, 그의 견해로는, 선대에게 배워 언어처럼 공유하는 예악을 잘 익혀 후대에게 전하는 데서 역사의 연속성이 확보되면서 전통이 만들어지는 것이기 때문이다. 본 저술이 논어에서 두드러지게 부각한 측면도, 공자가, 무도한 자연 상태를 극복하는 역사의 길잡이가 될 새로운 정치 언어의 실천적 본을 선왕지도(先王之道)로 요약되는 전통의 재구성을 통해 제작하고 이를 후대가 교육을 통해 모방할 수 있게 함으로써 지역의 정치 전통을 창조했다는 것인데, 이를 단적으로 보여주는 곳이 다음 대목이다:

공자 가라사대, "활쏘기는 가죽 과녁을 위주로 하지 않기, 노력 동원에서는 개별적인 여건을 고려하여 일률적으로 같은 부담을 지우지 않기, 옛 길인 것이다.

子曰: 「射不主皮, 為力不同科, 古之道也。」(팔일)

이 책에서처럼 이 대목의 '가죽 과녁을 위주로 하지 않았다'는 말을 주나라 무왕의 군대 해산을 계기로 시작된 '음악에 맞추어 하는 활쏘기'는 투구 등의 가죽을 꿰뚫어 상대를 살상하는 연습이 아니었음을 뜻한다고 해석하면, 이 대목의 공자는 활쏘기의 옛 모범 데이터와 노력 동원의 옛 모범 데이터를 나란히 제시하고 "옛 길인 것이다(古之道也)"라는 극히 간단한 메타(상급) 수준 서술어로 한데 꿰어 그가 추구한 평천하 정치의 본이 되는 오래된 정치적 도(道)의 핵심을 드러내고 있는 것이다. 즉, 옛 길은, 인간을 말살하는 획일화 폭력과는 거리가 멀 수밖에 없는 어짊 한길이었다는 것이다. 본 저술은, 공자가 그에 대한 기억이 희미해진 옛 길 데이터를 수집하여, 방금 본 것처럼, 기존 이해를 심화시키는 데서 오는 즐거움을 수반하는 하나로 꿰고 이렇게 꿴 하나의, 천하가 영구히 실천적으로 따를 만한 탁월한 전범을 만듦으로써 이상적 평천하를 실현하려 한 것에 평행하게, 지역 정치 언어의 원형을 품고 있음에도 긴 역사를 거치며 시세의 변화에 따라 그 뜻이 희미해진 논어를 '데이터 지향 정치 언어'로 꿰어 읽음으로써 한반도 내외의 질서를 입언을 통해 향상시키려고 애쓴 결과인데, 논어가 데이터 지향 정치 언어의 고전이라고 할 때의 '데이터', '지향', '정치', '언어', 그리고 '정명의 데이터 지향 정치 언어'가 각각 그리고 서로 연결되어 뜻하는 바는 1장에 서술되어 있다. 나아가, 논어가 데이터 지향 정치 언어를 축으로 읽어 마땅한 텍스트라는 것을 본 저술은 특히, 이렇게 읽을 때 여러 난해한 구절이 선명한 해석의 즐거움을 주는 구절로 바뀐다는 것을 보여줌으로써 뒷받침하고 있다. 다음 대목은 전형적인 사례다:

> 나라 임금의 처는, 임금이 부를 때는 '부인' 임금의 처가 자칭할 때는 '소동', 같은 나라의 사람들이 칭할 때는 '군부인', 다른 나라에 가서 이방인 앞에서 그를 칭할 때는 '과소군', 다른 나라 사람이 그를 칭할 때는 역시

'군부인'이라 한다.

邦君之妻, 君稱之 曰夫人, 夫人自稱曰小童; 邦人稱之曰君夫人,

稱諸異邦曰寡小君; 異邦人稱之亦曰君夫人。(계씨)

여기는 논어에 들어온 이유를 설명하기 어렵다고 여겨지는 대목이
지만 데이터 지향 정치 언어의 관점에서 읽으면 명쾌한 설명이 가능해
진다. 즉, 제후의 처는 데이터상으로 별 내용이 없어서 타자와 맺는 관
계만 조회해도 이름이 도출되는 그림자 같은 존재라는 것이다. 특히 위
나라에서 벼슬을 구하는 공자에게 면담을 요구하여 성사시킨, 위나라
영공의 문란하기로 이름난 부인, 남자(南子)가 여기에 들어맞는 논어 내
유일 사례라는 점을 고려하면, 남자 같은 제후의 처는 그것이 어떤 빛에
의해 무엇의 그림자로 비치느냐에 따라 이름이 달라지는, 정명의 대상
도 되지 못하는 존재라는 야유에 가깝다고 해석하게 된다. 다음은 이런
해석의 배경을 이루는 논어 한 구절이다:

공자가 남자를 보자, 자로가 불만스러워 했다. 선생께서 맹세코 가라사
대, "내가 하지 말아야 할 짓을 했다면, 하늘이 버린다! 하늘이 버린다!"

子見南子, 子路不說。夫子矢之曰:「予所否者, 天厭之! 天厭
之!」(옹야)

이 면담 한 달 후 위나라 영공과 남자가 타고 환관 옹거를 배석시킨 수
레를 공자로 하여금 뒤따르게 하고 시가를 요란하게 지났다고 하는데,
이를 수치스럽게 여긴 공자가 위나라를 떠나는 모습은 사마천의 공자세
가에서 볼 수 있거니와, 옹야 편 저 구절의 공자는, 스승이 부당한 인사

청탁을 한 것이 아닌가 하고 의심하는 자로에게 하늘을 우러러 불미스러운 일은 없었다고 맹세하고 있다. 제후의 처를 어떻게 불러야 하느냐를 다룬 계씨 편 저 구절로 돌아가면, 하늘이 각자 바라는 대로 잘 이루라고 모두에게 베푼, 만백성이 듣고 보는 바로서의 객관적 데이터, 그래서 어진 군자에게는 이상적 평천하의 실천적 근거가 되는 데이터를 공자처럼 전제할 때, 그리고 이렇게 전제하면 자연히 하게 되는 정명과 그에 입각한 비판을 염두에 둘 때, 이름이 여럿일 수밖에 없는 그림자가 천지가 하나로 낳은 본체를 거꾸로 쥐고 흔드는 무도한 세계에 대한 비판으로 명쾌하게 되살려 읽을 수 있게 된다: 제후의 처는 그림자 같은 존재라서 이름이 여럿이다; 이런 존재가 인사를 비롯한 국정을 좌우한다면 그림자가 본체를 좌우하는 꼴이 된다.

그리고 이 단적인 예에서 보는 것처럼, 논어는 공자가 주어진 데이터로 삼은 바에서 도출한 실천적 결론 문장을 편집해 놓은 고전이라고 할 수 있겠는데, 이는 곧, 그가 도출한 실천적 명제들의 암묵적 전제가 되는 데이터를 명시적으로 부각할 때, 방금 본 것처럼, 여러 난해한 구절들의 뜻도 명쾌하게 드러나리라는 이야기가 된다. 그래서, 이 같은 데이터 중의 데이터가 선왕지도(先王之道)라는 가설을 검증한 2장에서도 공자가 선왕의 모범을 데이터 삼았다는 것을 전제할 때 이해가 명쾌해지고 논어 전체와의 환유적 연관이 선명해지는 대목들을 제시하여 가설을 입증하려고 했다.

물론, 선왕지도(先王之道)가 논어의 으뜸 데이터가 된 근본적 이유는, 자한 편 한 대목(三軍可奪帥也 , 匹夫不可奪志也)의 표현으로 '대군도 뺏지 못할 개개인의 뜻'이 충돌하여 어떤 일도 성사가 어려워지는 무정부적 자연 상태를 극복해야 한다는, 공자 당대가 직면했고 공자가 그 해결을 자신의 천명으로 여겼던 정치적 과제 때문이다. 보다 구체적으로, 무정부 상태에 빠진 천하를 구제할 정치적 덕의 출현을 가로막고 있는, 무정부 상태의 혼돈이 야기하게 마련인, 천하 곳곳에 만연한 무도함을 어떻게 극복할 것이냐는 문제에 대한 응답으로서 공자가 제출한 '예악의 권능으로 다스리는 정치적 덕의 육성'을 부각한 것이 3장인데, 이런 정치적 덕을 육성하는 최고의 방법은 역시, 저 선왕들의 경우와 마찬가지로, 어짊의 탁월한 모범이 지배하는 이상적인 상태를 당대의 정치적 현실 속에서 인공적으로 창조하여 천하가 길이 모방하도록 하는 것일 터이다. 그리고 바로 이 최고의 덕 육성법을 실현하기 위해 '어짊' 혹은 부사어 '어질게'가 지배할 새 동주의 주인을 찾아다닌 것이 공자의 천하 주유다.

시세의 흐름이 자신의 뜻과 같지 않음을 깨닫고 자신의 정치적 꿈을 불가피하게 접게 되었을 때에도, 끈덕진 공자는, 자신에게 주어진 천명이라 여긴 '어짊으로 돌아간 천하의 실현'을 포기하지 않았다. 단적으로, 포기하지 않았기 때문에 현실 정치 참여에서 후세를 양성하는 교육 쪽으로 방향을 전환했던 것인데, 이런 맥락에서 후계자 안연의 때 이른 죽음이 공자에게 의미한 바를 조명한 것이 4장이다. 그런데 이렇게 천하를 구하겠다는 어진 뜻을 품고 그가 가르쳐 전하려 했던 바는, 다음 구절에서 보는 것처럼, 선왕의 통치 행적에 관한 기록을 해석하여 도출한 '어짊 체제'의 부사어 구사법을 진실되고 믿음직하게 실천하려면 어떻게 해야 할 것이냐에 관한 것이었다:

공자는 넷으로 가르쳤다—문헌, 행함, 진실되게, 믿음직하게.

子以四教: 文, 行, 忠, 信。(술이)

공자는 제자들이 바라는 바를 지금 여기에서 이루는 데 옛 문헌이 전하는 바를 실천적으로 활용할 방도를 가르치는 동시에, 제자들이 옛 문헌 속 선왕지도(先王之道)의 현재적 실천을 내면적으로는 진실되게 하고 외면적으로는 믿음직하게 하도록 가르쳤다는 것이다. 이를 공자의 천명 의식에 연결하면, 천하의 타인들이 모범 삼아 모방하기 쉽게 실천하도록 가르쳤다는 것이다. 공자가 천하가 무도해지면서 흩어진 그것을 하나로 꿰어 체계화하고 교육 대상을 가리지 않고 널리 가르치는 즐거운 모범을 보임으로써 결국은 천하가 그것을 배워 어짊으로 돌아가는 후일을 기약했던 선왕지도는 무정부적 자연 상태를 극복한 인공 상태에서 평화와 번영을 누리는 이상적인 길로서의 어짊 한길인데, 어진 그가 어짊에 이끌려서 옛 문헌과 사람들 사이에 아직 남아 있는 선왕지도의 흔적을 수집하여 형상화한 이상적 정치 질서는, 부사어 '어질게'가, 끊임없는 수신(修身) 노력 덕분에, 지배자의 언행상 동기, 수단, 목표 전부를 늘 한정하게 됨으로써 그가 어짊 한길을 한시도 벗어나는 일이 없도록 이끄는, 부사어 구사의 예법을 만백성이 자연스럽게 모방하게 되어 생기는 질서다.

한편, 논어에서 선왕들이 모범적으로 실현하여 백성들 속으로 뿌리내렸던 바 있었던 것으로 상정된 이런 이상적 정치 질서가 태어난 종교적 자리를 조명한 것이 5장인데, 여기서 조명된, 논어의 이상적 정치에 깃든 종교적 측면은 6장에서 이야기된 선왕지도의 세속화에도 불구하고 보존되어, 남자(南子)를 만나고 나온 공자가 불미한 일이 없었음을 거기 걸고 맹세한 하늘과 같은 신적 권위를 제의 참여를 통해 자신의 내면에 세우고 어진 평천하를 도모하는 군자로 하여금 그가 어떤 궁지에 처하더라도 어짊 한길에서 벗어나 아무렇게나 말하고 행동하는 일이 없도록 해주는 초월적 높이를 갖는 어짊의 추구로 화한다. 이런 어짊을 추구하는 군자라면 이승에서 무엇인가 기필코 이루겠다고 어짊 한길을 벗어나지는 않을 터이다. 한시도 어짊 한길을 벗어나는 일이 없는 군자다운 군자의 모습은 다음 인용 구절에서 역연하거니와, 그의 탁월한 부사어 구사의 예(例)들은, 그의 당대가 아니더라도 결국에는, 어진 천하를 실현하는 플랫폼으로 화하게 될 터이다:

공자 가라사대, "부귀는 누구나 바라는 것이지만, 합당한 도로 취할 수 없으면, 누리지 않는 것이다; 빈천은 누구나 싫어하는 것이지만, 합당한 도로 벗어날 수 없으면, 벗어 나지 않는 것이다. 군자가 어짊을 벗어났는데, 어찌 이름을 내겠는가? 군자는 한시라도 어짊에서 어긋나지 않아야 하느니, 아무리 급해도 기필코 어짊에 머물고, 넘어지면서도 기필코 어짊에 머물러야 한다."

子曰：「富與貴是人之所欲也，不以其道得之，不處也；貧與賤是人之所惡也，不以其道得之，不去也。君子去仁，惡乎成名? 君子無終食 之間違仁，造次必於是，顚沛必於是。」(이인)

되풀이하건대, 선왕지도(先王之道)가 논어의 으뜸 데이터가 된 근본적 이유는 '대군도 뺏지 못할 개개인의 뜻(三軍可奪帥也，匹夫不可奪志也)'이 충돌하여 어떤 일도 성사가 어려워지는 무정부적 자연 상태를 극복해야 한다는, 공자 당대가 직면했고 공자가 그 해결을 자신의 천명으로 여겼던 홉스(Hobbes, Thomas)적 과제 때문이다. 거꾸로 말해, 그 자체로 일 이름의 근거가 되는 데이터에 근거한 어떤 일도 바라는 대로 성사시키기 어려워지는 자연 상태를 데이터에 닿는 바른 이름을 순조롭게 연결했기 때문에 실천으로 옮기는 데 문제가 없는, 폭력 아닌 말을 써서 극복함으로써—자연 상태를 정치적으로 극복함으로써—모듬살이를 성공적으로 영위하게끔 하기 위해 선왕지도를 으뜸 데이터로 삼았다는 것이다. 이 선왕지도는, 자신 아닌 것과 구분되어 그 자체로 칸막이된 데이터와 데이터를, 앞에서 인용한 팔일 편 한 대목의 공자가 활쏘기 데이터와 노력 동원 데이터를 이은 것처럼, 메타(상급) 차원에서 잇는 어짊 한길이다. 그래서 다음 구절의 '선왕지도 가운데 큰 것을 기억하는 현명한 자'는, 자체로 칸막이되는 데이터에 근거한 일을 바라는 대로 이루려 고집할 법한 '선왕지도 가운데 작은 것을 기억하는 현명하지 못한 자'의 굽히기 어려운 뜻들을 어짊 한길의 메타(상급) 차원에서 조화시킴으로써, 자연 상태를 극복한 인공 상태에서, 현명하지 못한 이들 역시 더 큰 만족을 누리도록 돕는 군자일 터이다:

> 문왕 무왕의 도, 땅에 떨어지기 전에는, 사람들에게 있었습니다. 현명한 자는 그 큰 것을 기억하고, 현명하지 못한 자는 그 작은 것을 기억했기에, 문왕 무왕 같은 선왕의 도가 전혀 없는 사람은 없었던 것이지요. 선생님께서 누구에겐들 배우지 않았겠습니까? 그러니 늘 배운 스승이 어찌 있었겠습니까?
>
> 文武之道, 未墜於地, 在人。賢者識其 大者, 不賢者識其小者, 莫不有文武之道焉。夫子焉不學? 而亦何常師之有? (자장)

공자가 현명한 자 현명하지 못한 자 가리지 않고 배워 수집한 선왕지도(先王之道)를 체계화한 결과가 '어질게'를 중심으로 한 부사어 체계인데, 본 저술에서 이를 어짊 체제라고 부른 것은 그것이 어짊 중심으로 조직된 일종의 실천 체계이기 때문만은 아니다. 그것은 그 본체가, 실천으로 언어를 지탱하는 본체가 언어 사용자 대중인 것처럼, 부사어의 모범적 구사를 모방함으로써 제 뜻을 어짊 한길 속으로 조화시킬 어짊 체제 가입자 대중이기 때문이다. 생물 가운데 사람만이 말을 배워 구사하는 것처럼 어짊 체제의 부사어 역시 사람만이 배워 구사한다. 말 잘 하는 사람이 있는 것처럼 어짊 체제의 부사어 구사도 탁월하게 하는 사람이 있게 마련인데, 꾸준한 수신으로 늘 푸른 덕을 쌓은 자들의 탁월한 부사어 구사 모범이 쌓여, 천하를 어짊으로 돌릴 평천하 플랫폼이 생성된다. 어짊 체제의 이런 플랫폼을 세워 다스리는 자는 뭇사람의 모범이 됨으로써 가만히, 별 하는 일 없이 다스릴 터, 이런 군자가 돌보는 것은 그때그때 설정된 정치적 목표의 달성이 아니라 그런 목표를 둘러싼 노력을 어짊 한길로 한정할 부사어 구사의 질이다. 바로 이 질에 그 자체로 칸막이되는 데이터에 근거한 성사에서 얻는 만족의 질, 따라서 다스리는 자에게 다스리는 자로 설 자리를 부여하는 인공적 정치 질서의 건강이 달려 있기 때문이다. 논어식 군주론에 따르면, 다스리는 책임을 맡은 자가 이런 질서의 건강을 제대로 돌보지 못할 때는 그가 다스리는 자리에 설 수 있도록 도운 포르투나도 그를 버리고 떠날 터이다. 하여 '데이터 지향 정치 언어'로 읽은 논어의 핵심적 전언은, 본 저술의 결론 장에서 이야기한 대로, 다음과 같다:

공자가, 그것 앞에서는 그것이 근거한 바는 또한 무엇이냐는 물음을 더이상 제기할 필요가 없어지는 '데이터 중의 데이터'라고 할 서(恕) 하나로 흩어진 선왕지도(先王之道)를 꿰어 체계화하고 실천한 부사어 구사법을 모방함으로써, '뺏지 못할 뜻'들이 서로 충돌하는 자연 상태나 이런 자연 상태와 둘이 아닌 당파적 투쟁 상태를 극복하고 모듬살이가 어짊에 닿아 편안한 인공 상태를 조성하여 널리 함께 누리라는 것이다. 그리고 이런 평천하 상태에 도달한다면, 삼가 부사어 구사법에 대해 하는 염려, 서(恕)를 최종 근거로 하는 예의 중용지도에서 멀어지는 것이 아닌지에 대한 염려, 그 바깥의 나머지에 관해서는 누가 뭘 해도 문제 삼지 않는, 남면하였을 뿐 별 하는 일 없던 순임금이 다스리는 듯한 세계가 다시 열릴 것이다.

끝으로, 이 저술을 통해 필자가 다시 한번 확인한 점이 '유교적 자유주의'가 어색하지 않다는 것이다. 데이터 지향 정치 언어의 고전으로 읽는 논어가 21세기 정치 질서의 토대로 삼기에 부족하지 않다는 것이다. 예컨대 미디어연구소 봄의 블로그에서 헌정주의적 제한이 가진 미덕을 국제 관계로 넓혀 적용하면서 인용한 적이[89] 있는 다음 구절은 21세기 국제 질서를 조형할 핵심 갈등에 대해 의미심장한 시사를 하고 있는데, 책 서두에 이야기된 '정치의 뜻'을 염두에 두고 읽을 때 21세기 데이터 지향 정치 언어의 팔팔하게 살아 있는 고전이 논어라는 진실을 인상적으로 실감케 해줄 대목이라 여겨 여기 덧붙여 둔다:

> 공자 가라사대: "…(중략)…천하의 삼분의 이를 가졌는데, 그럼에도 은을 섬겼다. 주나라의 덕, 지극한 덕이라 해도 좋다."
>
> 孔子曰: 「…三分天下有其二, 以服事殷。周之德, 其可謂至德也已矣。」 (태백)

---

89 2017년 4월 1일 자 게시글(https://bommediaresearch.blogspot.com/2017/04/8-6-12.html)을 가리킨다.

___ 인용 문헌[90]

● 인용 문헌 목록

이태수 (1994). 학문 체계 안에서 인문학의 위치에 관한 고찰. 소광희 외(지음), **현대의 학문 체계: 대학에서 무엇을 배울것인가** (210~236쪽). 민음사.

미야자키 이치사다 (2001). **논어**. 박영철 옮김. 이산.

미야자키 이치사다 (2016). **중국통사**. 조병한 옮김. 서커스.

오규 소라이 (2010). **논어징 1**. 이기동 · 임옥균 · 임태홍 · 함현찬 옮김. 소명출판.

로만 야콥슨 (1989). 언어의 두 양상과 실어증의 두 유형. 신문수(편역), **문학 속의 언어학** (92~116쪽). 문학과지성사.

Pinkard, T. (1996). *Hegel's **Phenomenology**: The sociality of reason*. Cambridge: Cambridge University Press

___

90 언급되지 않았지만 그 영향이 분명한 문헌[예컨대, 마이클 오크숏(Michael Oackeshott)의 "예 행함에 관하여(*On Human Conduct*)"]은 물론이고 구체적으로 인용하지 않고 언급만 한 문헌(예컨대, 이토 진사이의 **논어고의**)도 목록에 포함시키지 않았다. 1번 각주에서 밝힌 대로, 논어를 비롯한 여러 한문 원전의 인용문은 거의 모두 온라인상(https://ctext.org/zh) '중국철학서전자화계획((中國哲學書電子化計劃)'에 수록된 그대로인데, 이 온라인상 논어 · 맹자 · 예기 · 상서의 디지털화 저본은 무영전십삼경주소(武英殿十三經注疏)본 논어주소 · 맹자주소 · 예기정의 · 상서정의, 순자의 디지털화 저본은 사부총간초편(四部叢刊初編)본 순자, 장자의 디지털화 저본은 속고일총서(續古逸叢書)본 남화진경, 공자세가가 들어 있는 사기의 디지털화 저본은 무영전이십사사(武英殿二十四史)본 사기이다. 이들을 인용한 면 수를 나열한 '고전 문헌 인용 면'의 별표 부기는 해당 면의 각주에서 인용했음을 뜻하고, 인용한 논어 구절들 가운데 디지털화 저본에 조회하여 '중국철학서전자화계획'과 끊어 읽기를 달리한 것은 60, 111, 219, 254쪽의 각주에 그 차이를 밝혔다. 덧붙여, 논어주소와 사서장구집주, 시경, 서경, 춘추좌전, 공자가어, 예기, 그리고 사마천의 사기를 서술 근거로 삼을 때도 '중국철학서전자화계획'에 수록된 대로를 살펴서 그렇게 했다. 끝으로, 책 제목을 정하는 데는 시부사와 에이치의 **논어와 주판**을 참고했고, 이 책의 논어 해석이 문법 측면과 사실 측면에서 독자를 오도하는 경우가 없도록 삼가는 데는 주로 다음 두 책을 활용했다는 사실을 기록해 둔다:

    류종목 (2000). **논어의 문법적 이해**. 문학과지성사.

    Chin, A. (2007). *The authentic Confucius: A life of thought and politics*. New York: Scribner.

___ 색인

인명 색인과는 별도인 '일반 색인'의 예컨대 "장자"나 "순자"는 같은 이름의 고전을 배타적으로 가리킨다. 이런 고전에서 인용한 구절들은 '인용 문헌' 내 '고전 문헌 인용 면'의 정보를 이용하면 한층 쉽게 찾을 수 있다. 한편, 이하의 면 수 중 별표가 붙은 것은 각주에서 언급한 경우.

● **지명/국명**

● **일반 색인**

저자 소개

1989년 서울대 공법학과를 졸업하고 KBS 프로듀서로 일하다가, 1996년 서울대에서 석사 학위를, 1999년 미국 일리노이주 소재 노스웨스턴(Northwestern)대에서 박사 학위를 언론학 전공으로 취득했다. 2000년부터 정보통신정책/문화산업정책 관련 연구소의 연구원, 대학교 시간강사, 케이블 텔레비전 편성 자문직 등의 일을 하다가, 2009년 봄에 '미디어연구소 봄'을 세워 성숙한 정치 언어의 확산을 통한 정치 질서 향상을 위해 힘써 왔다.

시청률 데이터의 질을 좌우하는 변인에 대한 분석에서 시작한 데이터 문화 비교가 궁극의 연구 관심사. 2013년 들어 뉴욕 소재 포덤(Fordham)대에서 1년 반, 2015년 들어 서울대에서 1년 간 객원 연구원으로 지내며 관련 연구의 진전을 집중적으로 모색한 바 있다. 이 책도 이런 연구의 결실인데, 다음은 데이터 지향 정치 언어의 관점에서 해석한 논어에 접근하는 데 디딤돌이 된 연구 결과물들을 발표된 순서에 따라 정리한 것이다:

2018년 3월. 인문학과 사회과학의 경계에서 본 동해. 경희대 국제지역연구원 간 *East Sea Rim*, 28, 4~9쪽.

2017년. **시청률 분석** (번역서). 한울엠플러스.

2016년. The American Data Culture Since 1920: From Madison's Political Philosophy to Nielsen Ratings. *McGannon Center Working Paper Series*, 35.

2012년. 한국의 법 전통과 소셜미디어 규제. **의정연구**, 18(1), 109~144쪽.

동년 2월. 한국 사회와 과학의 언어 (국가과학기술위원회 정책 보고서 **사회문화 융합형**

과학기술정책 미래 이슈 기고).

2009년.   커뮤니케이션 효과론의 존재론적 전제. **커뮤니케이션 이론**, 5(2),
            185~221쪽.

            객관보도의 위기와 전통의 힘. **언론정보연구**, 46(1), 5~35쪽.

동년 6월.   공유형 수용자 조사의 유형 구분 (한국조사연구학회 춘계학술대회 발표).

2005년.   술, 시인의 대화, 사투리: 텍스트의 침묵과 전통의 목소리. **소리**
            (366~380쪽). 커뮤니케이션북스.

2002년.   제3자 효과: 인간 이성의 한계와 매스 커뮤니케이션. **스피치와 커뮤니
            케이션**, 1, 47~79쪽.

1999년 5월. Journalistic Objectivity as a Useful Fiction (ICA 샌프란시스코 정기
            학회 발표).

시청률 같은 객관적 데이터에 대한 관심과 인간 언어를 중심에 놓는 학제적이고 해
석학적인 접근이 두드러지는 상기 실적 가운데서도 2009년의 '커뮤니케이션 효과
론의 존재론적 전제'가, 세계 곳곳의 사관학교에서 지금도 가르치는 고전, 손자병법
을 데이터 형이상학의 관점에서 해석했다는 점에서 본 저술에 가장 직접적으로 이
어진 실적이라 하겠다.